Novas idéias em administração 2

Novas idéias em administração 2

Paulo Roberto Motta
Roberto Pimenta
Elaine Tavares
organizadores

ISBN — 978-85-225-0649-1

Copyright© Escola Brasileira de Administração Pública e de Empresas — Ebape

Direitos desta edição reservados à
EDITORA FGV
Rua Jornalista Orlando Dantas, 37
22231-010 — Rio de Janeiro, RJ — Brasil
Tels.: 0800-21-7777 — 21-2559-4427
Fax: 21-2559-4430
e-mail: editora@fgv.br — pedidoseditora@fgv.br
web site: www.editora.fgv.br

Impresso no Brasil / *Printed in Brazil*

Todos os direitos reservados. A reprodução não autorizada desta publicação, no todo ou em parte, constitui violação do copyright (Lei nº 9.610/98).

Os conceitos emitidos neste livro são de inteira responsabilidade dos autores.

1ª edição — 2008

PREPARAÇÃO DE ORIGINAIS: Luiz Alberto Monjardim

EDITORAÇÃO ELETRÔNICA: FA Editoração

REVISÃO: Fatima Caroni e Sandra Frank

CAPA: aspecto:design.

IMAGEM DE CAPA: © Marta Gamond. *Las lunas que seran y las que han sido* (Borges). Óleo sobre tela e lápis de cor sobre óleo. 50 x 65 cm. Coleção particular.

**Ficha catalográfica elaborada pela
Biblioteca Mario Henrique Simonsen / FGV**

Novas idéias em administração 2 / Paulo Roberto Motta, Roberto Pimenta, Elaine Tavares (Orgs.). – Rio de Janeiro : Editora FGV, 2008.
234 p.

1. Administração de empresas. 2. Responsabilidade social da empresa. 3. Pequenas e médias empresas. 4. Organizações não-governamentais. I. Motta, Paulo Roberto. II. Pimenta, Roberto da Costa. III. Tavares, Elaine. IV. Fundação Getulio Vargas.

CDD – 658.4

Sumário

Agradecimentos 7

Prefácio 9

Apresentação — A singularidade da produção do conhecimento em administração 13
Paulo Roberto Motta

Responsabilidade corporativa: entre o social e o regulado — estudo de um setor da siderurgia brasileira 17
Marcelo Fernando López Parra

Os discursos e a construção do real: um estudo do processo de formação e institucionalização do campo da biotecnologia 53
Alketa Peci

ONGs no Brasil: um estudo sobre suas características e fatores que têm induzido seu crescimento 91
Victor Cláudio Paradela Ferreira

A dinâmica da institucionalização de práticas sociais: um estudo da responsabilidade social no campo das organizações bancárias 127
Elvira Cruvinel Ferreira Ventura

Gestão pública como fonte de competitividade nacional:um estudo da evidência latino-americana no século XX 159
Paulo Vicente dos Santos Alves

Por uma teorização das organizações de produção artesanal   189
Heliana Marinho da Silva

Sobre os autores   233

Agradecimentos

Este livro — o segundo do projeto Novas Idéias em Administração — resulta do esforço empreendido desde a concepção do projeto e, em certa medida, materializa a sua intenção inicial.

Contamos, uma vez mais, com o aval da direção da Escola Brasileira de Administração Pública e de Empresas da Fundação Getulio Vargas (Ebape/FGV), que ratificou a sua tradição de apoio e incentivo a iniciativas dos membros de sua comunidade acadêmica e, por intermédio da competente atuação da coordenação do Centro de Formação Acadêmica e Pesquisa, assegurou as condições indispensáveis à elaboração deste livro.

Somos gratos também a Editora FGV, pela especial atenção dispensada à produção do livro, e a todos os autores, doutores em administração, que estiveram sempre dispostos a discutir, ainda que repetidas vezes, pequenas alterações em seus textos originais para o sucesso da obra.

Gostaríamos de agradecer a todos os que contribuíram de algum modo, com orientações, idéias ou palavras de apoio. Sobretudo àqueles que estiveram conosco ao longo de toda essa jornada.

Por fim, um agradecimento especial à artista plástica Marta Gamon, pela cessão da imagem de capa.

Prefácio

Aceitei muito honrado o convite para prefaciar este livro que me foi dirigido pelos seus organizadores, possivelmente devido ao fato de recentemente ter acompanhado os estudos de dois doutorandos da Fundação Getulio Vargas, ao meu conhecimento pessoal e privilegiado do ilustre acadêmico Paulo de Mendonça Motta e talvez também à minha já longa experiência como docente na Faculdade de Economia da Universidade de Coimbra.

Novas idéias em administração 2 é um livro organizado pelos responsáveis do Programa de Doutorado em Administração da Escola de Administração Pública e de Empresas da Fundação Getúlio Vargas (Ebape/FGV) e inclui uma síntese dos trabalhos de pesquisa dos alunos daquele programa, constituindo um texto de referência não só para os investigadores da área, mas também para todos aqueles que, do ponto de vista prático, procuram ensinamentos que lhes possam ser úteis no desenvolvimento das suas atividades empresariais.

Por ser esta uma obra que reúne os trabalhos de pesquisa de seis doutorandos, são inevitáveis as diferenças nos estilos de escrita, orientações e preocupações científicas, existindo, no entanto, um denominador comum: a preocupação em tratar de temáticas relacionadas com o ambiente socioeconômico do Brasil.

Alketa Peci analisa a dinâmica de um processo de melhoria de condições para o surgimento de novos campos organizacionais que contribuem para o bem-estar das sociedades em geral, particularizando no seu estudo a área da biotecnologia no contexto norte-americano. Sua análise crítica permite compreender melhor o aparecimento de novos espaços organizacionais, mesmo por parte do cidadão comum, mas interessado naquelas matérias.

Elvira Cruvinel Ferreira Ventura examina as práticas da responsabilidade social das organizações bancárias no Brasil. No seu estudo é posta em evidência a utilização de condutas sociais dessas instituições no relacionamento com o meio ambiente, como forma de legitimação da sua estratégia empresarial. A autora conclui que os bancos de varejo são aqueles que se encontram mais atentos aos benefícios da adoção de práticas que vão ao encontro dos problemas sociais da generalidade dos *stakeholders*. A leitura do seu trabalho permite perceber a dinâmica da adaptação do grande capital às novas realidades socioeconômicas que condicionam as empresas em geral e, em particular, os bancos brasileiros.

As microempresas de produção artesanal brasileiras constituem o objeto de estudo de Heliana Marinho da Silva. Ela identifica um setor pouco tratado pelas teorias organizacionais, no que diz respeito não só à sua importância como suporte de sobrevivência de determinados grupos sociais, mas também às vantagens recíprocas da sua associação a outros setores de maior dimensão, como os de cultura e turismo.

O problema da responsabilidade social volta a ser tratado no estudo de Marcelo López Parra, desta vez incidindo sobre o ramo siderúrgico brasileiro. No seu trabalho é analisado o comportamento dessas empresas em relação à responsabilidade social, nomeadamente a predominância do normativo ético-social em face das demandas atuais do ambiente externo. Do modelo que utiliza para a sua análise, o autor conclui que a dinâmica de adaptação do capital a certas exigências de natureza social enfraquece as reivindicações sociais, tornando-as inoperantes e dando ao setor a oportunidade de realizar maiores lucros.

Paulo Vicente dos Santos Alves estuda a influência da gestão pública na competitividade dos países da América Latina no decurso do século XX. Sua análise evidencia a importância da gestão pública como fonte reguladora dos sistemas concorrenciais das economias, garantindo um ambiente propício ao desenvolvimento sustentável e à competitividade dos países. No modelo que utiliza encontra argumentos que o levam a concluir que a gestão pública contribui para estimular a competitividade nacional mais através de uma reação e conseqüente adaptação aos movimentos externos do que de uma forma planejada.

As organizações não-governamentais (ONGs) brasileiras têm tido um desenvolvimento notável nestas últimas duas décadas, justificando plenamente o estudo de Victor Cláudio Paradela Ferreira, cujo trabalho se debruça sobre as características e os fatores que têm influenciado o crescimento daquelas organizações. Utilizando como suporte a teoria das representações sociais, o autor destaca a dificuldade e complexidade do tratamento do tema, considerando a diversidade deste tipo de organizações. Alerta também para o cuidado com que estas precisam ser analisadas, pois pôde constatar o emaranhado de interesses de legitimidade duvidosa que favorecem grupos que nada têm a ver com os objetivos filantrópicos para os quais essas as organizações foram criadas.

Apesar da diversidade dos temas abordados, a profundidade com que foram tratados, o seu interesse e a preocupação em todos eles com uma análise rigorosa evidenciam, desde logo, a existência na Ebape de um verdadeiro espírito de escola, ao qual não será alheia a qualidade do seu corpo docente, sendo um exemplo para outras academias do *modus faciendi* da pesquisa.

É ainda de louvar o trabalho dos organizadores desta coletânea, pois, sendo este um texto em língua portuguesa, vem também contribuir para diminuir o fosso existente entre as numerosas publicações de origem anglo-saxônica na área das ciências empresariais e as obras em português nos dois lados do Atlântico. Bem hajam, também por esta razão, os promotores deste livro, cujos objetivos foram plenamente atingidos.

João Veríssimo Lisboa
Professor da Faculdade de Economia da
Universidade Coimbra

APRESENTAÇÃO

A singularidade da produção de conhecimento em administração

Paulo Roberto Motta

A idéia de uma ciência aplicada sempre permeou os estudos administrativos: deu-lhes sentido e motivação para a produção do saber na área. Ao contrário de outras ciências sociais, a administração sempre viveu forte pressão para ser menos abstrata e mais aplicada.

Com variações epistemológicas, o empírico sempre esteve presente. Insistiu-se na ligação com a realidade, não só no sentido de descrevê-la, explicá-la, compreendê-la, mas também para nela interferir de forma eficiente e efetiva.

Ultimamente, as transformações sociais e econômicas, a revolução tecnoló-gica e o crescimento desproporcional da área administrativa nas grandes empresas aguçaram a curiosidade sobre as novas formas de trabalho e de produção. Surgiram mais preocupações com o conhecer e o agir eficazmente sobre os novos fenômenos administrativos.

Os mais jovens procuram se aperfeiçoar antes de ingressar no mercado de trabalho; dirigentes e praticantes recorrem cada vez mais à volta à escola na busca de novos saberes. Na verdade, quanto mais atuam e se inserem no meio administrativo, mais esses profissionais reconhecem a necessidade de novos fundamentos e perspectivas na solução de problemas.

Na prática, a administração é utilitária e exigente: demanda um saber útil e imediato para as adaptações constantes às grandes transformações sociais e econômicas. Na academia, exige-se a habilidade crítica para revelar as fraquezas do existente e desenvolver uma nova ciência. Investigadores acompanham as demandas da sociedade e, ao mesmo tempo, investem nas trilhas do desconhecido. Como pioneiros, exercem uma ação investigativa responsável e relevante e contribuem para o progresso da ciência e da sociedade.

Diferentemente das práticas comuns em outras áreas das ciências sociais, as pesquisas em administração não se referenciam somente nas grandes universidades — produtoras de conhecimento — nem se restringem às tradicionais práticas de buscar verdades científicas por meio de métodos mais rigorosos. Em adição às pesquisas acadêmicas, empresas e profissionais de consultoria, vinculados ou não às universidades, proclamam como de validade universal os resultados de seus trabalhos na solução de problemas.

No entanto, falta à "pesquisa" profissional rigor metodológico, deixando pontos fracos tão transparentes, que, mesmo quando bem-sucedidas comercialmente, tornam-se modismos de alta transitoriedade. No entanto, os temas dessas pesquisas provocam, por vezes, estudos de natureza mais científica, em um inter-câmbio permanente. Assim, apesar dos problemas metodológicos, torna-se conveniente e necessária a sua anotação por parte dos estudiosos do pensamento administrativo.

Há atualmente uma grande convergência de temas entre as pesquisas acadêmicas e as chamadas profissionais. Essa superposição se explica pela similaridade dos problemas: fenômenos novos, rapidez de mudanças, manifestações sociais agudas, crises de confiança e legitimidade das ações exigem novas técnicas de formas de ação e mostram que no conhecimento administrativo há ainda muito o que explorar.

Embora sejam motivados menos por alcance de verdades gerais e mais para atrativos comerciais, os estudos não-acadêmicos acompanham e convivem com pesquisas de base mais científica. As escolas de administração são energizadas pelas pesquisas práticas que provocam verificação dos achados.

Como as habilidades dos dois tipos de pesquisadores são diferentes, os resultados de seus trabalhos também o são. A produção de novidades no meio prático é limitada e normalmente não ultrapassa os limites de variações do familiar e do conhecido. O inusitado e as grandes rupturas surgem de pesquisas mais sistematizadas e rigorosas. Embora a reação a problemas produza mudanças eficazes, as grandes transformações ainda ocorrem pela intenção estratégica ligada a algum conhecimento que inicialmente é produto de pesquisa mais rigorosa e propriedade de poucos.

O conhecimento administrativo, fundamentado academicamente, é o mais permanente e valorizado, mesmo em sentido prático, porque acaba por produzir e transferir as novidades às empresas e instituições públicas. Por estarem mais protegidas do imediatismo comercial, as instituições de pesquisa conseguem produzir bens públicos de grande impacto e visibilidade. Assim, as escolas de administração oferecem um campo atípico de foco e interdisciplinaridade capaz de unir professores e estudiosos em um empreendimento coletivo de produção de conhecimentos.

APRESENTAÇÃO

O livro que ora se apresenta revela a singularidade da administração na sua interação entre os profissionais e os pesquisadores: enfrentam-se constantemente sobre a validade do saber administrativo sistematizado em teorias tanto no exercício das atividades profissionais quanto em salas de aula e projetos de consultoria. Muitos desses autores, ao exercerem atividades profissionais relevantes, desenvolveram curiosidades científicas e trouxeram à investigação suas experiências oriundas do meio prático.

Outros mais acadêmicos, ao aprofundarem seus conhecimentos, identificaram no saber existente lacunas importantes, ainda a serem preenchidas pela investigação científica. Essa complementação na formação teórica torna o saber aqui apresentado mais crível em sua utilidade.

Há variações também no processo de aprender, de formar e de validar teorias administrativas. As variações refletidas neste livro levam ao repensar da administração, de seus focos de estudos, de sua propriedade da ação e de seu sentido social. Assim, a administração avança além das concepções tradicionais típicas; procura-se, cada vez mais, a intervenção planejada e associada a uma postura crítica de conscientização de todos sobre suas próprias possibilidades diante da realidade.

Na transformação e no progresso social contemporâneos, a ciência adminis-trativa deve avançar e tornar outras pessoas e organizações mais capazes de levar a sociedade a novos destinos. Há nesses autores a motivação e o desejo de contribuir para o progresso econômico e social por meio da produção do saber. Há também a constatação de que o fizeram bem.

Responsabilidade corporativa: entre o social e o regulado — estudo de um setor da siderurgia brasileira

Marcelo Fernando López Parra

Introdução

Sendo o capitalismo o modo de produção adotado na maioria dos países, responsável pelo desenvolvimento em diversos sentidos, discutem-se atualmente muitos de seus efeitos negativos, ao mesmo tempo em que se levantam questões acerca dos benefícios ilusórios e reais da modernidade. Esses dois temas, capitalismo e modernidade, embora estreitamente vinculados, têm cada qual suas peculiaridades, apesar de algumas vezes seus efeitos serem equiparáveis ou mesmo confundidos entre si.

A modernidade deve ser entendida como uma episteme, uma forma de adquirir conhecimento, um meio de conhecer a realidade e que possui uma racionalidade específica, ou, indo mais além, um *modus vivendi* com características culturais, axiológicas, sociais, econômicas e políticas. Cumpre ressaltar que a modernidade deve ser limitada no espaço e no tempo. O Ocidente é melhor conhecedor da modernidade, tema que já era discutido por Kant no século XVIII. O capitalismo, gerado numa época "moderna", assimilou algumas dessas características, mas consiste precipuamente num modo de produção econômico. No entanto, é possível afirmar que modificou sobremaneira o *modus vivendi* da maioria dos grupos sociais do Ocidente.

Dentro dessas duas temáticas, o discurso da responsabilidade social se torna institucionalizado na sociedade contemporânea — e não só no Brasil —, criando-se diversos instrumentos por meio dos quais se tenta minimizar os efeitos negativos tanto da modernidade quanto do capitalismo. Um desses instrumentos legitima-se por seu caráter legal: o conjunto de leis, normas e medidas jurídicas que regulam a responsabilidade corporativa. Nessa perspectiva, o conceito de responsabilidade social ficaria, então, restrito ao conceito de responsabilidade regulada. Outrossim, observam-se na literatura as inúmeras "faces" apresentadas pela responsabilidade social, indicando um dissenso quanto à abrangência do conceito: muitos significados, interpretações, possibilidades. Como não há muita clareza, muitas ações podem ser classificadas como sociais, mas na verdade são ações reguladas ou outro componente de gestão. Assim, o ponto de partida para este estudo foi a seguinte questão: *estão as empresas realmente interessadas nos aspectos sociais de suas ações socialmente responsáveis?*

Para tentar responder a essa questão, foram examinados os contornos do discurso da responsabilidade social em duas empresas representativas do setor siderúrgico do Brasil (responsável por quase 2% do PIB brasileiro).[1] Tal discurso é concebido sob três racionalidades: a primeira diz respeito ao discurso da competição global, denominado racionalidade corporativa; a segunda tem a ver com a responsabilidade regulada, evidenciada pelos aspectos conflitantes entre as dimensões social e regulada da responsabilidade; a última se refere ao que entendemos por racionalidade substantiva do discurso da responsabilidade social. Em empresas de países em desenvolvimento, que normalmente são receptoras de inovações tecnológicas totalmente radicais, a forma pela qual elas respondem à adoção de tais inovações pode trazer implicações para sua capacidade inovadora a longo prazo. É o caso, por exemplo, do Japão nos anos 1950. Tendo sido o primeiro país a usar a tecnologia baseada em sopro de oxigênio para refino do aço, nas décadas seguintes o Japão tratou de desenvolver capacitação tecnológica própria, o que lhe assegurou, já nos anos 1970, a liderança mundial em geração de tecnologia de aço. A forma pela qual a empresa responde a essas mudanças tecnológicas pode trazer implicações para os indicadores relacionados a meio ambiente, interação com fornecedores e clientes, interação com funcionários e dependentes, e apoio da comunidade onde está inserida.

Nas últimas décadas tem-se intensificado, no Brasil, a adoção de tecnologias que representam inovações radicais, associadas a mudanças de paradigmas. Por exemplo, nos anos 1960 e 1970, a indústria se concentrou na construção e expansão de plantas. Na década de 1990, priorizou a atualização e expansão das plantas existentes. Essas mudanças e inovações demandam das indústrias uma responsabilidade maior com relação aos reflexos no ambiente externo, sobretudo no que se refere à sociedade.

---

[1] O Brasil é o maior produtor de aço da América Latina (49,5% do total) e o quinto maior exportador mundial (9,3 milhões de toneladas/ano em 2002).

Isto posto, o presente estudo pretende responder à seguinte questão: até que ponto as práticas de responsabilidade social — mais especificamente aquelas adotadas na Companhia Siderúrgica Nacional (CSN) e na Companhia Siderúrgica Paulista (Cosipa) — ultrapassam as regulamentações vigentes no ramo siderúrgico brasileiro?

Algumas premissas orientaram a construção da idéia central deste trabalho. Primeiramente, o fortalecimento da sociedade civil e a promoção da democracia são simultâneos à atividade empresarial, sobretudo na sociedade contemporânea, onde a orientação adotada pelo mercado e a influência das empresas repercutem na sociedade e seu contexto. Empresa e sociedade são, pois, elementos interdependentes.

Ademais, acredita-se que os direitos não são dados, mas conquistados, cabendo assim questionar se a responsabilidade social e a ética empresarial constituem um dever das empresas e um direito da sociedade. A responsabilidade se institucionaliza de diferentes maneiras, seguindo seus pressupostos centrais. Os atores, portanto, respondem de acordo com a configuração de cada uma dessas dimensões.

Outros dois pressupostos devem ser destacados: primeiro, o discurso da responsabilidade social serve como justificação para o capitalismo se manter hegemônico e, assim, fortalecer o princípio de mercado. Além disso, acredita-se que o discurso é capaz de ser reconstruído, segundo a necessidade de justificação, por ser mais uma formação discursiva.

Feitas essas considerações, a idéia central deste estudo pode ser assim resumida: *as ações de responsabilidade social das empresas pesquisadas estão previstas na legislação brasileira.*

As racionalidades da responsabilidade social

Como já foi dito, a modernidade se apresenta como uma episteme — uma forma de ver a realidade e lidar com ela —, com características bastante distintas daquelas observadas no período anterior, em que imperava o cosmocentrismo ou teocentrismo.[2] Aqui a modernidade foi dividida em dois momentos, no intuito de fundamentar as racionalidades vigentes, tendo por base dois autores centrais: Max Weber e Jürgen Habermas.

Em sua obra *Economia e sociedade*, Weber (1994) procurou definir a ação social segundo quatro tipos, a saber: a racional no tocante aos fins,

---

[2] Valle, 2003.

a racional no tocante aos valores, a afetiva e a tradicional. A partir daí, desenvolveu o conceito de racionalidade.

A ação social afetiva é determinada por estados emotivos ou sentimentais. A ação social tradicional é determinada por costumes. Em ambos os casos a avaliação sistemática de suas conseqüências é nula ou escassa. A ação racional no tocante aos valores é fortemente dotada de consciência sistemática de sua intencionalidade, visto que é ditada pelo mérito intrínseco do valor ou valores que a inspiram, bem como é indiferente aos seus resultados. É uma conduta, por assim dizer, heróica ou polêmica, que testemunha fé ou crença num valor ético, religioso, estético ou de outra natureza. Sua racionalidade decorre meramente do fato de que é orientada por um critério transcendente à realidade concreta. A ação racional no tocante aos fins é sistemática, consciente, calculada, atenta ao imperativo de adequar condições e meios a fins deliberadamente escolhidos.[3]

Para Weber (1994), a racionalidade do mundo ocidental baseia-se na justificativa dos fins pela ação dos meios, em que as ações sociais dos indivíduos são mediadas por algum tipo de interesse com sentido subjetivo. A partir daí se estabelecem os elementos de um racionalismo instrumental, sob um aspecto utilitarista, no qual os meios estão justificados na busca de determinados fins, fundamentados pela individualização da ação social. Na definição weberiana dos conceitos de ação e razão, a configuração da racionalidade moderna ocidental se apresenta como exemplo de análise. Isso porque, na lógica moderna da sociedade, o utilitarismo racional, econômico e político estrutura a conduta dos indivíduos em suas ações sociais.

Com isso Weber estabelece distinção entre racionalidade formal e instrumental (funcional) (*Zweckrationalität*), determinada por uma expectativa de resultados ou "fins calculados"; e racionalidade de valor ou substantiva (*Wertrationalität*), determinada independentemente do cálculo custo/benefício.

Na racionalidade funcional[4] não se considera propriamente a qualidade intrínseca das ações, mas sua maior ou menor convergência para atingir um fim preestabelecido. Essa racionalidade não se pergunta sobre seus pressupostos, nem sobre seu sentido ou motivos, agindo apenas na esfera do *como*. Tal característica determina um nível de ação teleológica exclusivamente técnica, interesseira, em que predomina a dominação do sujeito sobre o real; ao

---

[3] Ramos, 1983.

[4] Funcional é tudo aquilo capaz de cumprir com eficiência seus fins utilitários.

sujeito cabe estabelecer os fins e eleger os meios de toda a ação.[5] A racionalidade orientada por valor, por sua vez, consiste em:

> todo ato intrinsecamente inteligente, que se baseia num conhecimento lúcido e autônomo de relações entre fatos. É um ato que atesta a transcendência do ser humano, sua qualidade de criatura dotada de razão. Aqui a razão, que preside ao ato, não é sua integração positiva numa série sistemática de outros atos, mas o seu teor mesmo de acurácia intelectual.[6]

A razão como força ordenadora da mente constitui-se de duas dimensões, a saber: uma instrumental, voltada para o cálculo de conseqüências, e outra dita substantiva, incumbida de elaborar e julgar os valores associados à própria vida. Essas duas dimensões permitem ao ser humano calcular e legitimar (ou não) seus atos, dentro da liberdade de escolha que só ele possui entre todos os seres vivos.

Um sistema de valores universais capaz de sustentar as ações sociais não combina com essa proposta de racionalização e burocratização de Weber, mesmo porque ele acreditava que o politeísmo e o relativismo, característicos da modernidade, seriam inconciliáveis com a normalização do comportamento humano. Na perspectiva de Habermas, a responsabilidade social se insere num discurso crítico em que os atores estão mais conscientes de seu papel e da dinâmica do sistema. Dessa forma, os indivíduos poderiam participar ativamente, pelo agir comunicativo, na construção de consensos no que diz respeito ao social. Esse modelo pressupõe a inclusão da alteridade nas decisões e ações individuais e coletivas, de modo que a responsabilidade social parece ser mais fiel aos seus verdadeiros propósitos.

Ainda segundo Weber, uma vez que a empresa capitalista moderna funciona baseada em cálculos, para que ela tenha um bom desempenho seria indispensável haver previsibilidade em seu contexto. Seria igualmente necessário um ordenamento jurídico (justiça), de tal modo que o Estado fosse administrado, no mínimo, de modo previsível e calculável, por meio de normas gerais fixas. Ou seja, que "o rendimento do Estado pudesse ser tão previsível

---

[5] Assim, segundo Ramos (1952), é racional a série de atos preparativos de um suicídio, com referência ao objetivo intencionado pelo suicida. Ademais, aquele que ajuda conscientemente o suicida a conseguir seu objetivo conduz-se de maneira funcionalmente racional; e aquele que o demove de seu intento conduz-se de maneira funcionalmente irracional. Ver também Ramos (1983) e Mühl (1996).

[6] Ramos, 1983:39.

quanto é previsível o rendimento de uma máquina".[7] Assim, à medida que se desenvolvesse o capitalismo, o mesmo processo estimularia a instrumentalização racional de todo o "entorno" em que prosperam as empresas modernas, o que finalmente poderia levar a sociedade a institucionalizar a racionalidade instrumental.

Para Habermas (1987a; 1987b), não só ele próprio mas também outros autores foram influenciados pelos temores de Weber com relação à instrumentalização racional do mundo, destacando-se aí os pensadores da escola de Frankfurt: Horkheimer, Adorno e Marcuse.

Para o homem "iluminado", ser racional passou a significar respeitar regras sem as quais nem o indivíduo nem a sociedade sobreviveriam. E foi por esse caminho que, a partir do Iluminismo, a razão passou a ser associada somente a ela mesma, tornando-se um instrumento. A razão instrumental surgiu, pois, como ideologia para "garantir" a sobrevivência da sociedade e desde então passou a permear toda a organização da sociedade capitalista centrada no mercado.

A escola de Frankfurt procurou não só criticar a razão instrumental, mas também buscar soluções que envolvessem a ação humana nessas questões. Assim, a partir do trabalho de Weber, Habermas propôs uma outra racionalidade para orientar a ação humana: "a racionalidade tem menos a ver com o conhecimento ou com a aquisição do conhecimento do que com o modo como usam o conhecimento os sujeitos capazes de agir e de usar a linguagem".[8]

Para ele, o "sistema" e o "mundo da vida" seriam espaços distintos, cada qual constituído de racionalidade própria. O primeiro seria regido pela racionalidade instrumental; o segundo, por uma racionalidade comunicativa.

O sistema representa o conjunto de mecanismos formais que se articulam em torno de interesses e relações instrumentais. Compreende a técnica, a normatização, a organização, a política, entre outros mecanismos responsáveis por manter a realidade concreta, possibilitando, de um lado, a integração social; de outro, a implementação do trabalho social ou das forças produtivas.

Na idéia de "mundo da vida" Habermas mostrou uma racionalidade mediada pela linguagem e pela comunicação, entendendo que a racionalidade weberiana é insuficiente para explicar a dinâmica desse espaço. Esses elementos sustentam a construção racional dos sujeitos, uma vez que refletem a cultura da qual fazem parte, e são calcados na estruturação de três universos: o objetivo, o subjetivo e o social. Eis o conceito de racionalidade de Habermas:

---

[7] Habermas, 1987a:288.
[8] Ibid., p. 24.

RESPONSABILIDADE CORPORATIVA

podemos dizer que as ações reguladas normativamente, as auto-apresentações expressivas, e também as expressões valorativas suplementam os atos de fala na constituição de uma prática comunicativa que, contra um pano de fundo de um mundo-da-vida, é orientada para alcançar, sustentar e renovar o consenso — e, na verdade, um consenso que se baseia no reconhecimento intersubjetivo de pretensões de validades criticáveis. A racionalidade inerente a esta prática é mostrada no fato de que um acordo alcançado comunicativamente deve ser baseado no final em razões. E a racionalidade daqueles que participam dessa prática comunicativa é determinada pelo fato de que, se necessário, podem, sob circunstâncias convenientes, fornecer razões para suas expressões.[9]

Essa concepção de racionalidade só seria possível dentro de um espaço de relacionamento humano no mundo da vida. Como já indicado, o agir comunicativo não tem validade num mundo que funciona apenas com a dimensão objetiva. Segundo Habermas, a racionalidade weberiana se aplica perfeitamente a esse contexto. O conceito de mundo da vida de Habermas foi construído a partir de três outros mundos: o objetivo, o social e o subjetivo.

Assim, observando como a razão era usada em situações de comunicação, Habermas (1987) definiu dois tipos de racionalidade, ou duas "razões": uma racionalidade cognitivo-instrumental e uma racionalidade comunicativa.

Pela razão cognitivo-instrumental (ou simplesmente *razão* ou *racionalidade instrumental*), o agente social usa o conhecimento para atingir um fim particular seu. Pela razão comunicativa, o agente social procura — mais do que impor um conhecimento a outro agente social — promover um acerto entre os diversos fatores envolvidos na interação dos sujeitos.

A partir dessas idéias foram construídos os referenciais a seguir, buscando identificar três dimensões da racionalidade da responsabilidade social no mundo contemporâneo.

A racionalidade corporativa

Por racionalidade corporativa entende-se aqui a forma pela qual as organizações percebem a realidade e, então, decidem agir sobre ela. Tal racionalidade seria como um espelho da racionalidade weberiana, caracterizando-se por ser essencialmente instrumental. No entanto, não se exclui a possibilidade de que a racionalidade habermasiana venha a exercer alguma

---

[9] Habermas, 1984:17.

influência no agir empresarial, pelo menos no que se refere às ações sociais. Neste tópico, discute-se o tema principal à luz da racionalidade corporativa, buscando na teoria sobre a responsabilidade social evidências discursivas de características weberianas e habermasianas.

O conceito de responsabilidade social é por vezes associado a uma estratégia que "procura" demonstrar a preocupação da empresa em participar ativamente nos programas sociais voltados para o bem-estar da comunidade onde ela está inserida e da sociedade em geral. Duarte e Dias (1986) consideram que a empresa faz parte de uma realidade pluridimensional:

▼ uma dimensão pessoal — a empresa não se compõe de coisas ou de simples animais, mas de seres humanos, pessoas que querem e devem ser vistas como tais;

▼ uma dimensão social — o homem só existe em sociedade, sendo impossível separar sua realidade pessoal de sua realidade social;

▼ uma dimensão política — dada a impossibilidade de separar o interesse público do interesse particular, deve haver a permanente participação de um poder maior na difícil tarefa de conciliar um e outro;

▼ uma dimensão econômica — a função específica que legitima sua existência e atuação no seio da sociedade é de natureza econômica.

Segundo os autores citados, a empresa é constituída por seres humanos integrados numa unidade maior, a sociedade. Tanto os objetivos pessoais de seus membros quanto os objetivos maiores da coletividade estão acima dos objetivos particulares da empresa, não podendo estes jamais se sobrepor àqueles. Tal conceito incorpora o discurso weberiano nas dimensões política e econômica, mas pode-se perceber a influência de Habermas nas duas primeiras dimensões. O reconhecimento das dimensões pessoal e social indica uma abertura para relações dialógicas e participativas. Essa noção acerca da inserção da empresa na sociedade e de suas responsabilidades em relação às dimensões descritas anteriormente tem sido a base dos conceitos apresentados sobre responsabilidade social empresarial.

Para Neto e Fróes (2001), responsabilidade social é um conceito recente, ainda em construção, constituindo-se numa nova área de conhecimento do mundo empresarial. Ganhou maior abrangência e complexidade nos últimos anos, despertando o interesse de acadêmicos e profissionais.

D'Ambrósio[10] entende que a responsabilidade social de uma empresa está diretamente ligada à sua decisão de participar mais diretamente das ações

---

[10] Apud Neto e Fróes, 1999.

comunitárias na região onde está instalada, bem como de minorar os possíveis danos ambientais decorrentes de suas atividades.

No entanto, só essas ações não bastam para que uma empresa seja considerada socialmente responsável. No entender do Instituto Ethos, esse conceito vai além da relação socialmente compromissada com a comunidade, passando a abranger todas as relações da empresa, seja com seus funcionários, clientes, fornecedores, acionistas, concorrentes, meio ambiente ou organizações públicas e estatais.

Há também o conceito de empresa cidadã, o qual confere uma nova imagem àquelas que se tornam tradicionais investidoras em projetos sociais. De acordo com Neto e Fróes (1999), a empresa cidadã é reconhecida pela excelência de sua atuação na área social, ganhando assim a confiança, o respeito e a admiração dos consumidores. Em que pese aos objetivos declarados da empresa cidadã, o fato de estarem ligados à sua imagem junto aos consumidores pode insinuar que o resultado é o que mais importa. Se isso for verdade, a racionalidade weberiana pode estar predominando nesse conceito, e o uso do termo "cidadã" passa a ser meramente instrumental e político.

Alves (2002) discutiu a diferença entre cidadania empresarial e governança. A primeira, a seu ver, pode ser entendida como um conjunto de princípios de gestão destinados à criação ou preservação de valor para a sociedade. Já o conceito de governança é difuso, podendo aplicar-se tanto a formas de gestão empresarial (governança corporativa) quanto a iniciativas para proteger o meio ambiente (governança ambiental) ou para combater a corrupção de funcionários públicos (governança pública). Não obstante seu caráter difuso, o conceito de governança tem como ponto de partida a busca do aperfeiçoamento do comportamento das pessoas e das instituições.

Alves assinala que uma redução de custos pode se transformar em causa de ineficiência, dependendo de como se desenvolveu essa estratégia de produção. Uma empresa que reduz seus custos empregando trabalho infantil está incorrendo num custo social que encarece a médio ou longo prazo o seu produto e anula qualquer vantagem competitiva. Nesse caso, a racionalidade instrumental supera, ou melhor, anula a racionalidade substantiva no âmbito das organizações.

Sucupira (2000:23) alega vários motivos para justificar a importância da conduta ética na formulação e execução das estratégias empresariais:

- ▼ "a opinião pública espera das empresas um comportamento ético;

- ▼ uma empresa que trata com dignidade seus empregados cria um ambiente interno mais saudável, atrai e mantém empregados qualificados e motivados;

- ▼ aumento das vendas decorrentes da melhoria da imagem;
- ▼ as empresas éticas são em geral bem-sucedidas e tendem a conseguir mais facilmente acesso a recursos de fundos de investimentos".

Srour (2000) também salienta esses aspectos. Segundo ele, os investidores e os fundos mútuos ou de pensão estão concentrando suas aplicações em empresas que respeitam o meio ambiente e as condições humanas e sociais de seus empregados, pagam salários justos, propiciam um local de trabalho saudável e asseguram formação profissional permanente. Acrescenta que, para determinar o padrão ético de uma empresa, devem-se levar em conta também os dados sobre acidentes do trabalho, greves e reclamações judiciais por quebra de contratos, assim como o nível de transparência nas suas relações com a sociedade civil. Trata-se, pois, de realizar "lucro com ética", consagrando assim o princípio da justiça com geração de benefícios financeiros.

Note-se que esses critérios estão intimamente ligados à preservação do espírito capitalista, cuja preocupação maior é dar continuidade à acumulação de capital. Por trás das ações ditas éticas está o interesse maior das empresas em serem bem-sucedidas, conseguirem recursos financeiros e mostrarem uma imagem empresarial interna e externa positiva para seus *stake holders*. Relembrando mais uma vez Weber, a racionalidade segundo um valor acaba sendo anulada pela racionalidade segundo um fim. Assim, mascara-se a visão estratégica em ações sociais.

A racionalidade regulada

A racionalidade regulada encerra uma dimensão puramente normativa da racionalidade corporativa e tem a ver com as orientações expressas ou tácitas na legislação vigente, nas instituições, procedimentos e regulamentações. Parte-se aqui do pressuposto de que a racionalidade regulada é inerente às ações sociais das empresas. Assim, trata-se de verificar se as empresas estão cumprindo suas responsabilidades definidas pela legislação vigente, tanto dentro quanto fora da organização. Neste tópico, a legislação brasileira sobre responsabilidade social é analisada em três níveis: municipal, estadual e nacional.

Como elemento constituinte da racionalidade corporativa, a racionalidade regulada ganha uma visão moderna, e a normatização tem por objetivo buscar a previsibilidade ou, pelo menos, minimizar a imprevisibilidade característica da atual fase do capitalismo.

À medida que aumentam as contradições do capitalismo, vão-se transformando as relações de produção e consumo, de modo que já não basta às empresas cumprirem suas obrigações para com os clientes e a sociedade, satisfazendo-lhes as necessidades de consumo, ou simplesmente respeitarem as regulamentações vigentes. Tornou-se necessária a adoção de práticas que possam garantir-lhes uma convivência sustentável com a sociedade. O movimento pela responsabilidade social surgiu a partir dessa demanda, e atualmente seu discurso encontra-se disseminado e institucionalizado entre todos os atores sociais. As práticas ditas socialmente responsáveis, contudo, não necessariamente extrapolam o regulamentado, podendo limitar-se a seguir regras expressas ou tácitas. Assim, a racionalidade regulada seria a única a guiar a ação organizacional.

Por outro lado, sabe-se que a Constituição Federal de 1988 é um conjunto de leis bastante favorável à eqüidade na sociedade brasileira. Supõe-se, portanto, que as organizações que cumprem à risca o que determina a carta magna estão contribuindo para o exercício da responsabilidade social. Porém, cabe questionar se as organizações cumprem a lei: (a) porque adotam princípios éticos que orientam suas decisões; ou (b) simplesmente para se tornarem legítimas perante o Estado e a sociedade. Assim, responsabilidade social e responsabilidade regulada diferem entre si na medida em que a primeira se exerce de maneira voluntária, e a segunda, de acordo com o direito positivo.

É certo, entretanto, que o modo de se conceber a "empresa", em especial a "sociedade anônima", trouxe profundas conseqüências para sua existência e para a definição de seu papel social. A sociedade anônima tornou possível isentar o indivíduo da responsabilidade pela existência de uma organização produtiva. Surge assim a forma de estruturação das sociedades por ações, em que as decisões são tomadas por maioria. Aqui o aspecto negativo está aliado ao fato de que nem tudo que se passa dentro da empresa chega ao conhecimento dos sócios minoritários, dos governos e dos respectivos órgãos de fiscalização, ou mesmo da maioria daqueles que, de alguma forma, são afetados pela atividade empresarial, o que conduz a um emaranhado de relações herméticas.

A empresa é núcleo de múltiplas manifestações do direito de propriedade:[11] produz bens, gera riqueza, estabelece — por meio dos negócios jurí-

---

[11] A Constituição Federal Brasileira dispõe sobre a função social em relação ao uso da propriedade nos arts. 5º, XXIII, e 153, §4º. O Código Civil (Lei nº 10.406/2002) também disciplina sobre a função social da propriedade no art. 1.228, §1º (exercício do direito de propriedade em consonância com as suas finalidades econômicas e sociais, atendendo à preservação do meio ambiente), §2º (proibindo o abuso de direito) e §3º (desapropriação, por necessidade ou utilidade pública ou interesse social); no art. 1. 277 (medidas para afastar interferências prejudiciais à segurança, ao sossego e à saúde provocadas pela utilização de propriedade vizinha — exceção feita quando presente o interesse público —, art. 1.278); no art. 1.280 (determinando medidas preventivas em relação a prédios em ruínas); e no art. 1.291 (impedindo a poluição de águas por possuidor de imóvel).

dicos — relações de aquisição e alienação de propriedade, tecendo um intrincado conjunto de obrigações jurídicas e interagindo com o meio político, com os consumidores, com os trabalhadores, com as populações vizinhas, com a natureza.

Vendo na função da empresa um compromisso com a sociedade, Gevaerd e Tonin (2004:386) enumeram suas obrigações:

▼ a adequada e lícita organização dos fatores de produção;

▼ o abastecimento da coletividade e do próprio mercado;

▼ a promoção e preservação do crédito;

▼ pontualidade e justa expressão das práticas de interdependência entre os agentes econômicos;

▼ as condições de concorrência leal;

▼ a natural lucratividade, considerando uma proporcional distribuição de ônus e bônus.

Pensar a função social da empresa implica, assim, posicioná-la diante da função social da propriedade, da livre iniciativa (autonomia privada para empreender) e do justo equilíbrio entre os interesses privados e as necessidades sociais, buscando fortalecer os espaços de construção de cidadania.

No âmbito interno, as atividades da empresa visam atender a três funções primordiais: sobrevivência, continuidade e reprodução — de tal modo que isso possa conduzir ao fortalecimento dos laços estabelecidos entre a empresa, seus proprietários e colaboradores diretos, e a sociedade.

Para viabilizar tais funções internas, o empresário orienta-se por vários princípios — tais como eficiência, funcionalidade, organização, lucratividade, risco, intangibilidade do capital social, licitude —, sempre procurando estabelecer a medida certa entre escassez e necessidade, dentro de níveis de transparência.

Já as funções externas — já aqui abordadas quando se falou sobre a função social da empresa — incluem a organização da produção, o abastecimento, a manutenção da concorrência e as boas práticas de relacionamento com seu entorno.

Esse universo de princípios orientadores das funções internas e externas, por sua vez, fundamenta-se na equanimidade, na boa-fé e na proporcionalidade. Se o direito visa à proteção e instrumentalização de relações eqüitativas e justas, é evidente que só pode oferecer proteção àquele que agiu de boa-fé, determinando o cumprimento do acordo que estabeleceu benefícios e ônus proporcionais às partes contratantes.

Isto posto, observa-se que a Constituição da República concebe o Estado brasileiro não simplesmente como um "Estado de direito", mas como um "Estado democrático de direito", o que pressupõe a incorporação dos valores próprios do Estado social (solidariedade, igualdade, liberdade positiva) aos valores do Estado de direito (igualdade e legalidade formal, liberdade negativa, proteção à propriedade).[12] Fala-se, então, em "responsabilidade social das empresas" — muito mais presente em foros da sociedade civil e no ambiente empresarial do que no meio jurídico —, a qual vem sendo compreendida de diferentes maneiras, não raro contraditórias.

A importância do tema impôs sua assimilação pelo sistema jurídico, tendo em conta:

▼ a extrema relevância das empresas como células sociais e como fontes da grande maioria das relações jurídicas em todos os níveis;

▼ sua condição de verdadeiras "produtoras" de normas não-oficiais, mas legítimas, cuja efetividade no meio empresarial e influência nos sistemas jurídicos dos Estados e dos organismos internacionais se faz cada vez mais evidente;

▼ a profunda influência do mercado sobre os valores, a cultura e o modo de vida dos indivíduos ou mesmo dos povos.

Entretanto, por mais relevante que seja esse impacto da atuação empresarial no meio social e no ambiente natural, há que definir a abrangência que o enfoque jurídico confere ao tema. A "demarcação jurídica" de uma "responsabilidade social das empresas" passa necessariamente pela Constituição brasileira e pelas normas que regulam as relações mercantis. Mas seu ponto de partida há que ser a própria demanda social quanto ao tema. Para tanto definem-se critérios de escolha, numa tentativa de conciliar relevância e efetividade — o que não é fácil, nem estático. Por isso mesmo, a definição desses critérios é, em sua essência, incompleta e provisória.

A dimensão da responsabilidade social encerra compromissos que vão além do mero cumprimento das obrigações trabalhistas, tributárias e sociais, da legislação ambiental, de usos do solo e outros. Inclui, assim, a adoção e a difusão de valores, condutas e procedimentos que induzam o contínuo aperfeiçoamento dos processos empresariais, visando igualmente à preservação e melhoria da qualidade de vida das sociedades, do ponto de vista ético, social e ambiental. Portanto, a legislação atua no sentido de criar condições propí-

---

[12] Bessa, 2003.

cias a uma organização mais racional, ética e pluralista da economia e da sociedade como um todo.[13]

Todos os discursos a respeito do setor produtivo mencionam a função social da empresa, sua co-responsabilidade para com o desenvolvimento social e ambiental, a exigência de uma atuação ética e sensível às necessidades dos grupos que de alguma forma são afetados pelas atividades da empresa, e a administração adequada dos impactos causados por tais atividades.

Associa-se, pois, a responsabilidade à participação social, podendo-se notar aí um forte incentivo à cidadania ativa e à responsabilidade compartilhada entre a sociedade, o mercado e o Estado, reforçando assim o princípio internacional, constitucional e ambiental da cooperação — fartamente previsto na Constituição, sob o aspecto da fiscalização social (art. 73, §2º) e do financiamento da seguridade social (art. 195).

Passando à análise jurídica que enfoca o "social", começamos pelos dois alicerces da Constituição: a *afirmação da soberania popular* (art. 1º, parágrafo único — "todo poder emana do povo", ou seja, a sociedade como fonte do poder, que rege toda atividade política, econômica e social) e a *dignidade da pessoa humana*, fundamento e finalidade do poder que se manifesta pela atuação dos poderes constituídos da República.

Dignidade que se espraia pelos princípios, valores e normas referentes aos direitos fundamentais, aos quais a Constituição (art. 5º, §§1º e 2º) confere máxima amplitude, tornando explícita sua aplicabilidade direta — ou seja, a intenção de dar efetividade às normas que protegem e promovem a dignidade da pessoa humana —, não só quando a pessoa interage com o Estado, mas também com o mercado e em sociedade.

Esse poder de todos se expressa nos princípios da justiça social, da igualdade, da democracia, da solidariedade, da cooperação e da proporcionalidade (entre tantos outros explícitos ou implícitos na Lei Maior), e condiciona todas as normas jurídicas — instrumentos para a realização dos objetivos expressos na Constituição — ao atendimento de sua função social. Ou seja, todos os direitos (conferidos diretamente pela Constituição ou pelos seus desdobramentos na legislação infraconstitucional) são condicionados ao atendimento de sua função social e, portanto, considerados sob a ótica do interesse público, como está expresso ao longo de toda a Constituição brasileira.

O "social" também remete à participação, a qual pressupõe promoção da cidadania. E a Constituição é farta em dispositivos e mecanismos processuais que sustentam a construção da cidadania, a saber: a ação popular

---

[13] Azambuja, 2001:7-8.

RESPONSABILIDADE CORPORATIVA

(art. 5º, LXXIII); a proposição de leis (art. 14, I a III — plebiscito, iniciativa popular, referendo); informação e participação social, inclusive na formulação de políticas públicas (art. 225, IV — estudo de impacto ambiental; art. 194, art. 198, III, art. 204, II — integração de ações de iniciativa do Estado e da sociedade relacionadas à seguridade social; art. 10 — participação de trabalhadores e empregadores nos colegiados de órgãos públicos; art. 5º, XIV — acesso à informação; e XXXIII — *habeas data*), entre outros.

Os termos "responsabilidade" e "social" condicionam, assim, a concepção de "empresa" — a começar pelos valores que inicialmente lhe conferiram legitimidade (entre os quais o individualismo, a propriedade e a livre iniciativa) e que são redefinidos e equilibrados em função do compartilhamento de responsabilidades e da função social.

O poder é do povo e para o povo. A propriedade é meio para se viver com dignidade. E a liberdade convive com a liberdade de todos, o que implica proporcionar a todos as condições para exercê-la em suas diversas manifestações.

Esses princípios podem ser considerados desdobramentos do princípio da "boa-fé", que visa preservar a confiabilidade — que é a própria essência das relações mercantis: transparência, licitude, prevalência da aparência sobre a forma, informalidade, publicidade, proporcionalidade. Segundo Bessa (2003:109),

> não há sequer um dispositivo legal em todo o ordenamento jurídico brasileiro que adote a expressão "responsabilidade social das empresas". E nem é necessário, pois o espírito que a orienta se encontra em toda disciplina legal e constitucional relacionada à atividade empresarial.
>
> Mais que isso, o apego a uma lei específica para que se aplique a responsabilidade social das empresas seria uma redundância, uma "prolixidade jurídica" que poderia, inclusive, ensejar um empobrecimento da concepção jurídica, ao reduzi-la a algumas práticas e certos princípios em detrimento de todo arcabouço normativo e principio lógico que necessariamente devem ser levados em conta.

Como já indicado, procedeu-se ao exame de três esferas legislativas, visando identificar aspectos de alguma forma relacionados com a responsabilidade social nas constituições federal, do estado de São Paulo e do estado de Rio de Janeiro, bem como nas leis orgânicas dos municípios de Volta Redonda e de Cubatão.

Após essa incursão pelas leis principais do Estado brasileiro, e com base nas conclusões de Bessa (2003), pode-se fazer uma primeira constatação: a responsabilidade social está realmente regulamentada. O atual discurso da responsabilidade social corporativa parece pouco fundamentado em princípios éticos, limitando-se ao cumprimento da norma, se tomarmos como referência a prática empresarial.

Vale salientar que os direitos e os deveres são conquistas da sociedade, o que sugere que a cidadania esteja subjacente à regulamentação, e não o contrário, ou seja, que a responsabilidade social implique a construção da cidadania. Assim, como parte da racionalidade corporativa, a responsabilidade social, pela ótica da regulação, está imbuída de um espírito predominantemente racional, instrumental e político, mesmo que sua justificativa esteja respaldada na construção de consensos e de cidadania. Isso pode ser sinal de que até mesmo dentro da regulação existem sinais de uma racionalidade substantiva baseada na ação comunicativa de Habermas.

A necessidade de outra responsabilidade das corporações

Weber foi, de fato, o primeiro pensador a tratar da questão da racionalidade nas organizações, ao analisar a organização burocrática e a preponderância da racionalidade instrumental nesse tipo de organização humana. Portanto, o fato é que, na teoria organizacional, a questão da racionalidade nas organizações foi igualmente tratada numa perspectiva instrumental.

Os movimentos de contestação dos anos 1960 e 1970 acabaram por gerar a crítica mais contundente à racionalidade instrumental, levando assim à formulação de teorias alternativas que buscam formas organizacionais baseadas numa racionalidade substantiva.[14]

No Brasil, o trabalho mais conhecido nesse campo é *A nova ciência das organizações*, de Guerreiro Ramos. Segundo o sociólogo baiano, as teorias administrativas pouco evoluíram no que diz respeito à questão da racionalidade, continuando esse conceito reduzido à categoria econômica. Eis como Ramos (1989:123) enunciou sua crítica à racionalidade instrumental:

O conceito de racionalidade, classicamente, revestira-se sempre de nuanças éticas, e chamar um homem ou uma sociedade de racional significava reconhecer sua fidelidade a um padrão objetivo de valores postos acima de quaisquer imperativos econômicos (...) a racionalidade aristotélica e a racionalidade instrumental pertencem a duas esferas qualitativas da existência humana, e a racionalidade de Aristóteles não pode ser criticada da perspectiva de Simon, a

---

[14] Satow, 1975.

menos que o autor de *Administrative behaviour* queira, realmente, dizer que a racionalidade instrumental é a única que se pode conceber, o que é uma posição claramente errada.

O que mais incomodava Ramos era a primazia do econômico sobre as outras dimensões da vida humana. Para superar essa "dificuldade", propôs sua *teoria substantiva da vida associada*:

> Uma teoria substantiva da vida humana associada é algo que existe há muito tempo e seus elementos sistemáticos podem ser encontrados nos trabalhos dos pensadores de todos os tempos, passados e presentes, harmonizados ao significado que o senso comum atribui à razão, embora nenhum deles tenha jamais empregado a expressão *razão substantiva*.[15]

É, pois, ao formular essa teoria que Ramos introduz o conceito de *organização substantiva*. Para ele, organizações substantivas são aquelas que se constroem num plano separado da esfera mercantil ou que pelo menos não esteja a ela subordinado. Diferentemente das organizações substantivas, as organizações formais se fundamentam no cálculo e assim criam sistemas que visam diretamente otimizar os resultados econômicos.

Vê-se que Ramos concebe um modelo dual de organizações: por um lado, organizações formais (que ele iguala às burocracias, no sentido weberiano) regidas pela racionalidade instrumental; por outro lado, organizações substantivas regidas pela racionalidade substantiva.

Apesar da importância atribuída ao conceito de organização substantiva na obra de Ramos, pode-se afirmar que, do ponto de vista descritivo-operacional, nela não se consegue visualizar a estrutura desse tipo de organização.

Baseado em pesquisas empíricas, Serva (1993) atribuiu às organizações substantivas as seguintes características:

▼ regem-se por princípios logicamente inter-relacionados: primazia da ação coletiva, respeito às diferenças individuais, busca de equilíbrio entre homem e organização, ação baseada na identidade de valores;

▼ as relações interpessoais são intensas e fortes;

▼ é constante a reflexão coletiva sobre o cotidiano da organização;

---

[15] Ramos, 1989:27.

- as estruturas hierárquicas são extremamente flexíveis ou mesmo inexistentes;
- só aceitam novos membros que se identifiquem com os valores e com a causa maior da organização;
- há livre circulação de informações, o que facilita o processo coletivo de tomada de decisões;
- a remuneração leva em conta a atividade exercida e o compromisso assumido com a organização (o que pode incluir trabalho voluntário);
- os horários de trabalho são flexíveis;
- o desempenho é avaliado coletivamente, em reuniões periódicas, havendo espaço para o diálogo e a negociação;
- a organização expressa-se, em termos sociais, pelos valores que esposa;
- são precários os mecanismos para avaliar sistematicamente a satisfação do usuário;
- a organização sempre busca na sociedade o respaldo para suas ações.

Tomando por base o pensamento de Ramos e o trabalho da escola de Frankfurt, Tenório (2002:33) assim explica a racionalidade substantiva nas organizações:

> a racionalidade substantiva é uma percepção individual-racional da interação de fatos em determinado momento. O que significa dizer que o ator social dentro das organizações (administradores e administrados) deveria desenvolver suas relações de forma a produzir segundo a sua maneira particular de perceber a ação racional com relação aos fins. Não entanto, isso não ocorre devido a "razões" que só a razão funcional procura explicar.

Ao que parece, o conceito de racionalidade substantiva é influenciado pela racionalidade habermasiana, uma vez que o sujeito é consciente de seu papel na tomada de decisões referentes à comunidade da qual faz parte. Essa consciência e a valorização do subjetivo indicam possibilidades de construção de cidadania. O discurso da responsabilidade social poderia aí enquadrar-se, caso houvesse a participação ativa e reflexiva dos indivíduos e demais agentes sociais.

Trazendo a proposta de Habermas para a temática aqui abordada, poderíamos dizer que a responsabilidade social deveria levar a um consenso entre os princípios do mercado, da sociedade e do Estado, com todos os três atores assumindo sua parcela de responsabilidade. Todavia essa discussão fica incomple-

RESPONSABILIDADE CORPORATIVA 35

ta, uma vez que a legislação vigente necessita estar cada vez mais apurada. Possivelmente a necessidade de regulamentar a ação empresarial advenha da dificuldade de encontrar esse espaço para interação e compartilhamento.

Considerando tais diferenças por outra ótica, conclui-se que a demanda pela responsabilidade regulada está inserida num modelo hegemônico institucionalizado, ao passo que o modelo da responsabilidade social é substantivo. Para Santos (1998), o funcionamento de espaços hegemônicos pressupõe uma desesperada demanda de regras; nem mesmo quando as circunstâncias mudam e, com elas, também as normas, sua demanda deixa de ser desesperada.

Assim, o regulado está associado ao que é objetivo e institucionalizado, representando um derradeiro ato de regulação legal, por fazer cumprir compromissos legalmente previstos, enquanto o social está diretamente vinculado ao que é subjetivo e substantivo. Com isso a responsabilidade social ganha contornos muito mais amplos do que aquilo que realmente está regulamentado, requerendo uma transformação substancial na organização.

Seria desejável, portanto, entender que a responsabilidade social pode ser permeada e constituída pelos três tipos de racionalidade: a corporativa, espelho da weberiana; a racionalidade regulada, preocupada em regulamentar o movimento; e a racionalidade substantiva, que valoriza a dimensão humana e social. Esse espaço de interseção entre as racionalidades abrigaria a responsabilidade social em suas múltiplas motivações.

Metodologia

Hoje as pesquisas acadêmicas e científicas exibem um conjunto de técnicas cada vez mais sofisticadas, que muitas vezes tomam o lugar de análises mais profícuas e de reflexões mais profundas, tal é a preocupação em mostrar o domínio do método. No século XIX, as ciências sociais sofreram certos preconceitos acadêmicos por serem consideradas ciências *soft*, como Spink (1995) denuncia. Elas tenderam então a ajustar-se ao objetivismo entronado pela era moderna, talvez para se mostrarem válidas e legítimas como ciências.

Em que pese a essa tentativa de objetivação, segundo Spink, logo as ciências humanas e sociais perceberam que, para assumir sua função, era preciso encontrar metodologias que recuperassem a tradição hermenêutica.

Neste estudo procurou-se, pois, resgatar essa tradição, que reconhece a importância da subjetividade como base para a objetividade. Assim, optou-se aqui por cruzar dados objetivos com dados subjetivos, como se verá a seguir.

A pesquisa desenvolveu-se em duas fases: na primeira efetuou-se o levantamento de dados bibliográficos que auxiliaram na construção do instrumento de coleta de dados; a segunda consistiu na pesquisa de campo, com visitas às empresas e a realização de entrevistas com os responsáveis pela área social.

Não existe um "modo ótimo de fazer pesquisa social".[16] Porém, quando se trata de uma investigação social, alguns autores sugerem a triangulação[17] metodológica para minimizar vieses de interpretação e enriquecer os resultados alcançados. Neste trabalho conjugamos duas linhas de ação metodológica adequadas para atender aos propósitos enunciados anteriormente: pesquisa bibliográfico-documental e investigação no campo prático.

Segundo Marconi e Lakatos (1996), a pesquisa bibliográfica consiste na consulta a toda sorte de publicações sobre o tema em questão, principalmente livros, artigos de periódicos e, atualmente, material disponível em meio eletrônico.

A pesquisa bibliográfica incluiu não apenas livros e artigos sobre o tema, mas também um levantamento da legislação sobre responsabilidade social, bem como a análise de relatórios e documentos das empresas e de institutos reconhecidos. Como se observa, as fontes utilizadas não foram exclusivamente bibliográficas, incluindo também dados que não receberam tratamento analítico e outros que foram reformulados de acordo com os objetos da pesquisa aqui desenvolvida, a qual, segundo Gil (1991), deve portanto ser considerada bibliográfica e documental.

Essa abordagem visou atender principalmente a dois objetivos:

▼ identificar e descrever as origens e dimensões do conceito de responsabilidade social;

▼ analisar a legislação nacional relacionada ao tema.

Serviu, igualmente, para subsidiar a estruturação das entrevistas feitas na segunda etapa. Por sua vez, a pesquisa de campo, incluindo entrevistas e observação direta do ambiente natural do fenômeno, possibilitou atender a dois outros objetivos específicos:

▼ investigar as implicações do conceito de responsabilidade social nas empresas;

▼ comparar os resultados das práticas de responsabilidade social das empresas.

---

[16] Bauer, Gaskell e Allun, 2002:22.
[17] Segundo Scandura e Williams (2000), a triangulação envolve o uso de diferentes métodos de coleta de dados para se chegar a resultados mais ricos e consistentes; assim obtém-se maior validade externa e reduz-se o risco quando se generalizam as conclusões.

RESPONSABILIDADE CORPORATIVA

Trata-se, portanto, de um estudo descritivo, segundo a definição de Marconi e Lakatos (1996): focaliza uma situação presente para retratar a realidade, tão fielmente quanto possível, por meio do registro, análise e interpretação dos fenômenos. Finalmente, não se pode negar sua natureza exploratória, uma vez que poucos são os estudos na literatura sobre administração que abordam a temática da responsabilidade social.

Resultados da pesquisa de campo

Companhia Siderúrgica Nacional (CSN)

A CSN apresenta uma boa estrutura para a prática da responsabilidade social, tendo criado, há mais de 10 anos, a Fundação CSN.

> A fundação conta com um efetivo de 300 pessoas: 80% são professores, porque temos duas escolas; o segundo percentual maior é de dentistas, por causa do centro de saúde oral, e o restante são pessoas envolvidas no projeto comunitário "Garoto cidadão" e nos projetos culturais. Todos os recursos da fundação são destinados aos projetos, às escolas, ao centro cultural. Temos anualmente esse orçamento aprovado, inclusive passamos pelo crivo do Ministério Público, quer dizer, tudo isso é muito bem controlado, não começamos o ano sem saber qual o orçamento que temos.[18]

É importante ressaltar que todos os projetos de ação social da CSN são de responsabilidade integral da Fundação CSN.[19] Evidencia-se o discurso mercado-modernista na terminologia utilizada: o conjunto de programas sociais é intitulado "carteira de produtos", e a expectativa com relação à responsabilidade social é vista pelos funcionários como uma possibilidade de melhorar a imagem na comunidade e de criar-se um "ciclo virtuoso":

> O que agrega é na questão da imagem, de você estar próximo dessa comunidade, realmente estar envolvido de uma forma positiva. Eu acho que os ganhos são por aí, mais alinhados com a expectativa que a gente tem com relação ao terceiro setor, de realmente desenvolver uma comunidade. No final das contas,

---

[18] Sônia de Oliveira Morcef, diretora de Relações Institucionais da Fundação CSN.
[19] A Constituição de 1988, nos arts. 22, 37, 38 e 150, refere-se a dois tipos distintos de entidades: fundações públicas e autarquias. Ambas são pessoas jurídicas de direito público interno, mas não se confundem. A Emenda Constitucional nº 19/98 diferenciou a autarquia em sentido estrito da fundação pública, inclusive quanto ao processo de criação.

isso envolve todo o resto, toda a economia, as pessoas com maior poder de consumo, enfim, é uma cadeia que não pára mais.[20]

Observa-se um discurso influenciado pela racionalidade instrumental, que prioriza os resultados para a empresa, mais do que para a comunidade. A princípio, o programa de responsabilidade social ficou a cargo do departamento de recursos humanos. Mais tarde, com o desdobramento das atividades, foi criada uma fundação especialmente destinada a esse fim. A formação discursiva foi-se delineando aos poucos, conforme se observa na fala de uma entrevistada. A CSN possivelmente investiu nessa iniciativa como forma de reduzir seus custos operacionais. Constata-se que a falta de clareza quanto ao papel desempenhado pela fundação reflete-se nas ambigüidades e contradições do depoimento da entrevistada, revelando os inúmeros e dispersos discursos mobilizados no início de um projeto. Ao mesmo tempo, sugere também outros interesses subjacentes à criação da fundação: aproveitar sua personalidade jurídica para responsabilidades corporativas. A interdiscursividade, no caso, é resultado de uma evolução histórica, socioeconômica e política, ao mesmo tempo que remete a respostas antecipadas, conforme o conceito de Fairclough (2001).

Os projetos são desenvolvidos em parceria com iniciativas da sociedade. A CSN contribui financeiramente para o desenvolvimento das atividades da instituição parceira. Para formalizar a parceria, a Fundação CSN avalia a viabilidade das propostas que lhe são apresentadas.

Em que pese ao discurso estruturado e consistente da CSN, observa-se uma cadeia discursiva que mostra a intertextualidade e interdiscursividade presentes no ambiente corporativo da empresa. É possível identificar, por exemplo, os discursos da ONG, do assistencialismo e da ação social, entre outros menos visíveis. Trata-se simplesmente de convenções institucionalizadas na prática social e, no caso, organizacional. Assim, o discurso reproduzido por uma funcionária da Fundação CSN está impregnado de outros discursos que fazem parte do universo corporativo e, também, pessoal. Apresenta-se, contudo, consistente, sem muitas contradições evidentes, o que pode indicar que tanto a funcionária quanto a FCSN já incorporaram o discurso.

A Fundação CSN desenvolve, pois, um relacionamento com as organizações parceiras na implementação dos projetos sociais, dando-lhes apoio financeiro e material:

---

[20] Sônia de Oliveira Morcef, diretora de Relações Institucionais da Fundação CSN.

Olha, eu não destaco um ponto negativo porque, depois da doação que ela nos fez, ela pode até não nos dar mais nada, pois já fez pela vida inteira, porque sem a sede... como funcionar sem a sede?[21]

A parceria com a fundação é muito boa, muito importante para nós. A Fundação CSN doava um micro para as entidades; agora, não, agora é assim: todos os computadores a serem doados vêm para o CDI, e eu tenho o trabalho de exigir de todos, né? A gente geralmente fecha alguns tipos de apoio para conseguir abrir novas escolas. Por exemplo, essa escola da Vila Americana foi através de um acordo. Além das máquinas, algum tipo de acordo, algum tipo de contrato que a Fundação CSN fecha com o CDI, para que a gente consiga ter pernas para caminhar durante um período, um ano, talvez dois anos. Então, o caso da Vila Americana foi um dos exemplos de que a Fundação CSN está participando, entendeu?[22]

Confirma-se no primeiro discurso a influência do assistencialismo, também expressa na qualificação de "muito boa", dada pelo segundo respondente. Verifica-se, ainda, que tanto a CSN quanto a própria fundação vão-se afastando do que é verdadeiramente social no discurso da responsabilidade, ou seja, vão-se distanciando da responsabilidade substantiva, aqui discutida anteriormente. As parcerias entre a FCSN e outras entidades reafirmam o lado instrumental e regulado da responsabilidade corporativa.

O depoimento de um parceiro da Fundação CSN parece sintetizar a visão que essa empresa tem da responsabilidade social. De acordo com esse informante, as organizações do terceiro setor têm melhores condições de desenvolver projetos sociais por terem maior articulação e credibilidade junto à comunidade. Dessa forma, as práticas que a CSN vem adotando com relação à responsabilidade social se aproximam muito dessa visão, uma vez que ela permite que as ONGs estabeleçam sua estratégia de atuação na comunidade.

Embora haja um discurso que aponta para as limitações do Estado no que se refere ao atendimento das demandas sociais, é possível constatar, pelos vários depoimentos, que as prefeituras situadas no entorno da CSN estão envolvidas no desenvolvimento de projetos puramente assistencialistas que visam tão-somente cumprir legislação vigente para atender à manutenção do espírito do capitalismo.

---

[21] Delizete Barbosa, coordenadora da Casa do Bom Samaritano, parceira da Fundação CSN.
[22] Vladimir Neves de Lima, coordenador-geral do Sul Fluminense do Centro para a Democratização da Informática (CDI).

Muito embora esse tipo de parceria seja um bom negócio para as prefeituras, é interessante notar como, através do discurso, a responsabilidade do Estado para com a sociedade vai-se transferindo para certos movimentos, como o de responsabilidade social, e para as ONGs. Nesse sentido, seria desejável que a sociedade percebesse as questões sociais não mais exclusivamente na condição de cliente favorecido por ações puramente assistencialistas, mas também de fornecedor responsável pelas ações que a beneficiam, imbuindo-se do papel de construtora de cidadania.

Companhia Siderúrgica Paulista (Cosipa)

A Cosipa atua em todas as fases de produção do aço, desde a obtenção e beneficiamento dos insumos — minério de ferro, carvão mineral e fundentes — até sua transformação em laminados planos não revestidos. Seu principal acionista é a Usinas Siderúrgicas de Minas Gerais S.A. (Usiminas), detentora de 94,5% do capital votante da empresa.

Como parte de seu processo de modernização, a Cosipa resolveu investir em projetos voltados para a melhoria das relações trabalhistas e comunitárias. Até o final de 2000, tais projetos estavam sob a responsabilidade da área de recursos humanos. Foi então criada a Assessoria de Relações Trabalhistas e Comunitárias, que passou a coordenar os projetos internos da empresa.

De acordo com a analista entrevistada, não há um orçamento anual predefinido para os projetos, justamente para evitar uma política assistencialista por parte da empresa. Os recursos são liberados segundo a necessidade: quando surge uma demanda por recursos, o pedido é encaminhado à superintendente da PSR, que por sua vez o leva ao presidente da Cosipa, que pode ou não autorizar a liberação da verba.

A Cosipa também realiza investimentos sociais com recursos do Banco Nacional para o Desenvolvimento Econômico e Social (BNDES). Segundo uma das entrevistadas, ao se contrair um empréstimo, há uma cláusula contratual que prevê a reversão de um determinado percentual dessa verba, desde que o recurso seja destinado a ações sociais, e não a seus funcionários.

Os projetos sociais externos da Cosipa estão divididos em três áreas: educação, meio ambiente e comunidade. No presente estudo foram analisados apenas os projetos relacionados à educação e à comunidade.

O "Cosipa na escola" é o projeto social mais bem estruturado da empresa. Por incluir outros projetos — por exemplo, gestão da qualidade da educação e educação pelo esporte, meio ambiente e cultura, entre outros — acabou se transformando num programa.

RESPONSABILIDADE CORPORATIVA

Segundo uma entrevistada, o "Cosipa na escola" foi iniciado em 1998, quando a empresa demonstrou interesse em atuar num projeto educacional, dentro de seu conceito de empresa cidadã. Em parceria com as prefeituras de Cubatão, Santos e São Vicente, municípios de São Paulo, foi firmado acordo de cooperação técnica com escolas de ensino fundamental (1ª à 8ª séries) da rede municipal.

A Cosipa pretende, com esse projeto, ampliar o horizonte profissional dos alunos, implantar melhorias no sistema de gestão de qualidade das escolas, desenvolver indicadores de desempenho, aumentar o envolvimento dos pais no processo educacional e promover melhorias no ambiente físico das escolas.

De acordo com uma das responsáveis pelos programas de ação social da Cosipa, essa iniciativa resultou da necessidade de melhorar o clima organizacional da empresa. Isso revela, em princípio, o desejo da empresa de melhorar suas relações com os trabalhadores, já que existia um distanciamento muito grande entre os empregados e as chefias. Por outro lado, mostra que o discurso da responsabilidade social estava mais voltado para seu público interno do que para o espaço local. Assim, a proposta da Cosipa poderia ser enquadrada numa racionalidade instrumental, uma vez que o discurso de melhoria do clima organizacional está atrelado sutilmente ao incremento na produtividade e no desempenho organizacional, e não ao desenvolvimento dos funcionários como pessoas ou cidadãos.

Outro ponto a destacar é o papel de uma consultoria inicialmente vinculada à área de relações trabalhistas. Desde a inserção da Cosipa no movimento pela responsabilidade social, as relações trabalhistas passaram a fazer parte dos programas de responsabilidade social interna. Aqui, mais uma vez, as percepções dos conceitos estão misturadas, revelando uma prática social perpassada por uma série de discursos:

> Então constituímos esse grupo, que tem uma consultoria de apoio, a HGM consultores, do Heli Moreira, que já vinha nos dando suporte em outros projetos. Já havia aqui um projeto interno de comunicação, voltado para abertura de diálogo com as lideranças, que é o programa de relações com os empregados. Esse programa já existia desde 1998 e também veio para essa unidade. Então, algumas iniciativas que já existiam na empresa foram agrupadas aqui nessa nova área, e a partir daí foram desenvolvidas novas ações.[23]

Essa mudança de enfoque contribui, sutilmente, para a perda do espaço de negociação entre os empregados e a empresa. Na medida em que as "conquistas trabalhistas" passam a fazer parte do moderno discurso da res-

---

[23] Eugênia Salgado Granja, analista, responsável pelo Programa "Cosipa na escola".

ponsabilidade social corporativa (RSC), os empregados abdicam de seu papel ativo na relação trabalho-capital para se colocarem como simples beneficiários dos novos programas de RSC.

O voluntariado revela-se um instrumento para legitimar o discurso da responsabilidade social. No entanto, ele só é incentivado pela empresa se estiver relacionado aos programas institucionais. Caso contrário, deve ser praticado fora do expediente de trabalho. Assim, a empresa pode até encampar a proposta de voluntariado, mas na verdade são seus funcionários, *per se*, que possuem esse valor.

Vale assinalar que o movimento pela RSC da Cosipa foi impulsionado por investimentos do BNDES, que determinou em contrato que parte da verba fosse destinada a ações de responsabilidade social. A Cosipa criou então um programa de capacitação para os seus funcionários, revertendo indiretamente os benefícios desse investimento para sua própria produtividade. A Cosipa não possui verba própria destinada aos programas de RSC.

Em seus depoimentos, vários entrevistados expressaram idéias sobre emancipação, capacidade de empreender, autonomia, auto-sustentabilidade e até mesmo construção de cidadania. No entanto, nota-se que ainda existe uma expectativa bastante assistencialista por parte dos membros da comunidade atendida pelos projetos de responsabilidade social desenvolvidos pela Cosipa.

Observa-se, num primeiro momento, que o programa de responsabilidade social na Cosipa deveria levar a um retorno interno, ao comprometimento dos funcionários. Estes se mostrariam mais dispostos a colaborar, devendo porém estar cientes do que ocorre na empresa, já que esta considera o público interno porta-voz da boa imagem institucional. Assim, o enfoque social dos programas parece indicar o reconhecimento de que aquilo que acontece fora da empresa influencia as práticas internas do comportamento organizacional.

Verifica-se, assim, que a proposta inicial de responsabilidade social encampada pela Cosipa está mais direcionada para a mobilização da sociedade, no sentido de promover ações sociais que beneficiem a comunidade, mas que também propiciem à empresa uma imagem legítima. Essa prática só foi implementada pela Cosipa por influência do BNDES e, ainda, graças ao resultado de uma pesquisa sobre clima organizacional promovida pela unidade de recursos humanos e apoiada por uma consultoria externa para relações trabalhistas.

Ao colocar como cláusula para a liberação de um empréstimo uma contrapartida da empresa destinada a projetos sociais, o BNDES estimula as práticas de responsabilidade social corporativa. Isso mostra que a responsabilidade social vem sendo forjada no Brasil não apenas por iniciativa das empresas, ou porque elas assumem como valor essa prática, mas também a partir da normatividade gerada pela necessidade de o Estado delegar a responsabilidade pelo social a outras entidades.

Esse conjunto de elementos em que se apóia a estratégia da Cosipa para recuperar sua imagem pública[24] mostra como o discurso sobre RSC vai sendo incorporado e disseminado no ambiente organizacional.

Analisando as racionalidades nos discursos das empresas

A CSN desenvolve um modelo de responsabilidade voltado para a liberação de aporte financeiro e material para as ONGs responsáveis pela implementação dos projetos. A preocupação com a transferência de valores e de tecnologia, tão enfatizada na Cosipa, não é o ponto central da estratégia de responsabilidade social da CSN. Esse tipo de atividade fica mais por conta das organizações parceiras da Fundação CSN.

Na comparação de gastos com projetos sociais entre a Cosipa e a CSN, verifica-se que esta última destina-lhes um orçamento muito maior. Além disso, fez doação de um imóvel, computadores e diversos materiais, fato raro na Cosipa. No entanto, o ponto comum de ambas é a instrumentalidade da relação com a comunidade.

Na relação entre empresa e comunidade, no que se refere à implementação dos projetos, a Cosipa, além de se mostrar mais preocupada em levar seus valores para a comunidade, a partir da noção de "transferência de tecnologia", tem uma postura mais centralizadora, pois ela mesma define os critérios de seleção da comunidade a ser beneficiada com o projeto. No caso da CSN, isso fica mais a cargo das ONGs parceiras, como, por exemplo, o Comitê para a Democratização da Informática (CDI).

Outro ponto a destacar é que a Cosipa dá maior ênfase ao desenvolvimento de projetos com a participação de funcionários em ações sociais voluntárias, iniciativa pouco cogitada pela CSN.

---

[24] Nas décadas de 1970 e 1980, o pólo industrial de Cubatão lançava no ar, diariamente, quase mil toneladas de poluentes. O solo, os rios e manguezais que formam o rico ecossistema da região recebiam indiscriminadamente outras tantas toneladas. Em 1985, através da parceria entre a administração municipal, a Cetesb, as indústrias e a comunidade, foi iniciado um rígido programa de despoluição ambiental. Os resultados foram imediatos: em menos de uma década, os índices das fontes poluidoras foram reduzidos em 92%. O reconhecimento por esse trabalho foi coroado durante a ECO 92 pela ONU, que outorgou o "Selo Verde" a Cubatão, como cidade-símbolo da ecologia e exemplo mundial de recuperação ambiental.

A Fundação CSN, diferentemente da Cosipa, não atua diretamente em nenhuma comunidade. Os projetos sociais são viabilizados através de parcerias com outras instituições, como a Casa do Bom Samaritano, a Casa Paz e Bem, e a Casa da Criança e do Adolescente. Percebeu-se, pelas entrevistas, que não há uma relação muito próxima da fundação com seus parceiros. Muitos deles nunca receberam a visita de diretores ou coordenadores dos projetos da fundação. Assim, essa "terceirização", que leva o nome de atuação socialmente responsável, nos faz pensar que a CSN está mais comprometida com a racionalidade instrumental corporativa do que com a racionalidade substantiva.

O projeto "Garoto cidadão", o carro-chefe da CSN, existe há oito anos. Em outubro de 2003 houve uma mudança na coordenação do projeto. Substituiu-se o coordenador e criou-se para ele uma equipe formada por uma psicóloga e duas estagiárias em assistência social. Houve melhoras na gestão do projeto, e este passou a ser avaliado regularmente, inclusive com a participação das crianças por ele atendidas.

Considerações finais

Para sustentar a tese aqui defendida, segundo a qual o regulado supera o social no movimento pela responsabilidade corporativa, foram desenvolvidas três linhas de argumentação: a primeira resgata a lógica da modernidade e mostra como o sistema capitalista foi-se legitimando ao longo de suas fases; a segunda trata da ética e da possibilidade de o processo ético vir a fazer parte dessa práxis de responsabilidade; por último, discorreu-se sobre as racionalidades da responsabilidade, identificando-se aí três lógicas principais: a corporativa, a regulada e a substantiva.

Observa-se, naquilo que se entende por modernidade, uma nova conformação da sociedade, onde as percepções, crenças, valores, demandas e práticas sociais geram novas relações entre seus atores. A modernidade, como forma de adquirir conhecimento diferente do período anterior, tem como característica central o antropocentrismo. Dessa forma, tudo que se refere ao homem e à sua capacidade de domínio sobre a natureza e os eventos da vida diz também respeito à modernidade.

O capitalismo foi forjado nesse pano de fundo epistemológico, o que permitiu justamente fortalecer suas premissas e princípios. Esse fenômeno social, antes de se instituir como modo de produção, foi impregnando de tal forma as relações sociais que muitas vezes aparece como *modus vivendi*. Duramente criticado, em que pese a seus benefícios para a sociedade mundial, não possui compromisso com o social, até mesmo em função de sua natureza. No entanto, quando o capitalismo, na figura do mercado e de seus dispositivos, é criticado por suas disfunções, ou quando seu poder alcança plena hegemonia e sua dimensão simbólica submete os valores e expectativas sociais, o sistema se reinventa: usando de instrumentos que lhe são típicos, cria novas formas de se posicionar e procurar outros tipos de relações com os atores que sirvam a seus interesses.

Assim, os deslocamentos do capitalismo e as transformações nos dispositivos que o acompanham contribuem para desarmar a crítica ao sistema, satisfazendo a certas exigências ou desmontando as forças vinculadas à defesa das provas instituídas. A crítica e seus inerentes dispositivos passam a ter pouca influência sobre as novas provas ainda não codificadas, podendo ser desqualificados por estarem obsoletos e fora do contexto vigente.

Os chamados deslocamentos servem, pois, como desestabilizadores da crítica e a desorganizam, tornando-a inoperante. Esse processo de deslocamento do capitalismo lhe dá uma nova possibilidade de acumulação e lucros, libertando-o dos entraves que a coação do bem comum exercia sobre ele.

Nessa dinâmica está se inserindo o discurso da responsabilidade social corporativa (RSC). Agindo como crítica, o discurso da RSC permitiu, e ainda permite, ao capitalismo, se reestruturar para reagir às novas demandas e questionamentos.

Portanto, a construção de um novo discurso do capitalismo é necessária não apenas do ponto de vista humanista, mas também para perpetuação do próprio capitalismo. Os movimentos críticos informam o capitalismo dos riscos que o ameaçam e lhe dão oportunidade de reagir. Apesar da capacidade do capitalismo para assimilar a crítica, ele só o faz quando não há mais outra saída. O mesmo parece estar acontecendo no movimento pela responsabilidade social: ao reclamar com maior veemência alguma resposta para os efeitos nocivos do sistema, ele se mostra, na figura de seus atores, mais consciente de que é preciso mudar.

Nesse contexto, o movimento pela responsabilidade social parece resultar da crítica à atuação das empresas, do Estado e da própria sociedade. O capitalismo, conjugado com (e alertado por) essa crítica, produz um discurso de justificação do atual estágio de acumulação e que se traduz nas ações sociais empresariais, na regulamentação promovida pelo Estado, nos movimentos do voluntariado, da cidadania corporativa e das ONGs, entre outros dispositivos, os quais instituem novas provas para os atores, como o cumprimento de requisitos sociais para a empresa ser bem-vista pela sociedade.

Especificamente no que tange ao âmbito corporativo, como resposta à crítica e dentro do movimento pela responsabilidade social, as empresas passam a investir em ações sociais, direta ou indiretamente, justificando-se e dando provas à sociedade (e aos consumidores) de que estão indo ao encontro de suas aspirações sociais.

No caso brasileiro, é isso exatamente que vem ocorrendo. Inicialmente, umas poucas empresas multinacionais, que já têm o conceito desenvolvido em seus países de origem, trazem-no como uma grande novidade para o país e, com a ajuda de seus executivos, de consultores, acadêmicos e da mídia, divulgam essas práticas, realçando seu caráter inovador e o vanguardismo da empresa. Essa formação discursiva passou a fazer parte do cenário empresarial brasileiro e foi-se disseminando pela reprodução dos discursos. Iniciouse recentemente um processo de adaptação desse discurso à realidade brasileira: surgiram institutos e grupos com o objetivo de instituir as provas, criaram-se regras, normas, selos, balanços, concursos etc., de modo que o tema, amplamente debatido no meio acadêmico, ganhou uma relevância antes desconhecida.

A crítica é então apropriada como um diferencial para a empresa que adota e, principalmente, divulga esse tipo de comportamento. As formações discursivas vão-se tornando legítimas e passam a fazer parte do repertório de estratégias do mundo corporativo; e, quando deixam de ser um diferencial para a empresa, a única preocupação é cumprir as provas instituídas pelos "grandes", pois a "crítica" já está perfeitamente enquadrada no sistema, dentro do novo "discurso".

A responsabilidade social, contudo, não é um tema novo nas relações do mercado, tampouco pode ser considerada um novo tema jurídico; ela está presente em toda organização jurídica da propriedade privada. Esse discurso, sim, pode ser encarado como novo pela sua configuração atual, diferente da primeira e segunda fases do capitalismo.

A responsabilidade social surge agora como reação da sociedade diante da questão crucial da hegemonia de um poder econômico destituído de uma ética voltada para a construção da cidadania e para o respeito do homem pela natureza e pelo próprio homem. Os questionamentos éticos podem fazer parte do primeiro momento, mas não se dissociam de um contexto de modernidade capitalista. Assim, o processo ético passa a ser influenciado por outros elementos instrumentais, constituindo-se numa dinâmica específica.

A sociedade, por meio da Constituição de 1988, assume e afirma claramente a dignidade da pessoa humana, função social e valor "social" da livre iniciativa, ao temperar a tutela dos direitos individuais com os princípios da justiça social, da solidariedade, da igualdade; ao condicionar o reconhecimento da propriedade ao cumprimento da sua função social; e ao considerar a liberdade em sociedade como princípio para a construção e o fortalecimento da cidadania.

Constatou-se que a implementação dos mecanismos gerenciais da responsabilidade social nas empresas analisadas é difícil e lenta. Isso ficou evidenciado na pesquisa de campo realizada num setor da siderurgia onde os programas de ação social são implementados sem planejamento ou então por terceiros. A despeito disso, o fato é que a regulação existe, tanto no nível externo (aparato legal) quanto interno (modelos, terceirização, fundações etc.).

Pode se afirmar que, no plano da legitimação e consolidação da responsabilidade social corporativa, o direito brasileiro cumpriu seu papel: existe toda uma estrutura que traduz um conjunto de valores e instrumentos – principalmente a Constituição e o código civil — voltados para a manutenção dos princípios sociais da propriedade privada. Na terceira fase do capitalismo, foi necessário que o Estado delegasse algumas de suas funções, até mesmo porque não conseguia cumpri-las plenamente. Pela própria dinâmica e natureza capitalista, era preciso favorecer as empresas em suas iniciativas sociais. Os questionamentos e demandas surgiram como outro pilar para o movimento.

Vê-se claramente como os fatos estão relacionados e são interdependentes: modernidade, capitalismo, utilitarismo, racionalidade instrumental, história política e social. De acordo com a concepção utilitarista, como visto anteriormente, o ser humano é movido por interesses econômicos (*homo oeconomicus*), e seu principal objetivo consiste em maximizar a satisfação individual. Assim criou-se a imagem do indivíduo desinteressado em buscar o bem comum, de cooperar por livre e espontânea vontade.

Dessa forma, o ser humano — como participante ativo do enclave econômico — está sujeito a compulsões operacionais que muitas vezes o inibem a se tornar um sujeito ético: dada a importância dos aspectos tecnológicos e estratégicos no mundo contemporâneo, uma série de dificuldades se antepõe ao homem em sua tomada de decisão. Os problemas de natureza ética se manifestam no enfraquecimento e desaparecimento de instituições, na desestruturação de grupos sociais e na deterioração dos relacionamentos interpessoais, na lógica utilitarista que permeia o comportamento humano e a ação organizacional.

A dimensão ética das ações corporativas levanta a questão sobre o que está orientando o movimento da responsabilidade social. Por um lado, pretende-se que o processo ético deveria sustentar a responsabilidade social em sua essência, por sua própria natureza conceitual. Por outro lado, perguntamonos se a responsabilidade que as organizações rotulam como social está, na verdade, imbuída desse processo ético ou se apenas segue as orientações do princípio de mercado.

Apesar disso, talvez por sua natureza reflexiva ou por seu caráter moral, tanto o indivíduo quanto as organizações, de modo geral, oscilam entre ações que visem à satisfação individual e ações que favoreçam o bem comum.

Transportando esse pensamento para o âmbito organizacional, vê-se que as empresas, ao promoverem ações em benefício da sociedade — sob a égide do movimento pela responsabilidade social e do discurso ético —, podem estar assim agindo simplesmente por medo da "punição", ou seja, por receio de caírem na ilegalidade, de se tornarem estrategicamente mais vulneráveis do que as organizações de cunho social, de serem criticadas pela sociedade e com isso perderem clientes, ou de serem rejeitadas por seus parceiros organizacionais.

A responsabilidade social contribui para o fortalecimento da sociedade na medida em que esta passa a exigir respostas das instituições estatais para a solução dos problemas da exclusão social e da degradação ambiental.

Neste estudo, verificou-se que o regulado está associado ao institucionalizado, ao passo que responsabilidade substantiva está vinculada a uma dimensão subjetiva e política. Por isso a responsabilidade denominada social presente nos discursos acadêmicos ganha contornos muito mais amplos do que os efetivamente observados na prática empresarial. Esta é essencialmente regulamentada, seja por leis ou pela prática discursiva empresarial, de modo que é necessária uma mudança radical nas corporações. Tal mudança deve basear-se não na imposição, na fiscalização e na regulamentação, mas no diálogo, na motivação e no compromisso com o desenvolvimento social, econômico, político e cultural dos diversos atores da sociedade.

As corporações estão inseridas num ambiente complexo, interagindo com várias culturas e vários agentes de natureza social, econômica e ambiental, e suas ações influenciam de forma decisiva esse ambiente. Daí a necessidade de uma atuação responsável das empresas junto aos seus mercados e agentes sociais, num processo constante de fortalecimento da democracia e da cidadania através dos processos produtivos.

Em suma, a soberania popular é sustentada pela Constituição Federal brasileira, segundo a qual todo "poder emana do povo", e pelas normas que regem as relações entre o poder público e o poder econômico, bem como pelos demais dispositivos que dão fundamento a essa visão de empresa socialmente responsável. Os resultados da investigação empírica mostram que o processo ético está impregnado das relações capitalistas modernas, dando ao movimento de responsabilidade social uma tônica bastante diferente da racionalidade substantiva. Observou-se, também, que os princípios que devem orientar a atividade das empresas e definir os mecanismos jurídicos para lidar com os casos de descumprimento dos preceitos por elas veiculados se mostram essencialmente normativos, como reações naturais e desejáveis para atender a uma demanda instrumental.

Regulada ou não, a responsabilidade social se apresenta como um movimento instituído, normatizado e benéfico para a sociedade. Faltam-lhe, no entanto, alguns traços da responsabilidade substantiva, para que haja maior conscientização quanto à dialogicidade inerente às relações sociais e à construção da verdadeira cidadania.

Referências bibliográficas

ALVES, Mário Aquino. *Terceiro setor*: o dialogismo polêmico. Tese (Doutorado) — Eaesp/FGV: São Paulo, 2002.

AZAMBUJA, Marcos de. O Brasil e a cidadania empresarial. *Valor Econômico*, São Paulo, 20 abr. 2001.

BAUER, Martin W.; GASKELL, George; ALLUN, Nicholas C. Qualidade, quantidade e interesses do conhecimento: evitando confusões. In: BAUER, Martin W.; GASKELL, George. *Pesquisa qualitativa com texto, imagem e som*: um manual prático. 2 ed. Petrópolis: Vozes, 2002.

BESSA, Fabiane. *Responsabilidade social das empresas*: práticas sociais e regulação jurídica. Tese (Doutorado) — Universidade Federal do Paraná, 2003.

BRASIL. *Constituição Federal*. São Paulo: Revista dos Tribunais, 2000.

DUARTE, Gleuso Damasceno; DIAS, José Maria A. M. *Responsabilidade social*: a empresa hoje. Rio de Janeiro: Livros Técnicos e Científicos, 1986.

FAIRCLOUGH, Norman. *Discurso e mudança social*. Brasília: UnB, 2001.

GEVAERD, Jair; TONIN, Martha. *Direito empresarial e cidadania*: questões contemporâneas. Curitiba: Juruá, 2004.

GIL, Antônio Carlos. *Métodos e técnicas de pesquisa social*. São Paulo: Atlas, 1991.

HABERMAS, Jürgen. *Mudança estrutural da esfera pública*. Rio de Janeiro: Tempo Brasileiro, 1984.

_____. *Teoria de la acción comunicativa*. Madrid: Taurus, 1987a. v. 1

_____. *Teoria de la acción comunicativa*. Madrid: Taurus, 1987b. v. 2

_____. Um perfil filosófico político: entrevista com Jürgen Habermas. *Cebrap*, v. 18, p. 77-112, 1987c.

LOURENÇO NETO, Sydenham. *Marchas e contramarchas da intervenção estatal.* Estado, empresariado e burocracia na política siderúrgica brasileira. Tese (Doutorado) – Iuperj, Rio de Janeiro, 2000.

MARCONI, M. de A.; LAKATOS, E. M. *Técnicas de pesquisa*: planejamento e execução de pesquisas, amostragens e técnicas de pesquisa, elaboração, análise e interpretação de dados. São Paulo: Atlas, 1996.

MELO NETO, Francisco P. de ; FRÓES, César. *Responsabilidade social e cidadania*: a administração do terceiro setor. Rio de Janeiro: Qualitymark, 1999.

MÜHL, Eldon H. Crítica à racionalidade instrumental: as contribuições de Adorno e Horkheimer. In: CENCI, Angelo (Org.). *Ética, racionalidade e modernidade*. Passo Fundo: Ediupf, 1996. p. 61-79.

_____; _____. *Gestão da responsabilidade social corporativa*: o caso brasileiro. Rio de Janeiro: Qualitymark, 2001.

OCDE. *The Welfare State in crisis.* Paris: OECD, 1981.

RAMOS, Alberto Guerreiro. *A sociologia industrial*: formação, tendências atuais [Catálogo antigo]. Rio de Janeiro, [s. ed.] 1952.

_____. *Administração e contexto brasileiro*: esboço de uma teoria geral de administração. 2 ed. Rio de Janeiro: FGV, 1983.

_____. *A nova ciência das organizações.* Rio de Janeiro: FGV, 1989.

SANTOS, Boaventura de Souza. *Pela mão de Alice.* O social e o político na pósmodernidade. São Paulo: Cortez, 1998.

SATOW, R. L. Value-rational authority and professional organizations: Weber's missing type. *Administrative Science Quarterly*, v. 20, n. 4, 1975.

SCANDURA, Terri A.; WILLIAMS, Ethlyn. A.. Research methodology in management: current practices, trends, and implications for future research. *Academy of Management Journal*, v. 43, n. 6, p. 1248-1264, 2000.

SERVA, M. O fenômeno das organizações substantivas. *Revista de Administração de Empresas*, v. 33, n. 2, p. 36-43, 1993.

SPINK, Mary Jane. Desvendando as teorias implícitas: uma metodologia de análise das representações sociais. In: GUARESCHI, Pedrinho; JOVCHELOVITCH, Sandra (Orgs.). *Textos em representações sociais.* 7. ed. Petrópolis: Vozes, 1995.

_____. (Org.). *Práticas discursivas e produção de sentidos no cotidiano*: aproximações teóricas e metodológicas. 2 ed. São Paulo: Cortez, 2000.

SROUR, Robert Henry. *Ética empresarial*. 5 ed. Rio de Janeiro: Campus, 2000.

SUCUPIRA, J. A responsabilidade social. *Boletim Ibase*, 20 maio 2000.

TENÓRIO, Fernando Guilherme. *Flexibilização organizacional*: mito ou realidade? Rio de Janeiro: FGV, 2000.

_____. *Tem razão a administração?* Ijuí: Unijuí, 2002.

VALLE, Rogerio. *Teoria da modernidade*. Dissertação (Mestrado em Administração) — Ebape/FGV: Rio de Janeiro, 2003.

VENTURA, Elvira Cruvinel Ferreira. Responsabilidade social das empresas sob a óptica do "Novo espírito do capitalismo". In: ENANPAD, 27. *Anais...* Atibaia-SP, 2003.

WEBER, Max. *A ética protestante e o espírito do capitalismo*. 5 ed. São Paulo: Pioneira, 1984.

_____. *Economia e sociedade*: fundamentos da sociologia compreensiva. 3 ed. Brasília, DF: UnB, 1994.

Os discursos e a construção do real: um estudo do processo de formação e institucionalização do campo da biotecnologia

Alketa Peci

Introdução

A tentativa de compreender os processos de formação de novos campos organizacionais foi o principal objetivo que orientou a reflexão teórica e a pesquisa empírica aqui apresentadas. Assim, proponho-me aplicar as perspectivas consideradas não-dicotômicas em termos da dimensão objetividade/subjetividade ao estudo do tema em questão. A contribuição de Foucault, com seu conceito de discurso, relaciona-se com a proposta de construtivismo crítico representada por Latour e os estudos de ciência e tecnologia.

Justapondo essas perspectivas, abordei a dinâmica do campo da biotecnologia com base na dialética dos movimentos de demarcação/circularidade, basicamente um movimento simultâneo de (des)construção de fronteiras de um campo. A dialética de demarcação/circularidade constrói-se pelo conjunto de relações estabelecidas entre elementos heterogêneos — instituições, processos econômicos e sociais, formas de comportamento, sistemas de normas, técnicas, tipos de classificação, modos de caracterização etc. Ou seja, ela surge no decorrer das formações discursivas.

Essa proposta teórica — que incorpora uma dimensão negligenciada nas análises institucionais, especialmente nos estudos organizacionais, isto é, o poder —, tem a vantagem de contribuir para uma melhor compreensão das dinâmicas de institucionalização. Quando se diz que os processos institucionais ocorrem dentro de campos discursivos, o argumento apresentado é que tais processos servem à produtividade das relações de poder nesses campos.

Em termos empíricos, realizei uma pesquisa descritiva e exploratória direcionada ao setor de biotecnologia. A pesquisa baseou-se na perspectiva histórica, uma vez que a análise abrange desde o início da ciência da genética (começo do século XX) até os recentes desenvolvimentos da biotecnologia nos EUA (começo do século XXI). Escolheu-se como *locus* de pesquisa os EUA, onde o campo de biotecnologia começou a estruturar-se, ganhando depois expressão em outros países.

A partir desse arcabouço teórico e metodológico, três formações discursivas são destacadas: a organizacional, a informacional e a rede. Cada uma das formações discursivas é caracterizada por um conjunto dominante de discursos que cria condições para o surgimento e a (trans)formação dos objetos de análise. Nesse processo, as organizações aparecem pelo menos de duas formas: como organizações-fronteira — importantes para compreender o movimento de aproximação de diferentes domínios discursivos — e como novas organizações, as quais acompanham a (trans)formação de novos campos, materializando os discursos prevalecentes num dado momento histórico e contribuindo para dar vida a novos discursos, o que desencadeia novas relações de poder.

Entre as conclusões do trabalho destaco o questionamento da dimensão "organizacional" do campo; a relação encontrada não apenas entre os discursos e as práticas institucionalizadas, mas também com o processo de construção da(s) legitimidade(s); e a redefinição do conceito de organização, com base em novas concepções relativas aos limites da disciplina, da dicotomia objetividade/subjetividade e do espaço/tempo.

Crítica ao novo institucionalismo

Como surgem os novos campos organizacionais? Essa foi a principal pergunta que orientou a reflexão teórico-empírica aqui apresentada. No âmbito dos estudos organizacionais, o novo institucionalismo busca responder a essa questão focando os processos de estruturação de campos organizacionais. Embora relacionado com a tradição sociológica de Selznick (tido como precursor da abordagem institucional), o novo institucionalismo pretende ser diferente, trazendo novas contribuições para o campo dos estudos organizacionais. Enquanto as correntes tradicionais tomavam como objeto de estudo as organizações individuais e consideravam o ambiente como pano de fundo, a nova abordagem institucional entende tais organizações como conseqüências desse ambiente.[1] Entretanto, a noção de ambiente amplia-se, passando a incluir elementos simbólicos. A proposta institucionalista sugere o acréscimo

---

[1] Bonazzi, 2000.

de um "sistema de crenças e de normas institucionalizadas" à visão do ambiente formado por "fluxos e intercâmbios técnicos".

Provavelmente a principal diferença entre as duas abordagens reside na influência do construtivismo social, adotado como perspectiva oficial do novo institucionalismo. Seus principais proponentes afirmam compartilhar uma visão da realidade como socialmente construída e concentram seus esforços na análise de organizações inseridas num setor, campo ou sociedade.[2] No entanto, diferentes representantes do novo institucionalismo assumem perspectivas muito diversas em termos de microfundamentos de ação, as quais implícita ou explicitamente vão desde o funcionalismo até um olhar mais etnometodológico. A falha que a escola apresenta em termos desses microfundamentos é reconhecida inclusive por Powell e DiMaggio (1990). Esses autores apresentam a teoria de estruturação de Giddens como base da macroanálise institucional. Porém, enfocando variáveis reificadas em campos organizacionais, eles ignoram os processos de institucionalização que deram vida a essas variáveis (instituições).

Autores como Zucker (1977) abrem outra linha de estudos institucionais que privilegiam o nível micro de ação e uma visão mais processual da institucionalização. Além disso, dividem o novo institucionalismo em dois campos diferenciados, em termos de nível da análise e de concepção da instituição, o que torna mais explícitas as incoerências dessa corrente dos estudos organizacionais.

Refletindo sobre as diferentes perspectivas do novo institucionalismo, Zucker (1987) identifica duas abordagens teóricas distintas:

▼ *o contexto como instituição* assume que o processo básico é a reprodução ou cópia de fatos sociais do sistema (ou setor) em nível organizacional;

▼ *a organização como instituição* assume que o processo central é a geração (criação de novos elementos culturais) no nível organizacional, considerando a reprodução como conseqüência, e não causa da institucionalização.

O quadro 1 resume essas duas abordagens teóricas, apontando as conseqüentes divergências que trazem para o campo. Além de diferenciá-las em termos de motivos para a institucionalização (reprodução *versus* geração), a autora aponta as divergências quanto ao tratamento de:

---

[2] Fonseca, 2003.

- ▼ fontes da institucionalização — na segunda coluna, a racionalização e o crescimento do Estado são a fonte principal, enquanto a terceira coluna destaca o papel dos grupos intra e interorganizacionais;

- ▼ *locus* da institucionalização — no primeiro caso, situado fora da organização e relacionado ao Estado; no segundo caso, os processos internos organizacionais ou organizações similares;

- ▼ resultados — a primeira abordagem destaca a desvinculação da parte técnica e a questão da conformidade organizacional com o ambiente institucional — que, embora possa representar maiores chances de sobrevivência, resulta em ineficiência —, enquanto a segunda abordagem privilegia a estabilidade e vê a eficiência em termos de contingência relativa às diversas alternativas.

Quadro 1

Pontos principais de divergência teórica no novo institucionalismo

Abordagem teórica	Contexto como instituição	Organização como instituição
Motivo	Reprodução	Geração
Fonte	Crescimento do Estado	Grupos pequenos e imitação de outras organizações
Locus	▼ Fora da organização ▼ Relacionado ao Estado	▼ Processos internos ▼ Organizações similares
Resultados	▼ Desvinculação da parte técnica ▼ Ineficiência	▼ Estabilidade ▼ Eficiência contingente em termos de alternativas

Fonte: Zucker, 1987:445.

Na segunda coluna, os processos institucionais se originam da racionalização que estimula o crescimento do Estado; as instituições são invariavelmente externas à organização e relacionadas com o Estado; e a institucionalização produz desvinculação das estruturas internas organizacionais e ineficiência relacionada à tarefa organizacional. O poder e os processos coercitivos estão localizados no Estado ou na sociedade como um todo. Na terceira coluna, as organizações são importantes fontes de institucionalização de uma nova ação; os elementos institucionais resultam principalmente de processos intergrupais e organizacionais; os processos e estruturas organizacionais formais tendem a ser altamente institucionalizados, além de servirem como fonte de nova institucionalização; e a institucionalização aumenta a estabilidade, criando rotinas que aumentam a performance organizacional, a não ser quando se ignoram alternativas mais eficientes. Segundo essa abordagem, a ordem institucional é negociável e emergente, e nunca sistematicamente controlada.

Outro ponto a merecer especial atenção tem a ver com os múltiplos níveis de análise da teoria institucional (ou melhor, "das novas teorias institucionais"). O quadro 2 destaca os três níveis de análise que prevalecem na escola institucional, apontando o contexto de institucionalização, a abrangência da definição com que se trabalha empiricamente, a fonte primária de institucionalização e as problemáticas decorrentes de cada perspectiva.

Quadro 2
Níveis de análise na teoria institucional

Contexto da institucionalização	Abrangência	Fonte primária de institucionalização	Problemática
Contexto institucional	"Posições políticas, programas e procedimentos da moderna organização (...) são manifestações de poderosas regras institucionais que funcionam como mitos altamente racionalizados" (Meyer e Rowan, 1977:343)	Estado Sistema mundial	As organizações tornam-se "audiência" passiva de conhecimento institucional porque as regras se formam a partir do Estado ou até do sistema mundial
Campo organizacional	"Organizações que, em suma, constituem um campo reconhecido de vida institucional" (DiMaggio e Powell, 1983:148)	Redes interorganizacionais Outras organizações	A maioria das relações pode estabelecer-se entre as organizações do mesmo "campo", mas a institucionalização pode transcender as fronteiras de um único campo
Estrutura interna da organização	Organização isolada; às vezes, redes interorganizacionais	Indivíduos em interação nas organizações	Não consegue estabelecer um esquema teórico coerente, que possa levar em consideração o ambiente institucional

Fonte: adaptado de Zucker, 1987.

Além da problemática da incoerência paradigmática e dos níveis de análise, o novo institucionalismo apresenta outros pontos de estrangulamento. Para Hasselbladh e Kallinikos (2000) existe uma dissonância entre o *status* inovador de algumas idéias teóricas do novo institucionalismo e o caráter convencional do programa empírico associado a essa corrente. A agenda empírica do novo institucionalismo tem enfatizado principalmente o isomorfismo estrutural entre firmas e organizações públicas nas sociedades modernas como um aspecto do processo de burocratização. O isomorfismo estrutural tem a ver com a emergência e a difusão de formas organizacionais similares ou aspectos estruturais similares da organização formal numa população de organizações, sem se diferenciar substancialmente de outras pesquisas que enfocam processos de difusão em geral.

Na prática, o novo institucionalismo não consegue se distanciar da ortodoxia funcionalista dos estudos organizacionais. Como Hasselbladh e Kallinikos apontam, a questão da legitimidade — como referência da formação e difusão de padrões específicos de racionalização — é vista como requisito para a sobrevivência e o sucesso organizacionais, sem representar, assim, um verdadeiro distanciamento da concepção tradicional adaptativa e funcionalista das organizações. Vale a pena lembrar que a base conceitual funcionalista de Parson já destacava que os sistemas se adaptam a valores e normas mais abrangentes. O enfoque prescritivo da análise organizacional continua a prevalecer.

A seguir, resumo algumas das lacunas que identifiquei na análise do novo institucionalismo, relativas ao que denomino "confusão paradigmática" da corrente:

▼ a ausência de um microfundamento coerente de ação dificulta a compreensão dos pressupostos paradigmáticos dessa abordagem. A maioria das pesquisas da escola institucional se orienta por uma perspectiva macro de análise (continuando a considerar o construtivismo social — com foco no nível micro — como paradigma-base);

▼ embora predomine o nível de análise macro, o novo institucionalismo apresenta o problema da falácia ecológica, uma vez que as perspectivas teóricas e empíricas que se autodenominam neo-institucionais privilegiam diferentes focos de análise, sem no entanto oferecerem um quadro conceitual que possa estabelecer as inter-relações necessárias entre esses níveis de análise. Autores como Zucker (1977) e Prochno (2003) diferenciam suas pesquisas das predominantes macroanálises institucionais, em coerência com o construtivismo social e a etnometodologia, mas divergem substancialmente do resto da literatura neo-institucional;

▼ a agenda empírica do novo institucionalismo é caracterizada pelo foco de pesquisa nos chamados processos de estruturação de campo ou setor organizacional, definido como reconhecida área de vida institucional que inclui fornecedores-chave, consumidores de recursos e produtos, agências reguladoras e outras organizações que produzem produtos ou serviços similares.[3] Assim como o chamado "velho institucionalismo" considerava a organização uma unidade autônoma, os pesquisadores neo-institucionais consideram esses setores (ou campos organizacionais) como autônomos, reconhecendo apenas o caráter dependente de recursos, como organizações e pessoas. O foco no campo organizacional ainda demonstra uma visão reducionista do escopo de análise do construtivismo social,[4] cujo centro da análise escapa às fronteiras arbitrariamente estabelecidas por estudiosos das organizações, no caso específico, em torno de um campo ou setor.

De fato, acredito que as falhas e lacunas identificadas na escola institucional resultem, principalmente, dessa confusão paradigmática verificada nessa corrente dominante nos estudos organizacionais. Como já destaquei, embora o construtivismo social e a etnometodologia sejam apresentados como paradigmas oficiais do novo institucionalismo, a agenda empírica nem sempre segue esse compromisso paradigmático.

É possível identificar outros pontos de estrangulamento do novo institucionalismo, a saber:

▼ em termos empíricos, o novo institucionalismo considera as instituições como dadas e demonstra pouco interesse em compreender os processos de institucionalização. Não questiona por que certas práticas se institucionalizam e outras não;

▼ o novo institucionalismo enfoca principalmente determinado tipo de mudança, em geral relacionada aos processos isomórficos. Não esclarece por que e como a emergência e a transformação ocorrem. Abbot[5] argumenta que uma teoria tão relacionada à reprodução tem dificuldades para lidar com questões de criação e transformação. De fato, o foco do novo institucionalismo está na durabilidade e na persistência das instituições. Por isso seus resultados empíricos têm superestimado aspectos como o mimetismo organizacional;[6]

▼ nessa perspectiva em vigor prevalece a noção das organizações como categorias fixadas, essencialistas, pré-políticas e singulares.[7] As organizações

---

[3] Powell e DiMaggio, 1983.
[4] Berger e Luckmann, 2001.
[5] Apud Colignon, 1997:15
[6] Powell e DiMaggio, 1983; 1990.
[7] Colignon, 1997.

assumem um *status* analítico privilegiado e tornam-se merecedoras de um foco específico de análise. O essencialismo da análise organizacional serve para encobrir algumas pressuposições metodológicas tácitas. Por exemplo, o processo de criação de todas as organizações é considerado igual, e as características essenciais das organizações são consideradas as mesmas. Segundo Colignon (1997:2), desde a obra clássica de Selznick as organizações têm sido definidas como autônomas, apolíticas, associais e a-históricas. Paralelamente, em muitos casos as organizações são tratadas como sinônimos de instituições. Sem dúvida, as organizações, concebidas genericamente, são instituições. No entanto, sua existência não pode ser considerada um ponto de partida para a análise institucional, e sim um ponto de questionamento e investigação, até para melhor se compreenderem as formas substantivas que elas assumem em campos organizacionais concretos (biotecnologia, energia, educação etc.). Isso requer reconfigurá-las não a partir de (pres)suposições sobre a lógica que as governa, mas a partir das dimensões temporal, espacial e relacional;

▼ o poder é uma dimensão ignorada — ou tratada a partir de uma perspectiva tradicional — na abordagem teórica e empírica da escola institucional. É enfatizado o aspecto regulativo do poder, não se diferenciando a escola institucional de outras abordagens funcionalistas.

Basicamente, sustento que o novo institucionalismo é uma corrente pouco preocupada, teórica e empiricamente, com processos de transformação organizacional e institucional. Negligenciar e/ou subestimar a dimensão do poder pode influir no interesse relativo ao *status quo*. A incorporação do poder na análise, a partir de visões mais dinâmicas como aquelas advogadas por Foucault (1979a) ou Bourdieu,[8] pode contribuir para a compreensão dos fenômenos de mudança e transformação. Neste trabalho busco redefinir os principais conceitos de institucionalização e formação (ou construção) da realidade — onde a emergência de campos organizacionais pode ser inserida —, a partir de um novo arcabouço teórico.

Composição do argumento teórico

O argumento teórico aqui desenvolvido parte da crítica e subseqüente redefinição dos principais conceitos envolvidos na análise de processos de institucionalização e formação (construção) da realidade, com base na contribui-

---

[8] Ver Vieira e Misoczky, 2000.

OS DISCURSOS E A CONSTRUÇÃO DO REAL

ção teórica de Foucault e outros construtivistas críticos, e pode ser resumido nas quatro proposições teóricas discutidas a seguir.

▼ *Os processos de institucionalização e formação da realidade ocorrem no âmbito de campos discursivos.*

Tais processos não se dão num *vaccum*,[9] como leva a crer boa parte dos estudos institucionais, mas precisam ser contextualizados. Proponho-me fazê-lo no âmbito de campos discursivos. Com base em Foucault (1972;1979a; 1979b), considero o campo discursivo o contexto onde ocorrem os processos de formação e institucionalização. Foucault emprega o conceito de discurso[10] para se referir às relações que propiciam o processo de formação dos objetos. Ele estuda o processo de formação discursiva, definido com base nesse conjunto de relações, tentando mostrar que qualquer objeto do discurso em questão encontra aí seu lugar, sua lei de aparecimento.

Essas relações são estabelecidas entre instituições, processos econômicos e sociais, formas de comportamento, sistemas de normas, técnicas, tipos de classificação e modos de caracterização; mas essas relações não estão presentes no objeto. Elas não desenham a trama, a racionalidade imanente, essa nervura ideal que reaparece totalmente ou em parte quando pensamos na verdade do seu conceito. Não definem a constituição interna do objeto, mas aquilo que lhe permite aparecer, justapor-se a outros objetos, situar-se quanto às próprias relações, definir sua diferença, sua irredutibilidade e, eventualmente, sua heterogeneidade; enfim, ser colocado num campo de exterioridade.[11]

O discurso deve ser considerado prática que sistematicamente forma os objetos sobre os quais fala, o conjunto de regras que são imanentes a uma prática que define a sua especificidade. Daí o uso corrente do conceito das práticas discursivas em pesquisas influenciadas pela perspectiva foucaultiana, o que, na nossa opinião, não deixa de ser uma tautologia. A palavra discurso, em si, já compreende a dimensão da prática.

Portanto, buscar a unidade de um discurso é buscar a dispersão de elementos descritos em sua singularidade de determinar regras específicas se-

---

[9] Hacking, 1999.
[10] Cabe ressaltar que o conceito de discurso como "unidade" de conhecimento presente num período particular de tempo se baseia no mesmo pressuposto ontológico do fim da dicotomia objetividade/subjetividade. De fato, Foucault se afasta de um posicionamento objetivista e/ou subjetivista do discurso. No estudo dos processos discursivos, ele propõe "evitar as coisas", elidir o momento das "coisas mesmas", mas sem se remeter à análise lingüística da significação. Na sua análise, "as palavras estão tão deliberadamente ausentes quanto as próprias coisas" (Foucault, 1972:63-64).
[11] Foucault, 1972:59-60.

gundo as quais foram formados objetos, enunciações, conceitos e opções teóricas. A unidade do discurso está nesse sistema que rege e torna possível a sua formação. Quando se fala de um sistema de formação, não se compreende somente a justaposição, a coexistência ou a interação de elementos heterogêneos, onde símbolos e coisas (instituições, técnicas, grupos sociais, organizações perceptivas e relações entre discursos diversos) coexistem e co-participam, mas seu relacionamento pela prática discursiva.

O "campo discursivo", onde se contempla a dimensão tempo-espaço, é outro conceito importante em Foucault. Campo é o espaço onde se desenvolvem os acontecimentos discursivos. É no campo que se manifestam, se cruzam, se emaranham e se especificam as questões do ser humano, da consciência e do sujeito.[12] Temporalidade e espacialidade se tornam uma única coisa no conceito de campo. Campo é tempo e espaço, ser e devir, estrutura e história, formação e (trans)formação.

Por isso considero o campo discursivo o espaço onde ocorrem os processos de formação e institucionalização. Relacionando-se os processos de institucionalização com o discurso, é possível incorporar a dimensão negligenciada pela análise institucional: a dimensão do poder. Paralelamente, assumindo que o conceito de discurso baseia-se na superação da dicotomia objetividade/subjetividade, evita-se considerar o processo de construção da realidade — no decorrer do qual se manifestam fenômenos como institucionalização e formação — apenas como um processo de construção "social". Objetos, práticas e outros elementos heterogêneos devem ser considerados na dinâmica de construção da realidade.

▼ *As práticas que se institucionalizam são práticas que "funcionam"; ou seja, são práticas necessárias e úteis às relações de poder presentes num campo discursivo.*

Com base na teoria institucional, pode-se chegar à conclusão errônea de que tudo, pelo menos teoricamente, apresenta uma potencialidade de institucionalização. De fato, apenas certas práticas tornam-se institucionais, e o novo institucionalismo não pode oferecer respostas a esse processo seletivo.

Argumento que, incorporando essa dimensão discursiva à análise dos processos de formação e institucionalização, é possível dar um passo à frente na compreensão dos processos de "seleção" institucional ou, simplesmente, responder à pergunta: "que práticas se institucionalizam?".

---

[12] Foucault, 1972:25.

OS DISCURSOS E A CONSTRUÇÃO DO REAL

O aspecto "utilitário" assume um papel central na construção teórica aqui proposta. De fato, o pragmatismo destaca que as práticas institucionalizadas são práticas que "funcionam", que são "boas para nós".[13] Todavia, proponho-me ir além, com base no conceito de discurso, considerando que "prático" significa operar dentro das relações de poder e servir-lhes. A institucionalização ocorre em campos discursivos predominantes numa dada sociedade, num dado momento histórico. Sustento que, se os processos institucionais ocorrem dentro de campos discursivos, então eles estão servindo à produtividade das relações de poder existentes nesses campos.

O conceito de poder não está presente apenas na análise foucaultiana. É por meio das relações de poder que o próprio processo de formação discursiva se torna possível. Assim como na abordagem pragmatista de James (1997), Foucault destaca o papel do conhecimento como útil e necessário ao exercício do poder. Para Gordon (1994), um dos pontos-chave em Foucault é o fato de ele ressaltar que o mais interessante nas relações entre poder e conhecimento não é a detecção de conhecimento falso, espúrio, e sim o papel de conhecimentos que são valorizados e efetivos por causa da sua segura eficácia instrumental. Foucault usa a palavra *savoir* para expressar o conhecimento próximo ao *know-how* (uma maneira de tornar um problema tratável ou um material manejável). Esse tipo "médio" de conhecimento — que pode não ser rigorosamente científico — demanda certo grau de ratificação dentro de um grupo social e confere alguns benefícios sociais.

Talvez a maior contribuição de Foucault esteja no reconhecimento de que, além do aspecto negativo do poder (sua força destrutiva), existe um aspecto positivo, que é o lado produtivo e transformador do poder, sua eficácia produtiva: "de fato, o poder produz; ele produz real; produz domínios de objetos e rituais de verdade".[14]

▼ *A formação de um campo organizacional é basicamente um processo de demarcação/circularidade das fronteiras com outros campos.*

O processo de formação de campos organizacionais — um dos processos de construção do real — precisa ser requalificado à luz dos conceitos do construtivismo crítico. Essa tarefa é aqui empreendida com base nos conceitos de demarcação e circularidade, surgidos no âmbito de estudos de ciência e

---

[13] James, 1997; Rorty, 1991, 1999a, 1999b.
[14] Apud Machado, 1979:xvi.

tecnologia que compartilham os pressupostos paradigmáticos foucaultianos e do construtivismo crítico.[15]

Entenda-se por campo um espaço demarcado e composto por elementos heterogêneos[16] ou diferentes associações humanas/não-humanas.[17] A demarcação se refere ao processo de construção de fronteiras de um campo. Dessa forma, a demarcação nada mais é que o processo de emergência de um novo campo, assim como a conseqüente luta pela manutenção de suas fronteiras (sua estruturação, na linguagem institucional). No entanto, a demarcação se dá simultaneamente a um processo de desconstrução de fronteiras, aqui denominado "circularidade". Trata-se de um processo de permeabilização de fronteiras que serve para legitimar o campo, criando condições para a formação das suas bases justificativas.

Para exemplificar os conceitos de demarcação e circularidade, ressaltamos o estudo de Gieryn (1983), cujo principal objetivo era analisar o campo da ciência. Segundo esse autor, a demarcação científica não é apenas um debate de natureza filosófica, mas também uma atividade rotineiramente praticada e empiricamente observável. O trabalho de demarcação faz parte do esforço ideológico dos próprios cientistas para distinguirem seu trabalho — assim como os produtos dele resultantes — das atividades intelectuais não-científicas.

Esse processo corriqueiro de demarcação científica envolve oportunidades materiais, profissionais e sociais apenas para os "cientistas". De fato, uma vez estabelecidas as fronteiras, o controle dos recursos (materiais ou simbólicos) presentes no campo científico ganha um lugar de destaque. A manutenção dessa demarcação torna-se atividade relevante para os cientistas. O trabalho-fronteira assume a forma de uma ideologia efetiva na proteção da autonomia profissional: os cientistas constroem uma fronteira entre a produção do conhecimento científico e seu consumo pelos não-cientistas, empregando termos como "ciência pura/básica" e "aplicada".

Esse processo de demarcação científica inclui movimentos e contramovimentos. Assim, as antinomias presentes na ciência nos permitem recorrer a diferentes justificativas/ideologias aparentemente contraditórias. O conhecimento científico é ao mesmo tempo teórico e empírico, puro e aplicado, objetivo e subjetivo, exato e aproximado, democrático (aberto para que todos o confirmem) e fechado (somente os *experts* podem confirmá-lo). Ainda que essas tensões inerentes à ciência permitam repertórios alternativos, a escolha de um ou outro repertório é direcionada por interesses. Os

---

[15] Frenkel, 2005; Gieryn, 1983; Guston, 1999; Kay, 1993, 2000; Keller, 1992, 1995a, 1995b; Kinsella, 1999; Moore, 1996; Star e Griesemer, 1989.

[16] Foucault, 1972, 1979a, 1979b.

[17] Latour, 1990, 1997, 1999.

ideólogos invocam determinadas características da ciência para alcançar objetivos profissionais e institucionais, e mudam essas características em diferentes contextos. No entanto, não se trata de acusar os cientistas de serem simples calculistas instrumentais, já que a ciência é simultaneamente pura e aplicada, teórica e empírica. Como observa Moore (1996), ao mesmo tempo que é possível perceber um conjunto de ações que visam diferenciar a ciência de outras atividades, existe também um conjunto de atividades cujo principal objetivo é identificar as afinidades da ciência com outros interesses e campos da vida — o qual denominamos "circularidade". Em outras palavras, a ciência deve convencer o público de sua utilidade, para justificar sua autoridade, encontrar sua legitimidade. Nesse processo de demarcação e circularidade, tensões e interesses se entrelaçam, dando margem ao processo de construção da realidade científica.

Considerando que ciência é uma das formas de conhecimento, o argumento pode ser expandido para compreender outros processos de formação/construção do real/conhecimento. De fato, o processo de demarcação nada mais é que o processo de emergência de um novo campo, assim como a conseqüente luta pela manutenção das suas fronteiras (sua estruturação, na linguagem institucional); e a circularidade, um processo de permeabilização de idéias e objetos, símbolos e práticas ou, em outras palavras, de elementos heterogêneos ou diferentes associações humanas/não-humanas para além das fronteiras de um campo específico. A circularidade serve para legitimar o campo, criando condições para a formação de suas bases justificativas. As duas devem ser vistas como partes indissociáveis da dialética dos processos de construção da realidade.

▼ *O processo de demarcação/circularidade dos campos organizacionais é operacionalizado pelo trabalho-fronteira.*

O processo simultâneo de demarcação/circularidade que qualifica a formação dos campos organizacionais precisa tornar-se empiricamente manejável. Para isso utilizo alguns conceitos relativos ao trabalho-fronteira, por meio dos quais é possível perceber a simultaneidade dos processos de demarcação/circularidade dos campos organizacionais. Gieryn (1983:782) lança o conceito de trabalho-fronteira, definido como

> atribuição de certas características à instituição da ciência (por exemplo, seus praticantes, métodos, estoque de conhecimento, valores e organização do trabalho) para fins de construção de uma fronteira social que distingue algumas atividades intelectuais como "não-ciência".

Para que os processos de demarcação e circularidade aconteçam, o trabalho-fronteira deve possibilitar a translação de um campo para outro. O trabalho-fronteira pode se fazer presente via objetos,[18] embalagens (diferentes associações humanas/não-humanas)[19] ou organizações-fronteira,[20] situados na fronteira entre diferentes campos e representando conjuntos estáveis e ao mesmo tempo flexíveis de regras de engajamento, criando assim uma ponte entre um campo e outro.

Os objetos, embalagens e organizações-fronteira possibilitam o processo de circularidade e demarcação entre os diversos campos econômicos, sociais, tecnológicos, científicos e organizacionais, ou, na linguagem foucaultiana, entre os elementos heterogêneos que participam da formação discursiva. Por meio destes últimos é possível visualizar de forma mais clara os processos simultâneos de circularidade e demarcação presentes nas dinâmicas discursivas que formam os novos campos organizacionais.

Na figura 1, retomo os processos de circularidade e demarcação de campos, situando os conceitos de instituição e trabalho-fronteira.

Figura 1
O processo de formação discursiva

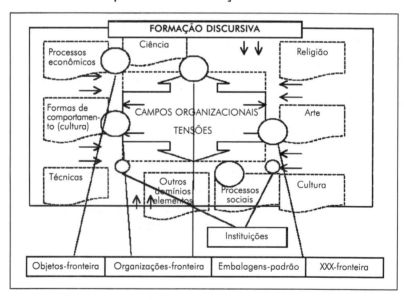

[18] Star e Griesemer, 1989
[19] Guston, 1999.
[20] Moore, 1996.

O quadro 3 resume os principais conceitos utilizados no novo referencial teórico, com base nas contribuições de Michel Foucault, do construtivismo crítico de Bruno Latour e de estudiosos da ciência e tecnologia:

Quadro 3
Conceitos-chave da análise

Conceito	Abrangência
Reificação	Processos que ocorrem num contexto caracterizado por diferentes associações humanas/não-humanas. Esse contexto é denominado campo discursivo
Instituição	Padrão (que pode se manifestar como prática, papel, objeto, organização e/ou embalagem) durável e persistente, referente à condição epistêmica, moral e de poder. Sua persistência e durabilidade o diferenciam da reificação
Discursos	Práticas associadas às relações de poder e que sistematicamente formam objetos
Campo ou domínio discursivo	Espaço/tempo onde se desenvolvem os acontecimentos discursivos
Formação discursiva	Processo referente ao conjunto de relações entre elementos heterogêneos que propiciam a formação de objetos
Demarcação	Processo de construção das fronteiras de um determinado campo e que o delimita e diferencia de outras configurações espaço/tempo
Circularidade	Processo simultâneo de permeabilização de fronteiras entre diversos campos e que serve para construir as bases justificativas da legitimidade
Objeto-fronteira	Objetos que possibilitam o processo de circularidade e demarcação entre os diversos campos econômicos, sociais, tecnológicos, científicos e organizacionais, ou, na linguagem foucaultiana, entre os elementos heterogêneos, parte da formação discursiva

Metodologia

Para fins classificatórios, a pesquisa desenvolvida pode ser considerada exploratório-descritiva. Descritiva na medida em que descreve o processo de formação do campo organizacional da biotecnologia. Os dados coletados no decorrer da pesquisa de campo alimentam e servem para rever conceitos (categorias) apresentados no arcabouço teórico. No entanto, esses conceitos, necessários para organizar, classificar e compreender o mundo,[21] são vistos como práticas discursivas situadas, sujeitas a (trans)formações. Tentei não operar a partir da dicotomia teoria/prática; ao contrário, busquei deliberadamente não tratar nem o esforço de construção teórica nem o empreendimento prático como produtos acabados e imutáveis. Dessa forma, reconheço certo caráter especulativo nesse empreendimento, uma vez que ele se baseia no princípio de aceitação da sua forma inacabável e da sua possível e provável transformação. Isso decorre dos limites do "congelamento" de um conceito tão dinâmico quanto o discurso.

Para viabilizar este estudo foi necessário recorrer à perspectiva histórica que visa "captar" os principais discursos que constituem e transformam nossos "objetos" de investigação, sendo por eles também transformados. Aqui o objetivo é estudar os processos de construção da realidade, considerando que, para compreendê-los, a perspectiva histórica é imprescindível. Os processos de formação e institucionalização se caracterizam pela historicidade, de modo que a análise dos processos de mudança e (trans)formação não pode ser feita a partir de uma perspectiva estática.

A análise abrange desde o advento da ciência da genética (começo do século XX) até os recentes desenvolvimentos da biotecnologia nos EUA (começo do século XXI). O corte temporal carece de exatidão, pois tem mais a ver com limites pessoais do que com limites do objeto de estudo. Escolhi como *locus* de pesquisa os EUA, onde o campo da biotecnologia começou a estruturar-se, ganhando depois expressão em outros países do mundo, como o Brasil. O interesse, portanto, recai mais no processo inicial de criação de um novo campo propriamente dito do que nos conseqüentes processos de difusão isomórfica em outros países.

Para fundamentar teórica e metodologicamente a pesquisa foi realizada uma ampla investigação que cobriu tanto os assuntos de cunho teórico quanto aqueles relativos ao próprio setor. Para isso recorri a fontes bibliográficas categorizadas como:

I *primárias* — principalmente literatura, aqui denominada científico-popular, muito presente no contexto cultural americano. Assim, a pesquisa desenvolveu-se principalmente em bibliotecas de bairro, localizadas em diferentes municípios (*counties*) dos estados de Virgínia e Maryland e no Distrito Federal, durante sete meses. A influência do campo da biotecnologia começa a ser sentida na literatura científico-popular especialmente após o

---

[21] Spink e Menegon, 2000.

"descobrimento" do código genético, fato que nos EUA foi acompanhado de um *boom* desse tipo de literatura;

ı *secundárias* — estudos e pesquisas que, baseados no referencial teórico foucaultiano, tentaram compreender teórica e empiricamente o desenvolvimento do campo da genética e da biotecnologia nos EUA.

Durante a pesquisa de campo foram identificadas três formações discursivas, analisadas mais adiante. Em cada uma delas as fontes bibliográficas desempenharam papel relevante em termos da escolha da metáfora-chave que as caracteriza (a organização, a informação e a rede). Segundo Thiry-Cherques (2004), a metáfora designa um objeto ou qualidade mediante uma palavra que nomeia outro objeto ou qualidade que tem com o primeiro uma relação de semelhança.

Foram também realizadas entrevistas com representantes das diversas manifestações discursivas que iam sendo mapeadas no decorrer do trabalho de campo, tais como: President's Council on Bioethics (PCB), criado pelo presidente George Bush para estudar aspectos éticos do desenvolvimento do setor de biotecnologia; Food and Drug Administration (FDA), órgão regulador do setor; Department of Energy (DOE — Life Sciences Division), órgão formulador e importante ator no Projeto Genoma; setor de transferência tecnológica do National Human Genome Research Institute (NHGRI), responsável pela implementação do Projeto Genoma; Office of Biotechnology Activities do National Institute of Health (NIH), responsável pela formulação das diretrizes técnicas do setor biotecnológico; Human Genome Sciences (HGS), empresa da área de biotecnologia que aplica as descobertas do Projeto Genoma no desenvolvimento de novos remédios, vacinas, anticorpos etc.; Washbio e Chicago Alliance, duas associações de biotecnologia localizadas em Seattle e Chicago, respectivamente; University of Washington; e Howard Hughes Institute, instituição de pesquisa na área de biotecnologia, sem fins lucrativos.

Paralelamente às entrevistas, assistimos a reuniões do President's Council on Bioethics, onde vários cientistas debatem questões relativas aos aspectos éticos e sociais do desenvolvimento da biotecnologia. As entrevistas de campo foram feitas nas várias etapas do projeto, inicialmente em caráter exploratório e, com o avanço da pesquisa, em caráter quase confirmatório. Para obter uma visão geral do setor, foram consultados relatórios de acompanhamento elaborados pelo Deutsche Bank, o Credit Suisse/First Boston (*Equity research*), o Milken Institute, o US Office of Technology Assessment e o President's Council on Bioethics. Por exemplo, certas definições técnicas foram retiradas do relatório *Biotechnology in a global economy*, publicado em 1991 pelo US Office of Technology Assessment.

A descrição das três formações discursivas baseou-se no uso diferenciado das fontes de dados antes mencionadas, dando-se preferência às entrevistas no caso da última formação (a rede). Segue-se uma análise sucinta das três formações discursivas.

Formação discursiva: organização

Nesta seção analiso a formação do campo científico da genética nos EUA, entre fins do século XIX e início do século XX. O principal argumento é que as condições para que a genética surja como um novo campo científico são dadas pela densa rede de relações de poder dos discursos prevalecentes na época. De uma perspectiva histórica, baseada na análise discursiva, é possível descobrir parte dessa rede que produz, transforma e modifica não apenas os objetos da pesquisa científica, mas também o modo de pensar e fazer a ciência.

Entre os principais discursos que criam as condições de surgimento do novo campo científico da genética destaca-se a eugenia, que foi um movimento muito popular no final do século XIX. Francis Galton (primo de Darwin) elaborou a idéia de que a raça humana poderia ser melhorada, da mesma forma que o ser humano tem conseguido melhorar a qualidade de plantas e animais. Acreditava ele ser possível reproduzir o melhor e evitar o pior da espécie humana.[22]

A visão e os (pre)conceitos de classe eram muito evidentes nas ciências eugênicas. Os padrões de aptidão e os valores sociais que se expressavam por meio da eugenia eram predominantemente os das classes brancas (médias ou altas). Seus defensores incluíam advogados e cientistas renomados (especialmente geneticistas), para quem uma ciência voltada para a melhoria biológica do ser humano traria maior bem-estar social. Os eugenistas queriam prevenir a degeneração social refletida nas gritantes discrepâncias sociais e comportamentais das sociedades industriais urbanas e de que eram exemplos os crimes, as favelas, as doenças. Atribuíam suas causas principalmente à biologia ou, para usar um termo comum naquele final de século, ao "sangue", referindo-se à essência herdada.[23]

Paralelamente, os processos de institucionalização serviram diretamente às relações de poder do discurso eugênico. Destaco pelo menos duas instituições que serviram diretamente à eugenia: as leis eugênicas e o papel científico do geneticista.

---

[22] Kevles, 1992; Ridley, 2000.
[23] Kevles, 1992:5.

Até o final de 1920, cerca de 24 estados norte-americanos tinham elaborado leis inspiradas nas idéias eugênicas. Em 1927, essas leis foram consideradas constitucionais, enquanto a Suprema Corte decidia o primeiro caso de esterilização de uma família de "retardados" mentais. Até 1922, a Califórnia tinha submetido mais pessoas à esterilização eugênica do que todos os demais estados juntos. A Lei de Restrição da Imigração, de 1924, foi resultado direto da campanha eugênica, responsável pelos sentimentos antiimigrantistas então prevalecentes.

No início do século XIX, embora não tivesse atraído a atenção de outros biólogos, a nova disciplina começou a operar segundo o pressuposto de que os genes, essas partículas então hipotéticas, deveriam, de alguma maneira, ser peças-chave no desenvolvimento do organismo.

Segundo Keller (1995a), esse discurso autoconfiante atingiu seu auge em 1926, quando foi publicado *O gene como a base da vida*, de H. J. Muller, que não aceitou mudar o título para *O gene como uma das bases da vida*. A adoção da metáfora do gene como agente primário da vida possibilitou atribuir-lhe a faculdade da ação, da autonomia e da causalidade, noções familiares hoje em dia, mas não àquela época. Essa hipótese sustentava politicamente e materialmente a criação de um novo campo que não tinha sequer um verdadeiro objeto de pesquisa.

Os primeiros geneticistas americanos eram movidos pela visão eugênica e pelo determinismo. Entre eles destaca-se T. H. Morgan, que flertou com o movimento eugênico durante os anos 1910, mas a ele se opôs na década seguinte. Morgan, um experimentalista, converteu-se ao darwinismo após 1910 e concentrou seus esforços de pesquisa no mapeamento dos genes dos cromossomos da *drosophila melanogaster*.

O foco de pesquisa em organismos mais simples, como a *drosophila* e o milho, foi uma alternativa inteligente na tentativa de evitar o debate eugênico. Simplificando e reduzindo os organismos-modelo da pesquisa, a nova ciência ganhou maior rigor e produtividade, evitando ao mesmo tempo a controvérsia em torno da eugenia.

Contudo, o crescimento da nova biologia era resultado do esforço sistemático dos EUA — seus cientistas e seus padrões — para se estabelecerem cientificamente, conferindo ao estudo dos fenômenos da vida uma visão compartilhada da ciência e da sociedade.[24]

---

[24] Heinberg, 1999.

Poderosas organizações-fronteira — com suas visões de mundo — influenciaram os rumos da pesquisa. Principalmente as grandes fundações privadas, como a Rockefeller e a Carnegie, não apenas ajudaram a financiar tais pesquisas, mas também impuseram sua visão aos rumos da genética. De fato, o desenvolvimento do novo campo foi apoiado por uma milionária infra-estrutura organizacional. Antes da II Guerra Mundial, o apoio da Fundação Rockefeller à biologia molecular representava cerca de 2% do total do orçamento federal. Esses números ganham maior vulto quando se considera que o apoio governamental às ciências da vida foi em sua maior parte direcionado para a pesquisa na agricultura. Se levarmos em conta os efeitos indiretos do apoio da Fundação Rockefeller à área de biologia molecular na Europa e seu apoio maciço à pesquisa biomédica, os recursos financeiros para a biologia molecular tornam-se ainda mais expressivos. De fato, a Fundação Rockefeller tinha uma posição de força que lhe possibilitava influenciar os campos da ciência da vida nos EUA.

O poder da fundação não estava apenas no apoio financeiro, mas igualmente na criação e promoção de mecanismos institucionais de cooperação interdisciplinar, por meio de um amplo sistema de bolsas e concessões, assim como pelo fomento sistemático de uma biologia orientada por projetos e baseada em tecnologia. Apoiada numa extensa pesquisa de campo, Kay (1993) afirma que no período 1930-50 os projetos da Fundação Rockefeller estiveram fortemente ligados aos das universidades que recebiam apoio de seu programa de biologia molecular.

Como não poderia deixar de ser, a visão eugênica prevalecente no tecido social encontrou expressão na visão e nas práticas gerenciais das fundações em questão. Na Fundação Rockefeller, os problemas da sociedade americana eram vistos como geneticamente determinados e quimicamente solucionáveis. A genética ocupava um lugar privilegiado, visto que prometia a solução a longo prazo dos problemas sociais por meio da correção dos genes. Como reconheceu Regar: "alguns colegas meus disseram-me: 'você sabe, nos éramos todos eugenistas naquele tempo'. (...) Assim, a crença em que tudo é geneticamente determinado torna-se uma corrente. Se você começa baseado nessa crença, a ciência que você constrói incorpora esse construto".[25]

Outra idéia prevalecente entre pessoas importantes da Fundação Rockefeller, como Max Mason e Warren Weaver (que cunhou a expressão

---

[25] Apud Heinberg, 1999:35.

"biologia molecular" em 1938), era a concepção newtoniana da física, base da nova biologia. Eles também se opuseram à concepção quântica da física e determinaram o foco molecular da nova ciência da genética. Foram então recrutados físicos e químicos que, mais tarde, viriam a influenciar fortemente os rumos da nova ciência. Com a promessa de fartas verbas para pesquisa, os novatos foram encorajados a formular propostas de financiamento caracterizadas por uma visão simplificada da biologia.

Como afirma Kay (1993:10), é importante analisar a visão filantrópica dessas fundações no contexto ideológico do desenvolvimento empresarial nos EUA:

> A estrutura corporativa do empreendimento filantrópico refletia a estrutura da corporação empresarial; e a visão dos membros dos conselhos, diretores, gerentes e líderes da indústria e comércio refletia suas ideologias e visão social (...) Animadas por uma conjunção potente de valores protestantes e visões tecnocráticas, as missões cívicas da fundação eram formuladas segundo categorias culturais dominantes de raça, classe e gênero, assim como uma estrutura socioeconômica que definia a norma e o desvio de indivíduos e grupos. As filantropias da Rockefeller cultivavam as elites científicas e gerenciais, visando combater as raízes causais das disfunções sociais: formas de desajustamento culturalmente específicas e historicamente contingentes. Seus projetos visavam reestruturar as relações humanas e desenvolver tecnologias sociais adequadas aos imperativos materiais e ideológicos do capitalismo industrial.

Formação discursiva: a informação

Nesta seção analiso o papel da formação discursiva identificada por meio da metáfora da informação no desenvolvimento do campo científico da genética e da biologia molecular. Essa formação discursiva cria condições para o aparecimento do código genético, sem o qual o desenvolvimento da biotecnologia não seria possível.

Kay (2000) vê a produção do discurso da informação como um desenvolvimento intrinsecamente relacionado com o complexo industrial-militar-acadêmico do pós-guerra. É um processo de circularidade que se estabelece entre três campos até então relativamente demarcados: o poder industrial (em plena ascensão, como conseqüência do fordismo), o poderio militar (fortalecido pela guerra e a conseqüente ameaça comunista) e o etos acadêmico. A figura 2 resume tais mudanças.

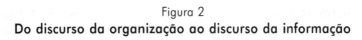

Figura 2
Do discurso da organização ao discurso da informação

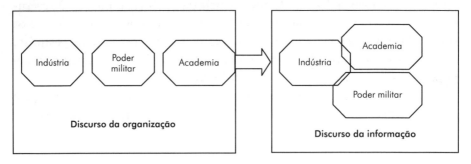

Kay concentra sua análise na cibernética de Norbert Wiener, na teoria da comunicação de Shanon e no simulacro genérico de John von Neumann. Argumenta que o impacto conceitual e semiótico da cibernética não deriva especialmente de suas características técnicas constitutivas — *feedback*, controle, mensagem ou informação —, mas de seu significado sincrônico, ou seja, sua configuração particular no âmbito da tecnocultura do pós-guerra.

Para White e McSwain (1990), a Grande Depressão e a II Guerra Mundial aguçaram a sensibilidade conceitual e a orientação prática, no sentido de que o bem-estar da nação poderia influenciar diretamente o(s) indivíduo(s). O etos comunitário — quase um consenso entre os autores — é incorporado ao projeto administrativo de Roosevelt visando à construção de uma comunidade nacional onde todos os americanos poderiam usufruir de uma vida minimamente justa e humana. No entanto, o surgimento desse etos também é acompanhado da sua antítese, uma consciência tecnicista que é igualmente efeito de uma massa crítica de desenvolvimentos técnicos trazidos pela guerra.

Essa tensão dialética cria um novo interesse na racionalidade e objetividade da ciência, ressaltando a relevância das informações aplicáveis e das lições práticas. Esse discurso, denominado *man of reason* por aqueles autores, materializa-se no crescimento exponencial do financiamento governamental para a pesquisa na área médica, levando ao surgimento da chamada *big science*. Nesse contexto, o tipo comum de pesquisa deixa de ser a particular (feita em grandes universidades), passando a predominar o empreendimento de massa, altamente organizado, como observou Norbert Wiener em 1958.[26] Os projetos independentes, de pequena escala, típicos da investigação cientí-

---

[26] Marsa, 1997:39.

OS DISCURSOS E A CONSTRUÇÃO DO REAL

fica do período anterior à guerra foram gradualmente substituídos pelos empreendimentos complexos, realizados por grandes equipes e que requeriam tecnologia sofisticada e maciços investimentos.

A experiência da guerra forneceu à elite acadêmica e industrial novas visões sobre a ordem tecnico-científica. Os cientistas "acostumaram-se" com a eficiência da guerra, a consideração prioritária de projetos e o apoio maciço à pesquisa.

Nesse contexto, o papel dos cientistas também muda: o rigoroso "solucionador de problemas" dá lugar ao gerente capaz de formular projetos capazes de atrair financiamento. Essa mudança, aparentemente sutil, serviu às relações de poder presentes no novo campo discursivo. Ela seria crucial para o futuro desenvolvimento de setores industriais originados da academia, uma vez que o cientista, ao incorporar o papel de gerente, aproxima-se cada vez mais do mercado e da gestão de negócios.

Destacadas organizações-fronteira que mobilizam importantes recursos materiais estão na base do complexo triangular industrial-militar-acadêmico do pós-guerra. Essas organizações viabilizam a circularidade entre os campos formadores desse complexo, materializando as relações de poder através de concretos recursos financeiros. Por exemplo, o Office of Scientific Research and Development (OSRD), chefiado por Vannevar Bush, conduzia pesquisa militar, dispondo para tanto de vultosas verbas e de poderes que nenhuma coalizão anterior jamais tivera. Na gestão de Vannevar Bush, o governo começou a gastar US$ 700 milhões por ano em pesquisa — 10 vezes mais que em 1938. Até o fim da guerra, o OSRD gastou US$ 450 milhões em pesquisa e desenvolvimento de armas, desempenhando um papel central na maioria das realizações técnicas: desde radares até a bomba atômica. O OSRD também apoiava tecnologias menos visíveis — mas cruciais para o futuro desenvolvimento da biotecnologia —, envolvendo neuropsicologia, medicina da aviação, fármacos, vacinas, substitutos de sangue e *germ warfare*.

Na biologia molecular, o discurso da informação se materializou nas concepções prevalecentes acerca dos códigos genéticos. O grupo Phage, responsável pelo descobrimento do código genético, materializa esse deslocamento discursivo, fazendo uso também da física quântica no contexto do discurso da informação:

A informação — como significado e *commodity* — veio a representar o *status* privilegiado do DNA como "a molécula *master*". Esvaziada de seu contexto técnico, tornou-se, de fato, uma metáfora da metáfora, uma significação sem referente. O discurso da informação estabeleceu o *link* entre a biologia e outros discursos pós-guerra de sistemas de comunicação automatizados, como uma maneira de conceitualizar e gerenciar natureza e sociedade. Além disso, ofereceu as bases discursivas, epistêmicas e, por vezes, técnicas para as representações sagradas dos códigos genéticos nos anos 1950.[27]

Até 1953 os genes eram considerados entidades hipotéticas abstratas. Como já foi ressaltado, a força política da genética vinha do seu embasamento no determinismo genético. O trabalho do grupo Phage (em especial a contribuição de James D. Watson e Francis Crick) permitiu-nos, pela primeira vez, ver os genes como unidades concretas — passíveis de serem compreendidas e, logo, manipuladas —, identificadas como seqüências de DNA. A noção de informação genética que Watson e Crick formularam não era literal, mas metafórica. No entanto, era extremamente poderosa. Embora não permitisse medidas quantitativas, ensejou a idéia — antecipada na noção de ação genética — de que a informação genética não aumenta durante o desenvolvimento do organismo, pois já está contida no genoma.

> Mas, que quero eu dizer quando afirmo que o discurso da ação genética — agora fortalecido com as metáforas de informação e instrução — exerceu uma força crítica na pesquisa biológica? As palavras podem ter força em si e fora de si? Certamente que não. Elas adquirem força simplesmente por meio da sua influência nos atores humanos. Por sua influência nos cientistas, administradores e agências de financiamento, as metáforas oferecem fortes argumentos e incentivos para mobilizar recursos, para identificar agendas particulares de pesquisa, para concentrar as nossas energias e atenções científicas em determinadas direções. O discurso da ação genética tem trabalhado dessa maneira, e seria inútil achar que não tem funcionado. A história da biologia do século XX é uma história de sucesso extraordinário. A genética — primeiramente a clássica e depois a molecular — tem levado a alguns dos maiores triunfos da ciência moderna (...). Nos últimos anos, a biologia molecular tem alcançado um sucesso extraordinário ao elucidar como é que (como se costuma dizer) os genes controlam o desenvolvimento.[28]

Em suma, o campo discursivo da informação (trans)forma o "conteúdo" (a própria especificidade) do objeto "gene", ao mesmo tempo que a "descoberta" desse conteúdo (o código) encontra sua possibilidade de emergência, sua condição de aparecimento nesse contexto discursivo. A figura 3 ilustra essa dinâmica.

---

[27] Kay, 2000:127.
[28] Keller, 1995a:21-22.

Figura 3
O discurso da informação e a concretude dos genes

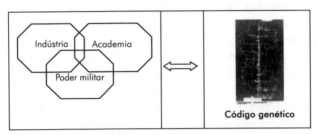

A descoberta do código genético transformou a biologia molecular numa respeitável disciplina de ponta, e esta, por diferentes razões, tornou-se novamente foco de preocupações sociais. Grois (1989:42-43) aponta duas razões:

▼ a reação da indústria farmacêutica — em plena expansão desde o pós-guerra, essa indústria, quando confrontada com a pressão repentina dos ambientalistas, tornou-se mais ciente da necessidade de usar modelos celulares e moleculares para informar o público dos efeitos danosos dos produtos comercializados;

▼ o desenvolvimento da medicina e a reestruturação dos estudos médicos — disciplinas até então consideradas domínio exclusivo dos médicos ou, na melhor das hipóteses, dos patologistas, começaram a se inspirar na biologia molecular; por exemplo, a virologia, a imunologia, a cancerologia e a neurobiologia.

A demarcação do campo da biologia molecular propiciou o *status* e a autoridade (poder) adquiridos pelas ciências moleculares a partir de 1953. Assim, as predições dessa disciplina científica inevitavelmente iriam influenciar crenças, atitudes e expectativas. Criando-se novamente cenários científicos utópicos que influenciassem fortemente as crenças da população, seria possível conseguir os recursos e o apoio necessários para que essas aspirações exercessem uma influência prática no curso da biologia molecular. É a vez do campo da genética estender seu domínio a outros campos preestabelecidos (por um processo de circularidade). Uma vez descoberto o código genético — o código da vida, da natureza —, começa a ser vislumbrada a possibilidade de sua manipulação.

Para Keller (1992), a circularidade da biologia molecular com o campo da medicina e o da cultura — popular e erudita — foi crucial nesse processo de expansão técnica, institucional, econômica e cultural. A construção do conceito de "doença genética" foi o ponto de partida nessa trajetória, pois forneceu as bases para a expansão cultural e médica da genética molecular, ao mesmo tempo que permitiu distinguir as recentes formulações do determinismo genético daquelas em voga no início do século XX. O conceito possibilitava considerar fatores genéticos como causa de doenças. Estas eram até então consideradas resultado da deficiência de recursos básicos, como alimentos ou vitaminas, ou da exposição a materiais nocivos, de origem natural ou humana.

Seria esse movimento iniciado por médicos e biologistas moleculares uma convergência de interesses, nem todos estritamente intelectuais? Essa questão foi recentemente levantada por Lewis Thomas, ex-presidente do Sloan-Kettering Cancer Center de Nova York e considerado nos EUA uma das mentes mais lúcidas no campo da filosofia da ciência:

> Não me lembro de ter ouvido falar em composto biomédico quando era estudante. Creio que esse nome foi adotado depois da II Guerra Mundial; cunhado, imagino, de acordo com as regras do jargão, a partir da concordância tácita entre as duas comunidades, na esperança de que isso poderia levá-las ao reconhecimento público. Os médicos dedicados à pesquisa devem ter dado boas-vindas ao prefixo *bio* por causa do prestígio que este conferia à profissão; por sua vez, os biólogos devem ter sentido a necessidade de usar o sufixo *médico*, talvez para ajudá-los a obter verbas para pesquisa.[29]

A figura 4 resume esse processo de circularidade:

Figura 4

Bases justificativas da biomedicina

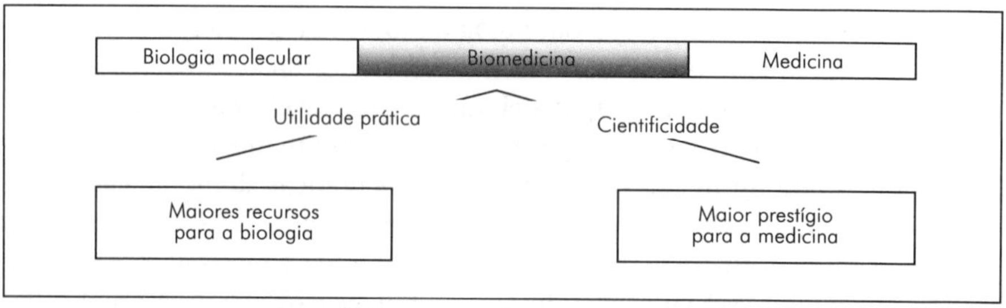

O conceito de "doença genética" também foi fundamental em termos de circularidade da biologia molecular na cultura popular — uma vez que "aproximou" as descobertas dessa disciplina das preocupações rotineiras das pes-

---

[29] Apud Grois, 1989:43.

soas — e na cultura erudita. Destaco como exemplo, nesse caso, a obra de Salvador Dali. Entre 1955 e 1978, sua obra foi fortemente influenciada pela genética, em particular pelo DNA e sua estrutura. O campo encontra sua nova fonte de legitimidade no conceito de doença genética.

Formação discursiva: a rede

A última formação discursiva identificada durante a pesquisa de campo foi denominada com base na metáfora da rede, tal como definida por Boltanski e Chiapello (1999). Essa formação discursiva caracteriza-se pelo maior dinamismo dos movimentos de demarcação e circularidade.

Desde a "descoberta" do código genético, a comunidade de biologia molecular sonhava com alguma forma de manipulação de genes. Considero o desenvolvimento da tecnologia do r-DNA — visto como peça-chave na criação do setor de biotecnologia — um movimento natural de circularidade decorrente da descoberta do código genético, o que chamamos de "concretude dos genes". Essa tecnologia foi rapidamente adotada em laboratórios de biologia molecular no mundo inteiro e, de fato, mostrou-se capaz de "fazer muitas coisas": deu aos cientistas um método simples para isolar e ampliar qualquer gene ou segmento de DNA em organismos simples e complexos. Tal processo foi revolucionário para a biologia molecular, mas também revelou grande potencial comercial.

O simultâneo processo de demarcação se fez presente no debate acerca dos aspectos regulatórios do r-DNA, mobilizando um grande número de cientistas preocupados com os efeitos negativos da aplicação da nova tecnologia. Como observou Kay (2000), as promessas e os problemas da nova tecnologia logo se misturaram a questões maiores, relativas ao ativismo político acadêmico após a guerra do Vietnã: resistência à guerra, o papel do complexo industrial-militar-acadêmico, a existência da guerra biológica e a renovação dos compromissos com a responsabilidade social da ciência. Esses foram alguns dos aspectos que possibilitaram a conscientização política de muitos dos cientistas envolvidos na controvérsia dos aspectos regulatórios do DNA. Tal consciência formou-se sob o duplo impacto do abrupto rompimento do tecido social americano, como conseqüência de protestos violentos que se espalhavam de uma cidade a outra, e das conseqüências da aventura militar americana no exterior.[30] O processo, que contou com ampla participação de organiza-

---

[30] Krimsky, 1982.

ções-fronteira, como as associações de cientistas, resultou no triunfo do discurso *man of reason*. Mais uma vez os interesses do campo científico, respaldados por esse discurso, possibilitaram o surgimento de um espaço regulatório marcado pela liberdade e sem imposições. Esse foi um dos fatores que impulsionaram o campo da biotecnologia nos EUA. Já nos outros países havia uma "perplexidade" muito maior para tratar das questões éticas/morais envolvendo as novas descobertas científicas, como foi destacado nas entrevistas com representantes do National Human Genome Research Institute e da Washington Biotechnology & Biomedical Association (Washbio).

As empresas deram início a uma grande ofensiva em termos de arcabouço legal, procurando fortalecer os laços entre ciência e indústria. Como foi ressaltado nas entrevistas de campo, duas leis foram fundamentais naquele momento: a Lei de Patentes e a Lei Bayh/Dole. Com base no referencial teórico do presente trabalho, tais leis podem ser vistas como embalagens-fronteira que possibilitam a circulação entre a academia e a indústria. A Lei Bayh/Dole foi considerada por todos os nossos entrevistados fundamental para a biotecnologia. A diretora do Technology Transfer Office, do National Human Genome Research Institute, explicou que, antes dessa lei, as universidades não podiam licenciar invenções custeadas com recursos federais, e que o dinheiro que a invenção pudesse gerar era propriedade do Tesouro. A lei, vista como uma embalagem-fronteira, possibilitou que todas as três partes envolvidas — inventor, centro de pesquisa/universidade e investidores — se beneficiassem da descoberta.

Naquele momento, o encontro do discurso *man of reason* com outro discurso possibilitou o surgimento das primeiras empresas de biotecnologia. Chamo aqui esse domínio discursivo de *Wall Street man*, em referência ao capital de risco e seu papel na formação do campo da biotecnologia. Esse papel foi enfatizado nas entrevistas de campo (HGS, 2002; Washbio, 2003; e Chicago Alliance, 2003). A criação da primeira empresa de biotecnologia, Genentech — como resultado da parceria estabelecida entre o cientista responsável pelo desenvolvimento da tecnologia do r-DNA, Herbert Boyer (aqui representando o discurso *man of reason*), e Robert Swanson, capitalista de risco com experiência na área de empreendimentos tecnológicos com base científica (aqui representando o discurso *Wall Street man*) —, marca o padrão para a dinâmica do setor de biotecnologia.

Grois (1989:71) enfatiza, num tom acrítico, que a aventura americana deu início à criação de um novo tipo de estrutura que é um meio-termo entre a universidade e o mundo industrial: a empresa *start-up*. Como foi ressaltado na entrevista com a representante da HGS, a principal característica dessas empresas é o fato de serem criadas com base na exploração de um novo

OS DISCURSOS E A CONSTRUÇÃO DO REAL

conceito científico, traduzido numa nova tecnologia que, no caso da HGS, é a aplicação do Projeto Genoma ao desenvolvimento de novos medicamentos. Outro importante aspecto é que as empresas *start-up* dependem enormemente de empreendedores, gerentes e até de funcionários com sólida formação cientifica, o que confere a esse novo tipo de empresa características próximas às da academia.

De fato, muitos dos cientistas que se opuseram a Boyer acabaram por seguir o mesmo caminho, fundando empresas de biotecnologia e enriquecendo com as descobertas científicas realizadas com o dinheiro do contribuinte. Numa iniciativa de caráter inédito, pesquisadores renomados, reconhecidos por sua excelência em pesquisa básica, decidiram tornar-se a principal força de sustentação das empresas ou até mesmo criar suas próprias empresas. Empresas de capital de risco e farmacêuticas partiram para uma estratégia agressiva junto às universidades. Observa-se, então, o movimento mimético que caracteriza a estruturação do campo organizacional, conforme identificado a partir da abordagem institucional. A Genentech estabeleceu o padrão do que viria em seguida: um consórcio de cinco a seis cientistas funda uma empresa, as pessoas colocam dinheiro nela, e os cientistas fazem seu trabalho nos laboratórios universitários. A justificativa moral — a cura de doenças genéticas — e a racionalidade econômica — a busca de lucros — impulsionavam um processo que já tinha precedentes na dinâmica de outros setores, como o de semicondutores.

Considerações finais

A compreensão dos processos de formação de novos campos organizacionais foi o objetivo principal que norteou o trabalho de reflexão teórica e pesquisa de campo cujos resultados aqui apresentamos. Buscando conhecer a dinâmica de construção da realidade, recorri à perspectiva histórica para examinar como se dão esses processos num campo específico: a biotecnologia.

No campo de estudos organizacionais, a teoria institucional procura esclarecer tais processos, mas a sua contribuição é limitada pelas falhas conceituais e paradigmáticas aqui apontadas, como, por exemplo, o fato de negligenciar a dicotomia objetividade/subjetividade, bem como a dimensão do poder.

Assim, apresento o conceito foucaultiano de discurso como um meio alternativo para compreender os processos de construção da realidade, entre os quais se incluem a institucionalização e a formação de novos campos organizacionais. Paralelamente, recorri às idéias do construtivismo crítico, aqui representado por Latour e outros estudiosos da ciência e da sociologia, cujos trabalhos contribuem para a superação da dicotomia objetividade/subjetividade, possibilitando maior afinação dos conceitos-chave da análise, a fim de torná-los empiricamente mais manejáveis.

Não é por acaso que o conceito de discurso é aqui introduzido como base para a compreensão dos processos de formação de campos. Tal conceito, para Foucault, supera a referida dicotomia, confere maior dinamismo ao estudo dos processos de institucionalização, agrega as dimensões temporal e espacial por meio da noção do campo discursivo, e abrange todos os aspectos negligenciados na análise dos processos de construção da realidade: o normativo, o cognitivo e o do poder. Situado além das coisas e palavras, o conceito de discurso supera o debate sobre objetividade e subjetividade, abrindo um outro espaço de discussão: as regras de formação que (trans)-formam campos.

O conceito de discurso contempla a complexidade dos processos de institucionaliz(ação) e contribui em termos de fundamentos da análise de formação dos campos organizacionais — desta vez, sem a divisão baseada na dicotomia micro/macro. O conceito de praticabilidade se mostra fundamental para a compreensão dos processos de institucionaliz(ação). Optei por utilizá-lo como o faz Foucault, incorporando a dimensão do poder e argumentando que a eficácia instrumental dos conhecimentos tem a ver com o papel que eles desempenham como praticamente úteis e necessários ao exercício do poder.

Dessa maneira é possível dar um passo à frente na compreensão dos aspectos seletivos da institucionalização e verificar como esses processos servem às relações de poder presentes num campo discursivo. Práticas que se institucionalizam são práticas que "funcionam", ou seja, práticas necessárias e úteis às relações de poder. O quadro 4 resume a relação entre os discursos e as práticas institucionalizadas que se observaram durante a pesquisa de campo.

Quadro 4

Discursos e práticas institucionalizadas

Formação discursiva	Práticas institucionalizadas	Discursos
Organização	Leis eugênicas	Eugenia, relações de classe e raciais
	Geneticista	Eugenia, experimentalismo, física newtoniana, ideologias de gênero, nazismo
	Cientista *problem-solver*	*Laissez-faire*, taylorismo, prática de pesquisa independente e de pequena escala, organização

Continua

Formação discursiva	Práticas institucionalizadas	Discursos
Informação	Cientista-gerente	Tecnocientismo pós-guerra, informação, prática de pesquisa de massa, fordismo
	Grupo Phage/código genético	Informação, física quântica, social-democracia
	National Institutes of Health	Biomedicina, poder militar
Rede	Regulações r-DNA	*Man of reason*
	Lei Bayh-Dole, Lei de Patentes	Indústria-academia, liberalismo econômico
	A empresa de biotecnologia PhD CEO	*Man of reason + Wall Street man*

Na pesquisa de campo foi possível observar de forma mais clara a dinâmica de institucionalização pela ótica das relações de poder. As condições para o surgimento de novos campos se deram a partir das relações de poder. Sem eugenia ou preconceitos de classe e gênero — por sua vez manifestações do regime de verdade/saber comum da época — não teríamos a genética como um novo campo científico. Sem os discursos informacional e tecnocientífico do pós-guerra não teríamos chegado à "concretude" do código genético. Sem as relações de poder desencadeadas pelo encontro do discurso *man of reason* com o *Wall Street man* não teríamos a biotecnologia como um novo campo organizacional.

A força produtiva do poder se faz presente também no processo de construção da(s) legitimidade(s), conceito-chave na teoria institucional. Foram as relações de poder que legitimaram a existência de um campo científico que não tinha sequer um objeto "real" de estudo. Vale lembrar que os genes, até 1953, eram apenas entidades hipotéticas. Isso não impediu o movimento de demarcação do novo campo científico, nem o investimento de recursos financeiros, humanos e materiais nos primeiros laboratórios de pesquisa. A genética servia à eugenia — regime de verdade/saber comum predominante na formação discursiva caracterizada como "organização".

Paralelamente, foi possível observar que mesmo a legitimidade se transforma no decorrer do tempo, com a mudança das bases justificativas que a sustentam, bases cujas condições de surgimento são dadas pelas relações de poder. "O gene como a base da vida" foi a base justificativa que legitimou a existência da genética e levou ao desenvolvimento da biologia molecular. A seguir, a concretude dos genes consolidou o discurso *man of reason* no campo e criou as condições para o surgimento do conceito de "doença genética", fundamental na dinâmica de formação do campo de biotecnologia. De fato, essa (trans)formação é necessária, uma vez que as próprias relações de poder se (trans)formam, não podendo ser vistas como estáticas. Já vimos que, quando falamos de um sistema de formação, estamos falando de justaposição, co-existência ou interação de elementos heterogêneos (instituições, técnicas, grupos sociais, organizações, relações entre discursos diversos) e de sua relação por meio das práticas discursivas. Essa combinação é altamente dinâmica. Por exemplo, o discurso eugênico presente na primeira formação discursiva é diferente do discurso eugênico presente nas outras formações discursivas. No contexto da formação discursiva "organização" prevalecia a eugenia em massa, assim como a produção em massa, cuja dinâmica era marcada pelo fordismo; já nas outras formações discursivas o foco se desloca para o indivíduo, e a produção se flexibiliza, tornando-se mais "customizada".

O quadro 5 resume as diversas bases justificativas presentes nas formações discursivas identificadas na pesquisa de campo.

Quadro 5

Formações discursivas e bases justificativas

	Formação discursiva		
	Organização	Informação	Rede
Bases justificativas	O gene como a base da vida	Doença genética	Crenças eugênicas individuais
	Crenças eugênicas de massa	Concretude dos genes	Doença genética
			Base científica e potencial de desenvolvimento tecnológico

Justapondo a perspectiva foucaultiana ao construtivismo crítico, examinei a dinâmica dos campos organizacionais à luz da dialética dos movimentos de demarcação/circularidade, basicamente um movimento simultâneo de (des)construção de fronteiras de um campo. É possível ver a emergência de um novo campo como um movimento de demarcação, de construção de fronteiras. Esse movimento irá diferenciá-lo de outros espaços demarcados. A circularidade, no entanto, é um processo, um contramovimento simultâneo, que também não cessa. Percebi, no decorrer da pesquisa de campo, que a circularidade serviu à construção de novas bases justificativas para os campos analisados. A circularidade entre a biologia e a medicina foi crucial para construir o conceito de doença genética, enquanto a circularidade entre a biologia molecular e a tecnologia contribuiu para legitimar o objeto de estudo, tornando-o concreto e, logo, real e manipulável. Ao mesmo tempo que o campo se defende, construindo no dia-a-dia fronteiras que o separam de outros espaços, ele também se abre, pela circularidade, pressionado pela tensão externa/interna, em busca de legitimidade.

O conceito de trabalho-fronteira — mais especificamente seu desmembramento em objetos, embalagens ou organizações-fronteira — é essencial para a compreensão da dialética demarcação/circularidade, uma vez que torna mais "visível" o encontro de diversos domínios discursivos, a criação de uma "língua franca" entre diversos campos. Esse processo de tradução pode ser visto como deslocamento, invenção, mediação, criação de uma nova relação que não existia antes e que modifica os dois lados participantes no processo.[31]

Por fim, com relação à dimensão organizacional do campo, existe uma importante reflexão a que cheguei ao final desta jornada: o questionamento do próprio problema de pesquisa — a emergência de novos campos organizacionais. Os campos que foram abordados na pesquisa também se caracterizam pela presença e atuação — poderosa — de organizações, mas sua dinâmica vai além da dinâmica organizacional. As relações discursivas se fazem presentes de forma transversal na dinâmica dos campos analisados na pesquisa. Novamente, lembro que essas relações se estabelecem entre instituições, processos econômicos e sociais, formas de comportamento, sistemas de normas, técnicas, tipos de classificação, modos de categorização — e também entre organizações —, definindo as condições para o surgimento de um objeto, inclusive das próprias organizações e/ou campos organizacionais. Os processos de formação discursiva são definidos com base nesse conjunto de relações onde qualquer objeto do discurso em questão encontra seu lugar, sua lei de aparecimento. Os campos estudados se caracterizam por essas n dimensões relacionais, entre as quais as organizações também desempenham um papel central.

Assim, questiono o conceito de discurso organizacional, especialmente na forma com que é usado na maioria das reflexões teóricas e trabalhos empíricos na área de estudos organizacionais, inclusive aqueles inspirados pelo referencial foucaultiano. Concordo aqui com o argumento de Chia (2000), segundo o qual é inapropriado considerar o "discurso organizacional" como um discurso *sobre* as organizações ou sobre o que acontece *dentro* das organizações. Com isso se perde a relevância de uma análise baseada no conceito de discurso que atua num nível mais constitutivo, formando objetos

---

[31] Frenkel, 2005; Latour, 1999.

sociais tais como as "organizações" ou, no caso deste trabalho, os "campos organizacionais".

A qualificação de meu objeto de estudo como organizacional pode ter sido influenciada por vários fatores, entre os quais o mais importante talvez seja o egocentrismo estimulado pelas fronteiras do campo a que pertenço: o de estudos organizacionais e de gestão. Afinal, também faço parte de um campo que, mesmo estando em visível processo de demarcação, não consegue evitar a inevitável dinâmica da circularidade. A reflexão estimulada pelo trabalho da pesquisa empírica ajudou-me a questionar o que até então eu tomava como dado, como inquestionável, um objeto de estudo que encontra sua lei de aparecimento num campo historicamente situado (e com uma história nem tão longa assim!).

Analisar tais campos pela ótica do discurso ajuda a compreender melhor as organizações, mesmo que, por esse caminho, elas percam o *status* analítico privilegiado e essencialista que Colignon (1997) critica. O olhar histórico da análise discursiva faz com que as organizações ganhem vida e dinamismo. Paralelamente, abre espaço para novas reflexões teóricas sobre elas.

Referências bibliográficas

ANDRADE, J. A. *Actor-network theory*: uma tradução para compreender o relacional e o estrutural nas redes interorganizacionais? In: ENANPAD, 27. *Anais...* Atibaia, 2003.

BERGER, P. L.; LUCKMANN, T. *A construção social da realidade*. 20 ed. Petrópolis: Vozes, 2001.

BODMER, W.; McKIE, R. *The book of man*: the human genome project and the quest to discover our genetic heritage. NewYork: Scribner, 1994.

BOLTANSKI, L.; CHIAPELLO, E. *Le nouvel esprit du capitalisme*. Paris: Gallimard, 1999.

BONAZZI, G. *Storia del pensiero organizzativo*. Collana di sociologia. Milano: Franco Agneli, 2000.

CASTELLS, M. *La era de la información*. Economía, sociedad y cultura. La sociedad red. Madrid: Alianza, 1996. v.1.

CHIA, R. Discourse analysis as organizational analysis. *Organization*, v.7, n. 3, p. 513-518, 2000.

COLIGNON, R. A. *Power plays*: critical events in the institutionalization of the Tennessee Valley Authority. Albany, NY: State University of New York, 1997.

DAVIES, K. *Cracking the genome*: inside the race to unlock human DNA. Craig Venter, Francis Collins, James Watson and the story of the greatest scientific discovery of our time. New York: The Free Press, 2001.

FRENKEL, M. The politics of translation: how state-level political relations affect the cross-national travel of management ideas. *Organization*, v. 12, n. 20, p. 275-301, 2005.

FONSECA, V. S. da. A abordagem institucional nos estudos organizacionais: bases conceituais e desenvolvimentos contemporâneos. In VIEIRA, M. M. F.; CARVALHO, C. A. (Orgs.). *Organizações, instituições e poder no Brasil*. Rio de Janeiro: FGV, 2003.

FOUCAULT, M. *A arqueologia do saber*. Lisboa: Vozes, 1972.

_____. *Microfísica do poder*. Rio de Janeiro: Graal, 1979a.

_____. *Discipline and punish*: the birth of the prison. New York: Vintage, 1979b.

_____. *Mental illness and psychology*. Berkeley, CA: University of California Press, 1987.

GIERYN, T. F. Boundary-work and the demarcation of science from non-science: strains and interests in professional ideologies of scientists. *American Sociological Review*, v. 48, n. 6, p. 781-795, Dec., 1983.

GORDON, C. Introduction. In: FAUBION, J. D. (Ed.). *Michel Foucault:* power. New York: The New York Press, 1994.

GROIS, F. *The gene civilization*. New York: McGraw-Hill, 1989.

GUSTON, D. H. Stabilizing the boundary between US politics and science: the role of the Office of Techonology Transfer as a boundary organization. *Social Studies of Science*, v. 29, n. 1, p. 87-111, Feb., 1999.

HACKING, I. *The social construction of what?* Cambridge, MA: Harvard University Press, 1999.

HASSELBLADH, H.; KALLINIKOS, J. The project of rationalization: a critique and reappraisal of neo-institutionalism in organization studies. *Organization Studies*, v. 21, n. 4, p. 697-720, 2000.

HEINBERG, R. *Cloning the Buddha*. The moral impact of biotechnology. Wheaton, Ill; Chennai, India: Quest Books Theosophical, 1999.

JAMES, W. What pragmatism means. In: MENAND, L. *Pragmatism: a reader*. New York: Vintage, 1997.

KAY, L. E. *The molecular vision of life*: Caltech, The Rockefeller Foundation and the rise of the new biology. New York: Oxford University Press, 1993.

_____. *Who wrote the book of life*. Stanford, CA: Stanford University Press, 2000.

KELLER, E. F. Nature, nurture, and the Human Genome Project. In: KEVLES, D. J.; HOOD, L. (Eds.). *The code of codes*. Cambridge, MA: Harvard University Press, 1992.

_____. *Reflection on gender and science*. New Haven: Yale University Press, 1995a.

_____. *Refiguring life*: metaphors of twentieth-century biology. New York: California University Press, 1995b.

KEVLES, D. J. Out of eugenics: the historical politics of human genome. In: KEVLES, D. J.; HOOD, L. (Ed.). *The code of codes*. Cambridge, MA: Harvard University Press, 1992.

KINSELLA, W. J. Discourse, power, and knowledge in the management of "Big Science". *Management Communication Quarterly*, v. 13, n. 2, p. 171-208, Nov., 1999.

KRIMSKY, S. *Genetic alchemy*: the social history of the recombinant DNA controversy. Cambridge, MA: The MIT Press, 1982.

LATOUR, B. Postmodern? No, simply amodern! Steps towards an anthropology of science. *Stud. Hist. Phil. Sci.*, v. 21, n. 1, p. 145-171, 1990.

_____. *On recalling ANT*. "Actor network and after". Keele University, July 1997. Disponível em: <www.comp.lancs.ac.uk/sociology/stslatour1.html>. Acesso em: 16 fev. 2004.

_____. *Pandora's hope*: essays on the reality of science studies. Cambridge, MA: Harward University Press, 1999.

_____; WOOLGAR, S. *Laboratory life*: the construction of scientific facts. New Jersey: Princeton University Press, 1986.

MACHADO, R. Introdução. In: FOUCAULT, M. *Microfísica do poder*. Rio de Janeiro: Graal, 1979.

MARSA, L. *Prescription for profits*. How the pharmaceutical industry bankrolled the unholy marriage between science and business. New York: Scribner, 1997.

McELHENY, V. K. *Watson and DNA*. Making a scientific revolution. Cambridge, MA: Perseus, 2003.

McSWITE, O. C. *Legitimacy in public administration*: a discourse analysis. Thousand Oaks; London; New Dehli: Sage, 1997.

MOORE, K. Organizing integrity: American science and the creation of public interest organizations, 1955-75. *The American Journal of Sociology*, v. 101, n. 6, p. 1592-1627, May, 1996.

PECI, A. Estrutura e ação nas organizações. *Revista de Administração de Empresas*, v. 43, n. 1, jan./fev./mar., 2003.

POWELL, W. W.; DiMAGGIO, P. J. The iron cage revisited: institutional isomorphism and collective rationality in organizational fields. *American Sociological Review*, v. 48, p. 147-160, Apr. 1983.

_____; _____. (Eds.). *The new institutionalism in organizational analysis*. Chicago: University of Chicago Press, 1990.

PROCHNO, P. Routine assembly: institutionalizing practices in a new setting. In: ENANPAD, 27. *Anais...* Atibaia, 2003.

RIDLEY, M. *Genome*: the autobiography of a species in 23 chapters. New York: Perennial, 2000.

RORTY, R. *Objectivity, relativism and truth*. Cambridge: Cambridge University, 1991. v.1.

_____. *A pragmatist view of contemporary analytic philosophy*. 1999a. Disponível em: < www.stanford.edu/~rrorty/pragmatistview.htm>. Acesso em: 26 nov. 2002.

_____. *Analytic philosophy and transformative philosophy*. 1999b. Disponível em: <www.stanford.edu/~rrorty/analytictrans.htm>. Acesso em: 26 nov. 2002.

SPINK, M. J.; MENEGON, V. M. A pesquisa como prática discursiva: superando os horrores metodológicos. In: SPINK, M. J. (Org.). *Práticas discursivas e produção de sentidos no cotidiano*: aproximações teóricas e metodológicas. São Paulo: Cortez, 2000.

STAR, S. L.; GRIESEMER, J. R. Institutional ecology, "translations" and boundary objects: amateurs and professionals in Berkeley's museum of vertebrate zoology: 1907-39. *Social Studies of Science*, v. 19, n. 3, p. 387-420, Aug., 1989.

THIRY-CHERQUES, H. *O método estruturalista*. 2004. ms.

VIEIRA, M. M. F.; MISOCZKY, Ceci. Instituições e poder: explorando a possibilidade de transferências conceituais. In: ENCONTRO NACIONAL DE ESTUDOS ORGANI-ZACIONAIS, 1. *Anais...* Curitiba: Eneo, 2000.

WHITE, O. F. Jr.; McSWAIN, C. The Phoenix Project: raising a new image of public administration from the ashes of the past. In: KASS, H. D.; CANTRON, B. (Eds.). *Images and identities in public administration*. Newbury Park: Sage, 1990.

WRIGHT, S. *Molecular politics*. Developing American and British regulatory policy for genetic engineering, 1972-82. Chicago: The University of Chicago Press, 1994.

ZUCKER, L. The role of institutionalization in cultural persistence. *American Sociological Review*, v. 41, n. 5, p. 726-743, 1977.

_____. Institutional theories of organization. *Annual Review of Sociology*, v. 13, p. 443-464, 1987.

ONGs no Brasil: um estudo sobre suas características e fatores que têm induzido seu crescimento

Victor Cláudio Paradela Ferreira

Introdução

A partir da década de 1980, as organizações não-governamentais (ONGs) tiveram significativo crescimento no Brasil, assumindo papel de destaque na sociedade. Embora diversas organizações hoje denominadas ONGs já existissem há algum tempo, foi a partir daquela década que se popularizou esse termo e que houve um notável crescimento quantitativo e no impacto da ação desse tipo de organização.

A princípio, tais organizações foram percebidas como iniciativas de apoio a causas específicas, baseadas em trabalho voluntário e compromissadas com ideais de justiça e solidariedade. Em torno delas havia certa aura romântica, atraindo a admiração de uma sociedade recém-saída de um regime de exceção e que precisava construir espaços de mobilização.

O que se percebe atualmente é que, embora ainda existam organizações pequenas, com gestão praticamente amadora e ações de impacto restrito, há outras que ocuparam um espaço — político, econômico e social — até então só conquistado pelo Estado e grandes corporações privadas. Atuando nas mais diversas áreas, há ONGs que contam com centenas de trabalhadores e movimentam milhões de reais por mês.

O crescimento dessas organizações tem sido saudado por alguns analistas como uma opção para remediar as graves carências sociais. Na percepção de outras pessoas, no entanto, há uma série de distorções no processo de encolhimento do Estado e sua substituição por organizações não-governamentais. Muitas ONGs estariam, segundo seus críticos, servindo como instrumentos de dominação dos países ricos sobre as economias periféricas e sobre os agentes da expansão do neoliberalismo. Acusam-nas, ainda, de mascarar problemas sociais, contribuindo para o arrefecimento das pressões que deveriam estar sendo feitas pela sociedade sobre os governantes, e de abrigar pessoas que têm se utilizado de recursos públicos para fins privados. "Organizações neo-governamentais" é uma das expressões pejorativas usadas pelos críticos da privatização do Estado e da importação da perspectiva do gerenciamento empresarial para o campo das transformações sociais.

Mesmo entre os defensores da atuação das ONGs na sociedade há uma crescente conscientização a respeito da necessidade de combater as distorções encontradas em muitas delas. Algumas dessas irregularidades podem ser constatadas pela simples leitura dos jornais, que têm publicado matérias a respeito de denúncias de corrupção, desvios de verbas, utilização indevida de recursos públicos e até mesmo associação com o tráfico de drogas por parte de algumas ONGs. Até em organizações consideradas idôneas têm ocorrido casos de terceirização indevida de pessoal para órgãos públicos e outras irregularidades. Tudo isso é facilitado pela falta de fiscalização por parte dos órgãos públicos responsáveis, que não têm se interessado em acompanhar efetivamente os trabalhos dessas organizações para garantir o cumprimento das exigências legais. Há, também, uma agravante: a inconsistência da legislação aplicável às organizações sem fins lucrativos em geral e às ONGs em especial.

A despeito de todas essas críticas e denúncias, o fato é que há uma visível expansão no número de ONGs em funcionamento no Brasil e no seu raio de ação, de modo que é importante conhecer os fatores que têm determinado esse crescimento e as características assumidas por tais organizações.

Isto posto, este capítulo procura responder à seguinte questão: que fatores têm determinado o crescimento das ONGs no Brasil e quais as principais características por elas assumidas?

Para buscar as possíveis respostas a essa questão efetuou-se, além da pesquisa de campo, uma revisão bibliográfica, com destaque para os autores aqui citados.

Referencial teórico

Conceitos de ONGs

As organizações não-governamentais fazem parte do chamado "terceiro setor", constituído por entidades que, embora sejam privadas, perseguem fins públicos. As organizações governamentais, na forma de órgãos das administrações direta e indireta, empresas públicas, sociedades de economia mista, autarquias, fundações e estatais afins, constituem o chamado "primeiro setor", enquanto as organizações privadas representam o "segundo setor".

A expressão"terceiro setor", cunhada nos EUA na década de 1970 para designar o conjunto de organizações sem fins lucrativos que prestam serviços públicos, veio mais tarde a ser substituída, naquele país, por "setor não-lucrativo" (*nonprofit sector*). É preciso considerar, no entanto, que o caso norte-americano é bem peculiar. A definição do conceito naquele país está impregnada do individualismo liberal que caracteriza o seu regime político e a sua cultura, onde o ideário dominante é a precedência da sociedade sobre o Estado, e onde o associativismo e o voluntarismo estão fortemente arraigados. Lá o *nonprofit sector* envolve uma extensa gama de organizações laicas e religiosas, voltadas para a prestação de serviços comunitários, a auto-ajuda e a defesa de temas de interesse social.[1]

Aqui essa segunda denominação não se firmou, e sim a primeira: "terceiro setor". Um dos motivos para isso é o fato de que, no Brasil, mesmo as entidades privadas que geram lucro para seus proprietários e são gerenciadas totalmente dentro da lógica de mercado podem legalmente ser denominadas "sem fins lucrativos". É o caso, por exemplo, de diversas instituições de ensino.

O conceito de terceiro setor revela-se, no entanto, impreciso porque envolve uma categoria não encontrada na realidade, pois "representa um constructo ideal que, antes de esclarecer sobre um 'setor' da sociedade, mescla diversos sujeitos com aparentes igualdades nas atividades, porém com interesses, espaços e significados sociais diversos, contrários e até contraditórios".[2]

Não obstante a imprecisão que se possa atribuir ao termo, ele tem sido largamente utilizado tanto em trabalhos acadêmicos quanto em artigos veiculados na mídia. Alguns o empregam como sinônimo de ONG, o que se revela uma impropriedade, pois as ONGs são apenas um tipo de organização dentro do contexto maior do terceiro setor.

Segundo Landim (1993) fazem parte do terceiro setor os seguintes tipos de instituições:

▼ organizações da sociedade civil ou sem fins lucrativos;

▼ associações;

▼ entidades filantrópicas, beneficentes ou de caridade;

▼ fundações;

▼ organizações não-governamentais.

---

[1] Landim, 1993; Rodrigues, 2004.
[2] Montaño, 2002:57.

Neste texto adotou-se a concepção segundo a qual as ONGs fazem parte do terceiro setor.

Se não há clareza e precisão no conceito de "terceiro setor", mais difícil ainda é dar às ONGs uma definição minuciosa e universal, considerando que entre suas características típicas destacam-se a pluralidade e a heterogeneidade. A própria denominação "não-governamental" revela a dificuldade de delimitação do conceito, uma vez que apenas nega a tais organizações a condição de pertinentes ao Estado sem, no entanto, definir sua natureza fundamental. As definições também variam bastante de um país para outro. Em alguns deles, o conceito de ONG acaba por abranger tudo o que se articula no âmbito da sociedade civil, até mesmo movimentos clandestinos de oposição política, enquanto em outros, como a Itália, refere-se apenas às associações privadas que se ocupam de maneira específica das relações Norte-Sul e da ajuda para o desenvolvimento.[3]

O termo "ONG" pode ser criticado por sugerir que o governo é o centro da sociedade, e a população, sua periferia. O termo "não-governamental" seria, assim, politicamente inaceitável para associações que emanam da população ou tomam seu partido.[4]

A expressão "ONG" foi importada das agências internacionais de financiamento, que a usavam para denominar os projetos desenvolvidos junto a organizações de base nos países do Terceiro Mundo. Nos países do Primeiro Mundo, chamavam-se ONGDs, com o "d" de desenvolvimento. Na América Latina, ficaram conhecidas a princípio como "centros populares" (de educação, informação e outros). O termo popularizou-se no Brasil especialmente a partir da ECO-92, conferência mundial sobre meio ambiente e desenvolvimento realizada no Rio de Janeiro.[5]

Como costuma acontecer com termos novos, o significado de "ONG" vem sendo progressivamente melhor delimitado. Até 1999, o Banco Mundial, por exemplo, utilizava o termo ONG com um significado bem amplo, referindo-se tanto a organizações intermediadoras de repasse de recursos quanto a movimentos sociais e associações comunitárias. Já a diretriz 14.70 de seu *Manual de operações* apresenta um conceito mais específico, qualificando as ONGs como "grupos ou instituições que são inteiramente independentes do governo, caracterizam-se sobretudo por objetivos humanitários e de colaboração, e não possuem fins comerciais".[6]

---

[3] Onorati, 1992.
[4] Nerfin, 1992.
[5] Scherer, 1993.
[6] Garrison, 2000.

Possivelmente o primeiro documento a utilizar o termo "organizações não-governamentais" tenha sido a Resolução nº 288 do Conselho Econômico e Social da Organização das Nações Unidas, publicada em 1950. A ONG é aí definida como uma "organização internacional que não foi estabelecida por acordos governamentais".[7] A esse sentido inicial devem acrescentar-se outros tantos, pois a maioria das ONGs atuais não se encaixa nessa definição.

Com a posterior ampliação do número e dos tipos de organizações, esse conceito encontra-se, evidentemente, superado, por não abranger a diversidade de ONGs atualmente observada. Uma definição mais próxima da atual realidade seria: "organizações e iniciativas privadas que visam à produção de bens e serviços públicos".[8]

Muitos autores trabalham com o conceito genérico de organizações sem fins lucrativos. De fato, do ponto de vista jurídico, não existe diferenciação para as chamadas ONGs. A legislação brasileira só prevê dois tipos de organizações privadas não-lucrativas: as fundações e as associações. É certo, porém, que existem substanciais diferenças entre as ONGs e os clubes, igrejas, sindicatos, cooperativas e demais tipos de organizações sem fins lucrativos. As ONGs, entendidas como organizações que têm como objetivos a promoção da cidadania, a defesa de direitos humanos e a luta pela democracia política e social, possuem peculiaridades que requerem a proposição de modelos de gestão diferenciados.

Os partidos políticos, por exemplo, embora não tenham fins lucrativos, não devem ser classificados como ONGs, uma vez que são organizados em função da lógica do Estado, alternando-se no seu controle. As organizações religiosas também se diferenciam por trabalharem em dimensões simbólicas para além do Estado, do mercado e das funções sociais e por estarem comprometidas com um grupo particular de fiéis, e não com a sociedade como um todo. Os sindicatos e as associações, por sua vez, cumprem funções de mercado, ainda que empreendam ações sem fins lucrativos.[9]

Teorias sobre o surgimento das ONGs

Uma das explicações apresentadas para o surgimento das ONGs remonta ao período imediatamente posterior à II Guerra Mundial. Segundo essa versão, alguns países europeus, que tinham sido ocupados por exércitos inimigos

---

[7] Menescal, 1996:22.

[8] Fernandes, 1994:21.

[9] Ibid.

durante o conflito, ficaram sensibilizados com a dura experiência sofrida e passaram a buscar meios de cooperar com suas antigas colônias, como que desejando expurgar suas culpas pelas tiranias antes praticadas. Inicialmente foram criados órgãos de cooperação intergovernamental para viabilizar o repasse de recursos destinados ao desenvolvimento das ex-colônias. Logo, porém, verificou-se que as relações entre os países envolvidos estavam ficando muito complexas e que poderiam surgir problemas diplomáticos devido a uma espécie de ingerência de uma nação nos assuntos de outra. A solução então encontrada foi criar ou estimular a criação de ONGs que se encarregassem do repasse de recursos governamentais sem, contudo, estarem ligadas ao aparato estatal.[10]

Outra teoria que tenta explicar o advento das ONGs nos países do Norte relaciona esse fenômeno a dois mitos fundadores, os quais têm certa virtude mobilizadora, mas podem também mascarar a realidade. O primeiro desses mitos seria a dicotomia entre um "povo" idealizado e seus inimigos caracterizados: as empresas (em especial as multinacionais) e o Estado. O povo estaria sendo traído por esses aparelhos, incapazes de conjugar o crescimento econômico com a satisfação das necessidades da maioria. O segundo mito fundador estaria contido numa certa localização do discurso missionário religioso. O desenvolvimento seria visto, de certa maneira, por algumas pessoas com motivações religiosas, como uma espécie de substituição da salvação das almas pela salvação dos corpos. Dessas duas heranças escondidas teriam emergido as ONGs do Norte e, como conseqüência, as ONGs do Sul que lhes são necessárias como representantes do "povo" ao encontro do qual queriam ir.[11]

Também podem ser apontadas como fator indutor da expansão das ONGs no cenário internacional as revoluções deflagradas no fim da década de 1980 no Leste europeu, as quais teriam contribuído para o fortalecimento da importância da sociedade civil. Para os dissidentes que lideraram esses movimentos revolucionários, o Estado totalizador ameaçava extinguir a capacidade dos indivíduos de se agruparem e formarem comunidades. A expansão do Estado nos países socialistas criou problemas na mesma proporção que a expansão do mercado nos países capitalistas. As reações da sociedade civil a esse crescimento proporcionaram uma cultura favorável às ONGs.[12]

No Brasil, o advento das ONGs costuma ser relacionado à falta de representações legítimas dos movimentos sociais no período da ditadura mili-

---

[10] Pressburger, 1996; Viana, 1997.
[11] Vuarin, 1992.
[12] Wolfe, 1992.

tar pós-1964, quando os partidos políticos estavam desfigurados, e os sindicatos, dominados por pelegos. Elas teriam surgido, de acordo com essa concepção, porque o povo, dada a carência de suas entidades representativas, buscou meios alternativos de representação. Na década de 1970 verificou-se um significativo fortalecimento das associações de moradores, que buscavam organizar as demandas da população junto ao Estado. A atuação dessas associações contribuiu para o desenvolvimento de uma cultura de ação não-governamental que levou ao rápido crescimento e à diversificação das ONGs nas décadas seguintes.[13]

Não há, todavia, consenso sobre a caracterização do período autoritário como marco do surgimento dos movimentos sociais que originaram as ONGs brasileiras. Outra teoria relaciona esse fenômeno à efervescência cultural vivenciada pelo país no início dos anos 1960, época em que se destacavam as comunidades eclesiais de base, as associações de pequenos produtores e as cooperativas rurais, entre outras organizações. De acordo com essa versão, no período dos governos militares teria havido uma retração dos movimentos sociais, só retomados com o início do processo de redemocratização.[14]

Algumas características assumidas nesse período pelas organizações e movimentos sociais facilitaram sua expansão. Segundo alguns estudiosos, a informalidade, a flexibilidade na estrutura e o baixo custo operacional de muitas dessas instituições permitiram-lhes granjear apoios internacionais. Muitas ONGs teriam nascido como uma espécie de continuidade da luta contra o regime autoritário, dispostas a participar da formação de uma sociedade democrática, promover os direitos humanos e investir em agentes capazes de fomentar o desenvolvimento social. O fato de tais instituições estarem fora de um aparato estatal desacreditado politicamente, burocratizado e clientelista, atraiu significativos apoios de organizações internacionais.[15]

Outra abordagem que pode ser adotada no estudo da gênese das ONGs brasileiras remete ao século XVIII, quando se formaram diversas associações de práticas voluntárias que lançaram no país as bases do setor sem fins lucrativos. Congregações religiosas e confrarias surgiram àquela época sob forte influência de práticas cristãs de origem européia. Uma vez que a Igreja Católica, principal indutora desse processo, tinha uma relação simbiótica com o Estado, a consolidação do movimento filantrópico então lançado se deu sem maiores empecilhos, contando inclusive com o respaldo do governo.[16]

---

[13] Fernandes, 1994; Pressburger,1996.
[14] Garrison, 2000.
[15] Montenegro, 1994; Pereira, 2003.
[16] Landim, 1993.

A preponderância da Igreja no momento em que foram lançadas as bases da ação voluntária e beneficente no país foi determinante na conformação dos valores e pressupostos que passariam a orientar as iniciativas nessa área. A abordagem filantrópica, seguindo uma lógica patriarcal e assistencialista, influenciou fortemente a trajetória das políticas de assistência social.

Somente após a proclamação da República, em 1889 e a promulgação da primeira Constituição, em 1891, foi estabelecida a separação entre a Igreja e o Estado no Brasil. Teve então início no país a derrocada do modelo oligárquico-agrário-exportador que se consolidara na revolução de 1930. Com a laicização do Estado veio a proibição de se destinarem recursos públicos à subvenção de templos ou entidades educacionais religiosas. Todavia, a concepção filantrópica até então prevalecente não se modificou. A lógica cristã influenciou fortemente as ações das diversas entidades beneficentes então criadas. Entre as elites e setores da classe média urbana que surgiram a partir da década de 1930, tal influência se fez sentir nas ações de filantropia promovidas por empresários e profissionais de maior renda. [17]

É certo que as ONGs, na forma como hoje são conhecidas, em especial aquelas selecionadas para a pesquisa aqui apresentada, em muito se diferenciam das entidades beneficentes. Seus dirigentes costumam destacar que não são filantrópicas, querendo com isso dizer que sua prática não é assistencialista. Para muitos setores da sociedade, todavia, as expectativas em relação às organizações não-governamentais incluem a manutenção de práticas assistenciais, conforme demonstrado na pesquisa realizada com os formadores de opinião da sociedade carioca e que será comentada adiante.

Fatores indutores do crescimento das ONGs

Um dos fatores que contribuíram para o crescente reconhecimento da importância e das potencialidades do trabalho das ONGs foi o prestígio a elas conferido pelo Banco Mundial e outras instituições internacionais. Essas instituições tiveram problemas com o repasse de recursos a governos de países subdesenvolvidos que se revelaram corruptos, autoritários, burocráticos e incompetentes. As ONGs, em contrapartida, revelaram-se honestas, competentes, flexíveis e eficientes. O Banco Mundial indicou, por vezes, as ONGs como substitutas da ação governamental no campo do desenvolvimento social.[18] Exemplo da importância que lhes é atribuída pelos organismos internacionais

---

[17] Pereira, 2003.
[18] Souza, 1992.

ONGs NO BRASIL

é o fato de a Associação Brasileira das Organizações Não-Governamentais (Abong) ter recebido financiamento de diversos doadores, incluindo o Banco Interamericano de Desenvolvimento (BID), para estudar a criação, no país, de uma fundação comunitária voltada para o apoio à consolidação das ONGs.[19]

Alguns estudiosos afirmam que há hoje um consenso internacional sobre o importante papel que o terceiro setor pode ter na construção de uma sociedade menos conflituosa.[20] Como têm grande experiência no atendimento das necessidades sociais das populações pobres, as ONGs poderiam expandir suas atividades, colaborando para diminuir o fosso entre a demanda de serviços sociais e a sua oferta, bem como para criar novos postos de trabalho. O terceiro setor possui uma especial vocação para contribuir significativamente na geração de empregos por ser tipicamente de trabalho intensivo, haja vista o grau de atenção à pessoa humana requerido por suas atividades. O trabalho do setor de serviços sociais representa atualmente entre 20 e 25% do total de empregos nos países que compõem o chamado G-7, com exceção do Japão.[21]

A elevada qualificação profissional revela-se uma característica das pessoas empregadas nas ONGs brasileiras. Estudo realizado pelo Instituto Superior de Estudos da Religião (Iser) revelou que 87% possuíam curso de graduação, e 39%, de pós-graduação, índices bastante expressivos num país com baixo nível de escolaridade.[22]

Um dos eventos apontados por alguns estudiosos como determinante do crescimento observado no terceiro setor é a queda do muro de Berlim, marco da derrocada dos regimes socialistas do Leste europeu. As mudanças políticas que se sucederam a esse evento teriam causado profundas mudanças nos paradigmas conceituais adotados pelas ONGs. Conceitos tradicionais, como o modelo de desenvolvimento centrado no Estado e a crítica do capitalismo baseada na teoria da dependência, teriam sido substituídos, de acordo com essa visão, por posições mais pluralistas e voltadas para resultados.[23]

Um fato que vem lançando novos desafios para as organizações do terceiro setor é que, recentemente, não só o Estado vem demandando sua expansão, mas também as empresas, o setor privado. Diversas organizações privadas têm buscado parceiros para seus investimentos sociais, na ânsia de construir uma imagem de empresa socialmente responsável.

---

[19] Garrison, 2000.
[20] Merege, 1997.
[21] Tachizawa, 2002.
[22] Garrison, 2000.
[23] Ibid.

No momento em que buscam se expandir não mais apenas por opção própria, mas agora atendendo a demandas e estímulos provenientes de seus parceiros públicos e privados, novos desafios se colocam para os gestores das ONGs. Os subsídios recebidos fazem com que sejam implantados padrões de desempenho típicos de uma "empresa social", com a adoção de técnicas administrativas para garantir maior retorno dos investimentos efetuados.[24] As ONGs competem, muitas vezes, com instituições públicas ou privadas por contratos e recursos governamentais.[25]

Exemplo do fomento ao terceiro setor por iniciativas da área empresarial é a constituição do Grupo de Institutos, Fundações e Empresas (Gife), apoiado por diversas empresas e instituições nacionais e estrangeiras, e cujo objetivo declarado é "contribuir para a formação de uma nova geração de profissionais do terceiro setor, comprometidos com a construção de uma sociedade mais justa e harmônica, através do exercício constante da competência administrativa e técnica, da responsabilidade e da cidadania".[26]

O pressuposto básico da atuação do Gife é que o terceiro setor, para desempenhar a contento sua nova função, precisa dispor cada vez mais de tecnologia de atuação, capacidade de gerenciamento e conhecimento em políticas sociais. Nos programas desenvolvidos por essa instituição, jovens universitários são recrutados para períodos de estágio em projetos sociais, capacitando-se assim para a atuação profissional em entidades do terceiro setor.

As facilidades oferecidas pela legislação também contribuem para a expansão do número de organizações não-governamentais. Qualquer pessoa pode fundar uma ONG, cumprindo os requisitos básicos para a constituição da entidade. Existem entidades que oferecem suporte técnico e orientação jurídica aos que desejem criar uma nova instituição, como, por exemplo, o Centro de Assessoria ao Movimento Popular (Campo), uma das organizações pesquisadas. Segundo notícia publicada nos jornais, um escultor de areia que faz ponto na praia de Copacabana está fundando uma ONG para reunir e difundir sua arte de esculpir castelos nas areias do Rio.[27] Como se vê, mesmo uma pessoa supostamente sem preparo para tanto pode criar uma ONG e utilizá-la para a defesa dos mais diversos interesses, inclusive os seus próprios, como no caso em questão.

---

[24] Merege, 1997.
[25] Fernandes, 1994.
[26] Voigt, 1999:12.
[27] Santos, 2003.

ONGs NO BRASIL

A facilidade com que uma ONG pode ser criada e mantida, mesmo quando não atende a interesses maiores da sociedade, é um dos aspectos que têm merecido críticas de diversos estudiosos e de parte da opinião pública.

Críticas à atuação das ONGs

Uma das críticas feitas às ONGs é que, muitas vezes, elas partem do discurso da mudança social e dos direitos humanos para depois se transformar em instrumentos da agenda neoliberal promovida pelo poder hegemônico do eixo Europa-EUA. Ao prestar ajuda ao desenvolvimento de um país, o órgão ou entidade repassador de recursos incorpora um modelo, uma concepção de desenvolvimento que normalmente atende às estratégias dos países doadores, e não dos receptores.[28]

O próprio fluxo de recursos dos países ricos para os pobres revela-se ilusório. Os países desenvolvidos transferem em média 0,35% do seu produto nacional bruto para os diversos programas de cooperação com os países subdesenvolvidos. Estes, todavia, transferem àqueles mesmos países que os auxiliam 5% de seu PNB como pagamento de suas dívidas externas.[29]

Para muitos analistas, os países ricos não estão, por meio da Ajuda Oficial ao Desenvolvimento (AOD), pagando suas dívidas com relação aos países pobres. As forças sociais que governam os países do Norte estão pagando, com os recursos da AOD, um multiplicador das suas próprias riquezas, reforçando, ao mesmo tempo, os instrumentos da acumulação, da concentração e do controle. As ONGs devem, pois, estar atentas para não acabarem se transformando num simples instrumento de fachada, útil apenas para criar consenso e consertar algum estrago causado pelo ajuste estrutural.[30]

Cumpre considerar, também, que a ajuda ao desenvolvimento deveria concentrar-se no suporte às transformações estruturais, articulando-se com a reforma do Estado e do sistema político e com a criação de estruturas econômicas competitivas. Para os críticos das ONGs, o que se vê, no entanto, é uma tentativa de arrefecer a tensão social gerada pelos programas de ajuste estrutural, típicos do avanço do neoliberalismo, tão-somente satisfazendo pequenas demandas da população mais afetada pelas reformas. Elas estariam, pois, tecendo um "amplo e sutil colchão"[31] para amortizar os efeitos dos ajustes eco-

---

[28] Menescal, 1996; Presburger, 1996; Villalobos e Zaldivar, 2001.
[29] Villalobos e Zaldivar, 2001.
[30] Onorati, 1992.
[31] Villalobos e Zaldivar, 2001.

nômicos sobre os excluídos do modelo adotado, minando-lhes o potencial convulsivo e assim impedindo-os de se levantar para exigir seus direitos, o que poderia desestabilizar o sistema.

A forma pela qual se dá o repasse de recursos e o conseqüente controle financeiro sobre as ONGs podem caracterizar, também, uma estratégia de controle dos movimentos sociais organizados. No Brasil, desde a década de 1930, as políticas regulamentadoras públicas e sociais buscam institucionalizar as práticas de controle sobre as relações trabalhistas, tornando, por exemplo, os sindicatos instituições semipúblicas. No entanto, pesquisa realizada com dirigentes de ONGs revela que 77% deles acreditam que uma das funções dessas entidades é justamente fortalecer os movimentos sociais e colaborar na construção da sociedade civil.[32]

Ao avançarem na prestação de serviços públicos, ao mesmo tempo que o aparelho estatal nela recua, as ONGs podem estar contribuindo para a terceirização das políticas públicas, para a apropriação da lógica e das soluções de mercado pelo poder público.

Esse movimento pode caracterizar um processo de desconstrução do Estado, o qual passa a restringir-se ao desenvolvimento de uma ação social marginal. Tal processo estaria ocasionando a individualização dos problemas sociais, que deixam de ser responsabilidade do Estado, ficando à mercê da solidariedade da sociedade civil para com aqueles que não se mostram aptos à competição no livre mercado. Essa nova forma de gestão do social, pautada na idéia do favor e da moral, contribuiria para a descaracterização da noção de direitos e da própria cidadania.[33]

O diagnóstico dessa descaracterização tem como base a tipologia proposta por Pedro Demo (1995), para quem existem três diferentes tipos de cidadania:

▼ *tutelada*, que é concedida de cima para baixo, sem a participação efetiva da maioria da população;

▼ *assistida*, que implica maior participação política da população, mas não vislumbra a possibilidade de o sistema produtivo se comprometer com uma equalização de oportunidades;

▼ *emancipada*, que substitui o elemento tutelar dependência pelo elemento competência para a construção de um projeto moderno e realmente humanizado de desenvolvimento.

---

[32] Neder, 1996.
[33] Montaño, 1999.

A transferência da responsabilidade das políticas públicas do governo para a sociedade civil representa, na visão de seus críticos, um retrocesso social e político, uma vez que a cidadania passa a ser concebida como "igualdade de oportunidades", tendo como fundamento a idéia da competência. Tal concepção, inspirada na política neoliberal, estaria distante de uma cidadania efetiva. Como corolário dessa formulação, teríamos uma significativa transformação no tratamento das questões sociais. Situando-se na esfera pública, elas estão sujeitas à influência das contradições inerentes ao conjunto das relações sociais, sendo definidas e negociadas nos espaços políticos, favorecendo-se, assim, a construção dos direitos de cidadania. Transferindo-se para o âmbito das ONGs, tais questões passam a ser tratadas numa perspectiva gerencial, comprometida com parâmetros de qualidade e eficiência, ou filantrópica.[34]

Muitas vezes as ONGs são obrigadas a respeitar a lógica e os critérios que regem a economia, tendo que adotar estruturas quase empresariais e assumir o papel de eternas assistidas, sujeitas às políticas do governo.[35]

Outra crítica às ONGs considera que o seu crescimento representa uma estratégia do grande capital, adotada pela Banco Mundial e outras instituições: fomentar a política neoliberal de libertar as forças do mercado das amarras do controle do Estado nos países subdesenvolvidos, justo quando eles começaram a passar por processos de redemocratização. Enquanto os Estados autoritários serviam aos interesses do desenvolvimento do grande capital, o Banco Mundial não se preocupou em questionar suas formas de ação, marcadas pelo autoritarismo e pela ineficiência. Já a partir da redemocratização, quando a sociedade civil começou a pressionar o Estado para que suas ações privilegiassem o desenvolvimento social, o receituário neoliberal passou a ser visto como necessário pelos detentores do poder econômico internacional. Assim, o Estado, que já tinha sido privatizado por dentro, deveria sê-lo agora por fora, ficando reduzido à sua existência mais simples, de modo a não colocar entraves ao desenvolvimento das chamadas forças do mercado.[36]

O caráter internacionalista de muitas ONGs as torna alvos, também, de um outro tipo de crítica, formulada por setores nacionalistas da sociedade, em especial os militares. O tenente-coronel Nilton Cerqueira, ex-secretário de Segurança do estado do Rio de Janeiro, publicou no *Jornal do Brasil* de 2 de agosto de 1996 um artigo intitulado "ONGs, quem as financia?", do qual o seguinte trecho foi destacado por Tatiana Pereira (2003:47):

---

[34] Fernandez, 2000.
[35] Onorati, 1992.
[36] Souza, 1992.

Militantes de ONGs consideram, inclusive, que estas, em realidade, ocupam o vazio deixado pela crise das ideologias. Essas organizações conspiram contra a própria existência das nações, por meio da aglutinação de movimentos de massas, abolindo os conceitos de soberania, independência e autodeterminação dos povos.

Essa opinião, longe de ser um caso isolado, reflete o pensamento de importantes setores da sociedade. Uma das preocupações refere-se às ONGs ambientalistas internacionais, ou nacionais com suporte financeiro externo, que lutam pela preservação de florestas e outros recursos naturais, especialmente na Amazônia. Os críticos dessas instituições consideram que esse tipo de atuação configura uma intromissão estrangeira em assuntos internos do país e levantam suspeitas sobre a seriedade do trabalho desenvolvido. Alguns afirmam que as ONGs ambientalistas são, em grande parte, entidades de fachada que buscam, na verdade, a internacionalização das riquezas naturais do país.

Metodologia

A pesquisa buscou suporte na teoria das representações sociais. Uma representação pode ser definida como um conjunto de fenômenos perceptivos, imagens, opiniões, crenças e atitudes. O entrelaçamento dos vínculos entre esses elementos possibilita a atribuição de significados aos processos sociais e psicológicos. As representações funcionam como um sistema de interpretação da realidade que regula as relações dos indivíduos com seu meio ambiente físico e social, orientando os comportamentos e as práticas desses indivíduos. Embora não determinem inteiramente as decisões tomadas pelos indivíduos, elas limitam e orientam o universo de possibilidades colocadas à sua disposição.[37]

Levantamos as representações de ONGs elaboradas por dois grupos distintos: os formadores de opinião da sociedade carioca e dirigentes de ONGs. Especial ênfase foi dada à identificação do núcleo central da representação social estudada, o qual consiste nas idéias e sentimentos incorporados de forma mais consistente e estável à representação. Na coleta de dados foi utilizada a técnica de evocação de palavras. A tal evocação seguiu-se a apresentação de afirmações, com as quais os respondentes deveriam concordar ou não. Tais questões versaram sobre temas que se destacaram na revisão da literatura a respeito do papel das ONGs na sociedade.

---

[37] Cramer, Brito e Capelle, 2001.

Também foi realizada uma pesquisa com um grupo de ONGs filiadas à Abong e sediadas no município do Rio de Janeiro, a qual incluiu entrevistas com seus dirigentes e análise de documentos. Optou-se por trabalhar somente com entidades filiadas à Abong pelo fato de essa associação possuir uma definição clara do que vem a ser uma ONG.

Resultados da pesquisa

Irregularidades, fraudes e manipulação política: o lado sombrio das ONGs

Se a relação das ONGs com o Estado revela-se controversa, estando sujeita a inúmeras críticas, ainda mais polêmico é o relacionamento de alguns políticos com as ONGs por eles mantidas ou apoiadas. Ainda que se trate de pseudo-ONGs, por não se adequarem aos conceitos prevalentes de organizações não-governamentais, os centros sociais que são mantidos por diversos políticos gozam, legalmente, do mesmo *status* das demais entidades classificadas como ONGs.

Levantamento feito com base nas declarações de bens dos deputados estaduais do Rio de Janeiro revelou que, entre os parlamentares que detêm atualmente mandato na Assembléia Legislativa, pelo menos 30 mantêm centros sociais que prestam serviços ou distribuem bens em comunidades carentes onde eles possuem base eleitoral.[38]

Também na Câmara Municipal do Rio de Janeiro há um expressivo número de vereadores que mantêm centros sociais. Entre os 42 que detinham mandato em 2003, quando foi realizada a pesquisa de campo, pelo menos 13 deles adotavam essa prática. O número provavelmente fosse até maior, uma vez que não foi possível para o pesquisador ser recebido em todos os gabinetes da Câmara.

Parte das verbas necessárias ao custeio dos centros sociais mantidos por políticos provém de dotações orçamentárias inseridas no orçamento municipal por emendas apresentadas pelos próprios vereadores. No final de 2004, na votação do orçamento para o ano seguinte, fez-se um acordo com a prefeitura para que cada vereador pudesse apresentar emendas até o teto de R$ 5,6 milhões, segundo explicou Rosa Fernandes (PFL), presidente da Comissão de Finanças. Parte significativa das cerca de 800 emendas apresentadas destinava-se aos centros sociais dos próprios vereadores.[39]

---

[38] *O Globo*, 21 jun. 2004. p. 9.
[39] Magalhães, 2004.

A importância dos centros sociais para a manutenção do prestígio político de alguns vereadores é tão significativa que tem sido utilizada como instrumento de pressão em algumas disputas. Foi noticiada pela imprensa,[40] por exemplo, uma divergência ocorrida entre a vereadora Patrícia Amorim (PFL) e autoridades da prefeitura do município do Rio de Janeiro. Por ter feito críticas à política de apoio aos esportes mantida pela prefeitura, a vereadora, segundo afirma a reportagem, viu frustrados seus planos de ocupar a presidência da Comissão de Esportes da Câmara de Vereadores que iria acompanhar as obras preparatórias para o Pan-Americano de 2007. O que mais chama a atenção na notícia em questão, no entanto, é a ameaça feita pelo vereador Jorge Pereira (PTdoB) que, em plenário, lembrou à colega que ela "depende da boa vontade da prefeitura", uma vez que o município apóia com recursos financeiros projetos de iniciação esportiva em comunidades carentes onde Patrícia Amorim tem base eleitoral.

Quando um político não consegue manter o mandato, as verbas públicas costumam cessar, como aconteceu com o Centro Social Maria José Machado, da ex-deputada Magali Machado, que acabou tendo que ser fechado. Essa situação corrobora a idéia de que os critérios utilizados na distribuição dos recursos públicos se baseiam em interesses políticos. Se o centro social em questão desenvolvesse atividades de real interesse para a população e se fosse esse o motivo principal para receber verbas do governo, não haveria por que os repasses cessarem juntamente com o mandato da deputada.[41]

Outra forma de utilização de entidades sociais para a obtenção de vantagens políticas é a celebração de contratos entre órgãos da administração pública e ONGs para a prestação de serviços, o que, na realidade, constitui-se em terceirização ilegal de mão-de-obra para o governo. Em pelo menos duas das organizações pesquisadas constatou-se o uso intensivo dessa prática, com a contratação de pessoal para prestar serviços a secretarias municipais. Nesse caso, as pessoas contratadas são indicadas por políticos e dirigentes públicos e passam a trabalhar nos órgãos contratantes como se fossem funcionários deles. As ONGs muitas vezes não participam da seleção, nem supervisionam os trabalhos prestados. Apenas recebem o valor correspondente aos salários e encargos sociais, acrescido de uma taxa de administração, e registram os trabalhadores.

Essa prática apresenta duas irregularidades graves. Primeiro, fere o dispositivo constitucional que determina a realização de concurso para o provi-

---

[40] *O Globo*, 14 jan. 2005. p. 16.
[41] Amora, 2003b.

mento dos cargos públicos, exceto os de confiança. Apesar de não serem legalmente reconhecidos como servidores públicos, os trabalhadores contratados por meio das ONGs atuam como se o fossem. Outra legislação descumprida é a que trata da terceirização de pessoal. Por lei, somente podem ser terceirizadas as atividades-meio, e não as atividades-fim, como tem ocorrido. Além disso, devem ser terceirizados os serviços a serem prestados, e não os trabalhadores em si. A subordinação direta dos trabalhadores da entidade terceirizadora a gestores da entidade contratante, como se verifica nos contratos da prefeitura do Rio de Janeiro com algumas ONGs, descaracteriza a terceirização, configurando contratação indireta e indevida de pessoal.

Tais distorções, que pudemos observar no levantamento de campo feito para este estudo, também chamaram a atenção de uma Comissão Parlamentar de Inquérito (CPI) instituída pela Assembléia Legislativa do Rio de Janeiro. Além disso, o Ministério Público do Trabalho no Rio moveu um inquérito para investigar a ocorrência desse tipo de problema no Departamento de Trânsito (Detran). De acordo com o procurador Cássio Casagrande, responsável pelo inquérito, 80% dos 5 mil trabalhadores do Detran foram contratados sem concurso público, por meio de ONGs e universidades. A investigação sobre esse mesmo caso movida pela referida CPI descobriu uma lista de funcionários contratados para o atendimento telefônico do órgão, na qual ao lado do nome de cada trabalhador constava o do político que o apadrinhara.[42]

Agravando a ilegalidade dos contratos firmados pelo Detran, constataram-se casos de funcionários que trabalhavam sem direito a férias e de mulheres que não tinham direito à licença-maternidade. Esse tipo de irregularidade é conseqüência do não-cumprimento da legislação trabalhista em várias ONGs, incluindo algumas das que foram pesquisadas neste estudo. A pretexto de que a verba recebida dos patrocinadores não contempla o custeio dos encargos sociais previstos em lei, muitos funcionários não têm sua carteira de trabalho assinada, prestando serviços como autônomos. Tal situação foge, porém, aos parâmetros legais desse tipo de atividade, os quais proíbem a subordinação do trabalhador, tendo este liberdade para definir seus horários e a forma de trabalho. Outra forma encontrada de burlar a lei trabalhista é a exigência de que os contratados sejam filiados a cooperativas de trabalho. Trata-se, na realidade, de pseudocooperativas, uma vez que a adesão dos membros não é voluntária e eles não participam efetivamente da sua gestão.

Muitos contratos firmados pelo estado com ONGs também pecam por outro tipo de irregularidade: a contratação de serviços sem licitação. Apesar

---

[42] Amora, 2003a.

de serem entidades sem fins lucrativos, as organizações não-governamentais não estão dispensadas, por lei, da participação em licitação. No entanto, a CPI constituída pela Assembléia Legislativa do Rio de Janeiro, anteriormente citada, verificou que um pequeno grupo, constituído por apenas sete instituições, recebeu entre janeiro de 1999 e julho de 2002 um total de R$ 528,5 milhões, por meio de contratos de prestação de serviços firmados sem licitação com o governo do estado. As análises iniciais, feitas pelos membros da CPI, pelo Ministério Público e pelo Tribunal de Contas do estado, indicaram que, além do descumprimento da lei das licitações, há indícios de superfaturamento e de pagamentos efetuados por serviços que não foram realmente prestados. Suspeita-se, também, que alguns contratos foram feitos com o objetivo de pagar salários extras a funcionários públicos, os quais seriam contratados pelas entidades conveniadas em paralelo às funções exercidas nos órgãos públicos. Verificou-se, ainda, que duas diferentes ONGs, ligadas ao mesmo grupo de pessoas, receberam pela prestação de um único serviço.[43]

Por meio desses contratos firmados pelo Estado com as ONGs, as contratações de funcionários podem ser manipuladas não apenas por políticos e dirigentes públicos, como também por grupos de marginais. Recentemente noticiou-se que está sendo investigado um convênio celebrado entre a prefeitura do Rio de Janeiro e uma ONG chamada Unimar, contratada para alocar funcionários em postos municipais de assistência social localizados no complexo da Maré, uma das mais famosas e conturbadas favelas cariocas. Há fortes indícios de que os traficantes locais estejam comandando os processos de seleção de pessoal, de modo a favorecer seus comparsas e protegidos.[44]

A terceirização indevida de atividades governamentais ocorre não apenas na contratação de funcionários públicos. Existem também contratos de terceirização de toda a gestão de creches e escolas públicas, que assim passam a ser geridas por ONGs. O deputado estadual Alessandro Molon (PT), membro da CPI anteriormente mencionada, descobriu que pelo menos quatro instituições ligadas à Secretaria Estadual de Educação vêm sendo gerenciadas por ONGs, que ficam também incumbidas de contratar os professores e funcionários administrativos. Ao estado cabe, além do repasse de verbas, fornecer a merenda escolar e providenciar a manutenção das instalações. Todos os contratos foram feitos sem licitação e somente publicados no *Diário Oficial* do estado meses após entrarem em vigência. Uma das creches mudou de nome após a assinatura do convênio, passando a se chamar Gandur Assed, em ho-

---

[43] Amora, 2003b.
[44] Magalhães, 2005.

ONGs NO BRASIL

109

menagem ao pai da governadora Rosinha Garotinho, caracterizando outra forma de benefício político.[45]

Mesmo quando são feitas licitações, podem-se verificar evidências de fraudes. Há instituições que firmaram contrato com órgãos públicos apesar de se revelarem despreparadas, de acordo com os critérios normalmente utilizados em licitações públicas. A Fundação de Apoio à Escola Técnica (Faetec), por exemplo, contratou uma cooperativa (Cooplogic) mediante um contrato que foi superfaturado em cerca de R$ 1 milhão, segundo estimado em ação popular movida pela deputada Heloneida Studart (PT) e que corre na 5ª Vara da Fazenda Pública. Também causa espécie, no contrato em questão, o fato de que a cooperativa que prestava o mesmo serviço anteriormente cobrava taxas de administração entre 22% e 44%, enquanto a nova contratada cobra 54%. Além disso, a Cooplogic possuía apenas 20 membros quando foi contratada para prestar o serviço antes a cargo de uma cooperativa com 2 mil associados.[46]

Uma das notícias que chamaram a atenção envolvendo ONGs fundadas por personalidades públicas foi a criação, pelo ex-prefeito de São Paulo Celso Pitta, do Instituto para o Desenvolvimento Social e Cultural Pró-Negro. Presidida pelo polêmico ex-prefeito, envolvido em diversas denúncias de corrupção, essa organização foi criada em agosto de 2004, mas até o início de fevereiro de 2005 não tinha, segundo informado por seu próprio fundador, beneficiado nenhuma pessoa da população que deveria ser atendida e não contava nem mesmo com sede própria, sendo as reuniões dos membros realizadas num imóvel residencial de sua propriedade.[47] Que será que leva uma pessoa com tantos problemas com a justiça, agravados por uma notória crise familiar que chegou também aos tribunais, a se interessar pela criação de uma ONG? Se um grupo vem-se reunindo há mais de seis meses e até agora nada de concreto apresentou, que será que ele vem fazendo? Embora não se possam extrair conclusões consolidadas por fatos, parece evidente que há interesses não explicitados por trás dessa iniciativa. Certamente esse não é um caso isolado, devendo haver outras organizações em situação similar.

Não apenas os políticos, porém, utilizam entidades sociais para promover sua imagem e obter vantagens pessoais. Há, também, personalidades que se valem de seu prestígio para obter verbas públicas e manter projetos e centros sociais. O famoso corredor Zequinha Barbosa, por exemplo, mantém uma fundação com o seu nome e que foi alvo de investigação de uma CPI da Câma-

---

[45] Schmidt, 2003.
[46] Berta, 2003.
[47] Gaspar, 2005.

ra Federal por ter arrecadado R$ 300 mil em um ano, apesar de atender a apenas 25 crianças. O curioso, nesse caso, é que a referida investigação teve início por causa de outro problema: a suspeita de envolvimento do corredor com uma rede de prostituição infantil. Enquanto Zequinha gozou de boa reputação na sociedade, ninguém se preocupou em auditar a fundação por ele mantida, apesar de tamanha desproporção entre verbas recebidas e população atendida. Somente quando teve seu nome envolvido num escândalo em outra área é que foram levantadas suspeitas de corrupção e desvio de verbas na fundação.[48]

As ONGs fundadas por artistas, atletas e outras personalidades costumam receber apoio financeiro de empresas e órgãos públicos com uma facilidade que certamente não é encontrada por outras entidades. Exemplo disso é a Doe Seu Lixo, criada pela atriz Isabel Fillardis e voltada para a profissionalização de catadores de lixo. Antes mesmo de ser fundada, a organização já tinha garantido os apoios da L'Oréal e da BR Distribuidora para sustentar os seus projetos. Diversas outras pessoas famosas do meio artístico e esportivo têm fundado ONGs, sempre com acesso facilitado a fontes de recursos públicos e privados. A despeito de não se verificarem, a princípio, irregularidades na organização mantida por Isabel Fillardis e na maioria das ONGs de outras personalidades, o favorecimento no acesso a recursos públicos revela mais uma distorção na relação entre ONGs e o Estado. Ainda que não recebam vantagens pessoais ilegais, pelo menos a consolidação de uma boa imagem pública e a manutenção do nome em destaque na mídia trazem benefícios para aqueles que fundam ONGs.

A ampla gama de irregularidades e distorções aqui apresentadas reforça a necessidade de estabelecer uma legislação mais efetiva no controle das ONGs, principalmente de seu relacionamento com o Estado. Também se faz necessária maior fiscalização dos atos praticados em muitas organizações que têm fraudado a legislação trabalhista, superfaturado contratos e cometido outros ilícitos. Todavia, é raro haver uma fiscalização regular das ONGs, conforme levantado na pesquisa de campo realizada. Ao que parece, órgãos como o Ministério Público e os tribunais de contas só se mobilizam diante de denúncias de fraudes, não desenvolvendo ações preventivas para evitar a malversação dos recursos públicos e outros tipos de ilícitos.

Como se percebe também pelos casos aqui apresentados, paralelamente às inúmeras missões de interesse social abraçadas pelas ONGs há muitos interesses pessoais envolvidos, com jogos de poder e disputas políticas.

---

[48] Paraguassú, 2003.

ONGs NO BRASIL

Fica, portanto, evidenciado que os dispositivos legais para a regulação das ONGs são insuficientes e inadequados. O relacionamento com o Estado revela-se polêmico e capaz de ensejar distorções. A ocorrência de corrupção, desvios de recursos e outros graves problemas reforçam a necessidade de se dar atenção ao que foi exposto nas seções anteriores. Cumpre estabelecer uma legislação mais adequada ao controle dessas organizações, considerando a pertinência de muitas das críticas a respeito da forma de relacionamento das ONGs com o Estado.

A representação social das ONGs elaborada por formadores de opinião

Ao todo foram consultados 127 formadores de opinião (políticos, líderes religiosos, autoridades públicas, professores, jornalistas e líderes sindicais), utilizando-se o teste de evocação de palavras no levantamento da representação social das ONGs por eles elaborada. Cada sujeito foi convidado a dizer as quatro primeiras palavras que lhe vinham à mente a partir da expressão "organização não-governamental". Esta foi, portanto, a palavra indutora do método. Em seguida, solicitou-se a cada sujeito que estabelecesse uma hierarquia, uma ordem de importância em relação ao conceito de ONG, atribuindo o número *1* à expressão mais importante entre as que tinha citado, o número *2* à segunda, e assim sucessivamente. Esse procedimento permitiu a adoção do duplo critério de prototipicalidade — isto é, a definição de expressões relevantes que podem ser consideradas protótipos do núcleo central por sua freqüência e ordem de evocação — recomendado para a detecção dos elementos do núcleo da representação social.[49]

O tratamento dos dados segundo a técnica de associação ou evocação livre obedeceu aos seguintes passos: categorização das palavras; cálculo da freqüência das categorias; cálculo da ordem média de evocação; e, por fim, levantamento das justificativas. Os resultados são apresentados a seguir.

A primeira operação referente ao tratamento dos dados levantados foi a categorização das palavras citadas pelos sujeitos. Assim, foram agrupadas em categorias as expressões similares, de modo a evitar que variantes de uma mesma evocação, com conteúdo semântico equivalente, fossem consideradas distintas, o que prejudicaria a aferição da importância da idéia expressa na constituição da representação.

---

[49] Möller, 1996.

Foram evocadas 295 diferentes palavras ou expressões. Destas, 29 não foram categorizadas por terem sido citadas apenas uma vez e não serem similares a outras. Essas palavras não foram, portanto, consideradas na tabulação, mesmo porque jamais seriam indicadas para constituir o núcleo principal, dada a freqüência insignificante com que apareceram. A desconsideração das expressões com freqüência unitária respalda-se, também, no argumento de que uma representação só é social quando compartilhada por um conjunto de sujeitos.[50] As demais 266 foram agrupadas em 45 categorias semânticas. Foram, portanto, submetidas à etapa seguinte do tratamento dos dados 90% das palavras evocadas.

O trabalho de categorização contou com a participação de três "juízes", que discutiram com os pesquisadores o agrupamento efetuado. Foram convidadas a desempenhar esse papel pessoas com bom conhecimento de métodos de pesquisa, uma delas com larga experiência em trabalhos envolvendo o levantamento do núcleo central.

Procedeu-se, a seguir, ao cálculo da freqüência de ocorrência de cada categoria, ou seja, o número de vezes que ela foi citada pelos sujeitos, e ao cálculo da ordem média de evocação (OME), que considera a ordem de importância que lhe foi atribuída pelo entrevistado. A freqüência dos termos classificados em primeiro lugar foi multiplicada por *1*; a dos classificados em segundo, por *2*; a dos classificados em terceiro, por *3*; e a dos classificados em quarto, por *4*. A OME corresponde à média aritmética desses produtos. O que a OME indica, portanto, é o grau de importância atribuído a cada expressão, que pode variar, no caso de serem pedidas quatro palavras, de 1,0 a 4,0. Se algum termo aparecesse em 100% das evocações como o mais importante, a sua OME seria igual a 1,0. Caso aparecesse sempre como o menos relevante, sua OME seria 4,0.

A partir do exame conjugado da freqüência e da ordem média de evocação de cada categoria, foram levantados os elementos supostamente pertencentes ao núcleo central da representação social. Para tanto, as categorias foram agrupadas nos seguintes quadrantes:

▼ superior esquerdo — as que tiveram freqüência maior e OME menor do que a média;

▼ superior direito — as que tiveram freqüência maior e OME maior do que a média;

---

[50] Möller, 1996.

ONGs NO BRASIL

▼ inferior direito — as que tiveram freqüência menor e OME maior do que a média;

▼ inferior direito — as que tiveram freqüência menor e OME menor do que a média;

O resultado desse agrupamento está apresentado no quadro a seguir.

Agrupamento em quadrantes das categorias submetidas à análise

		Ordem média de evocação	
		Inferior a 2,49	Superior ou igual a 2,49
FREQÜÊNCIA	Superior ou igual a 8,89	Ajuda (32) Sociedade (29) Ação social (27) Solidariedade (23) Organização (21) Ação prática (19) Defesa de interesses (17) Participação (17) Picaretagem (15) Alternativa (9)	Trabalho (15) Cidadania (13) Recursos (12) Voluntariado (11) Grupo (11) Meio ambiente (10) Política (9)
	Inferior a 8,89	Idealismo (8) Independência (8) Objetivo (6) Ausência do Estado (5) Responsabilidade (5) União (5) Carência (5) Entidade sem fins lucrativos (5) Clientelismo (4) Pessoas (2) Interesses particulares (2) Neoliberalismo (2) Decisão (2) Desorganização (2)	Amizade (6) Estrangeiro (6) Desenvolvimento (5) Empresa privada (5) Competência (4) Educação (4) Bem comum (3) Fiscalização (3) Novidade (3) Compromisso (2) Esperança (2) Oportunidade (2) Público não-estatal (2) Vida (2)

Nota: O número entre parênteses indica a freqüência com que o termo foi evocado pelo conjunto dos sujeitos.

São consideradas componentes do núcleo central da representação as categorias localizadas no quadrante superior esquerdo. A importância dessas expressões para os sujeitos entrevistados reflete-se no elevado número de vezes que foram evocadas, resultando numa freqüência maior do que a média, e na alta classificação atribuída, donde a OME menor do que a média.[51]

---

[51] Sá, 2002.

As categorias situadas no quadrante inferior direito são consideradas componentes do chamado sistema periférico, no qual estão os aspectos menos rígidos da representação social estudada. São idéias que, embora estejam associadas pelos sujeitos ao conceito de ONG, não são consideradas essenciais para o entendimento desse conceito, podendo mais facilmente modificar-se.[52]

Os elementos dos quadrantes restantes, superior direito e inferior esquerdo, possibilitam uma interpretação menos direta, uma vez que tratam de cognições que, apesar de não estarem compondo o núcleo central, mantêm com ele uma relação de proximidade.[53]

O núcleo central da representação social das ONGs segundo os formadores de opinião consultados inclui termos como "ajuda" e "ação social", que podem ser relacionados a iniciativas de caráter filantrópico, sobretudo o primeiro. A ação filantrópica é rejeitada pela maioria dos dirigentes de ONGs e dos defensores da expansão desse tipo de instituição, sob a alegação de que as verdadeiras ONGs são aquelas que auxiliam a sociedade a buscar alternativas de desenvolvimento e de superação de suas mazelas sociais. A Associação Brasileira de Organizações Não-Governamentais (Abong), por exemplo, não aceita a filiação de entidades que desenvolvam trabalhos de natureza filantrópica e tem lutado pela definição de um marco legal que estabeleça claramente a separação entre as ONGs e as entidades filantrópicas. A despeito dessa resistência por parte de dirigentes e estudiosos, a percepção de caráter filantrópico é bastante significativa, sendo o termo "ajuda" o que foi citado com maior freqüência entre todos os apresentados, e lembrado por mais de um quarto dos sujeitos. O termo "ação social" também ficou entre os mais citados.

Os termos "sociedade" e "organização" são de interpretação menos clara, podendo representar apenas a reafirmação de características intrínsecas às ONGs (serem organizadas e pertencerem à sociedade). Sendo essas as características fundamentais de uma ONG, é natural que componham o núcleo central da representação, mas pouco contribuem para um melhor entendimento do fenômeno investigado.

"Solidariedade", termo citado com muita freqüência, possui uma conotação bastante positiva, sendo considerado geralmente um sentimento nobre e não sofrendo as críticas que costumam ser dirigidas a outros termos, como "filantropia", que lembram medidas assistencialistas. Sua presença no

---

[52] Madeira, 2001; Sá, 2002.
[53] Tura, 1997.

núcleo central é mais um sinal da visão positiva que os formadores de opinião consultados têm do papel desempenhado pelas ONGs.

A expressão "ação prática" pode ser interpretada como decorrente da percepção de que as ONGs são ágeis, como deram a entender muitos respondentes ao serem convidados a opinar sobre as quatro alternativas citadas e a justificar seu posicionamento. Vários afirmaram perceber nas ONGs um potencial muito grande para oferecer soluções para os problemas sociais, uma vez que essas entidades têm maior flexibilidade gerencial e agilidade do que o governo.

As expressões "defesa de interesses" e "participação" podem ser interpretadas a partir de uma mesma percepção das ONGs como promotoras da democratização das relações sociais, sendo essa uma qualidade apontada por muitos dos dirigentes e dos defensores da expansão dessas organizações. Várias afirmações foram feitas para justificar as opiniões a respeito do papel das ONGs, como, por exemplo, o fato de serem promotoras de *lobbies* democráticos, ou seja, de articulação e defesa dos direitos de setores da sociedade com pouco acesso às formas tradicionais de representação política.

"Alternativa" é um dos termos do núcleo central com significado mais amplo. Levando-se em consideração, porém, as justificativas dos respondentes, pode-se deduzir que sua inclusão entre as palavras evocadas se deve à percepção de que a sociedade tem nas ONGs uma alternativa de solução para seus problemas, fora do aparato estatal. Para alguns, porém, trata-se de uma usurpação, por entidades privadas, de atribuições que deveriam caber ao Estado, e de uma privatização de recursos públicos. Mas a maioria dos participantes julgou essa substituição saudável, entendendo que o Estado não tem condições, sozinho, de atender às necessidades sociais e que as ONGs podem executar vários trabalhos com maior eficiência e eficácia.

O termo "picaretagem" remete a vários outros de conotação similar, como "corrupção" e "enganação". Embora minoritário, o número dos que desconfiam da seriedade dos trabalhos das ONGs é significativo, alcançando quase 10% da amostra. Na quase totalidade dos casos, as quatro palavras evocadas tinham significado semelhante. Por exemplo, uma autoridade do Poder Executivo proferiu: "máquina teresa de calcular", "arapuca", "má gestão" e "bomba de sucção de recursos públicos". Em suas justificativas, a maioria dessas pessoas fez críticas contundentes à expansão das ONGs.

Percebe-se, portanto, que a maioria dos formadores de opinião do município do Rio de Janeiro têm uma representação social das ONGs muito positiva, sendo esse, possivelmente, um dos motivos do notável aumento do número dessas instituições não apenas na cidade estudada, mas também em todo o país. A despeito das denúncias de desvios de recursos e outras irregularidades volta e meia publicadas na imprensa e que já levaram à constituição de comissões parlamentares de inquérito, a sociedade — ou ao menos seus formadores de opinião — parece estar apostando na legitimidade das ONGs como promotoras do desenvolvimento social.

Informações sobre as ONGs pesquisadas

A pesquisa de campo envolveu ONGs filiadas à Abong com sede no município do Rio de Janeiro. Trabalhou-se com uma amostra de 26 das 55 organizações que constituem o universo pesquisado. A seguir são destacadas algumas de suas características.

Época da fundação

As ONGs em questão foram fundadas entre o final da década de 1950 e meados da década de 1990. Observa-se, no entanto, que a maioria delas (63%) surgiu no período de 1985 a 1994, o qual coincide com o processo de redemocratização do país. Tais organizações atuavam principalmente no apoio aos movimentos sociais, buscando estabelecer controle sobre os recursos públicos e as políticas sociais.

Motivos da fundação

Várias são as origens das organizações pesquisadas. Os entrevistados apontaram os seguintes motivos para a criação das ONGs por eles dirigidas: institucionalização de movimentos sociais (25%); formalização de trabalhos sociais (17%); iniciativas individuais (17%); entusiasmo pela causa defendida (17%); desdobramento de outras ONGs (8%); iniciativas da Igreja Católica (8%); e disponibilidade de financiamento (8%). Essas diferentes origens contribuíram para a significativa diversidade de propósitos, métodos de ação, modelos de gestão e trabalhos desenvolvidos pelas ONGs. Chama a atenção, especialmente, a existência de instituições expressamente criadas para o aproveitamento de verbas disponíveis. Isso reforça a idéia, defendida por alguns analistas, de que certas organizações atuam de forma distorcida, priorizando não o que é mais importante para a sociedade, e sim as atividades que lhes podem render mais financiamentos.[54] Há mesmo quem diga, com ironia: "para onde se movimenta o dinheiro público, nesta direção nascem as ONGs".[55]

---

[54] Gonçalves, 1996; Pressburger, 1996.
[55] Villalobos e Zaldivar, 2001:25.

Título de entidade filantrópica

As organizações sem fins lucrativos (associações ou fundações) podem requerer o título de entidade filantrópica, o qual lhes confere uma série de imunidades fiscais, em especial a isenção do pagamento da cota patronal do INSS. Os requisitos para a obtenção de tal título são: estar em funcionamento há mais de três anos; aplicar todos os recursos no território nacional; não remunerar seus dirigentes; prestar serviços gratuitos correspondentes a, no mínimo, 25% de sua arrecadação; e ser auditada anualmente por organização especializada, caso possua receitas superiores a R$ 600 mil anuais. Todas essas exigências poderiam, em princípio, ser cumpridas sem maiores dificuldades pelas organizações pesquisadas. Mesmo a proibição de remunerar os diretores é facilmente contornável: como fazem diversas ONGs, são considerados dirigentes os membros dos conselhos de gestão, constituídos por voluntários, ficando os diretores executivos como empregados. No entanto, apenas 46% possuíam o título em questão. Uma das possíveis causas para a pouca utilização dessa prerrogativa legal é o desinteresse ou dificuldade de manter registros contábeis e controles administrativos adequados às auditorias. Outro fato que pode contribuir para desestimular a adesão à lei da filantropia é o pequeno número de funcionários com registro em carteira. Muitas organizações adotam formas alternativas de remunerar seus funcionários, como, por exemplo, a contratação por meio de cooperativas de trabalho ou de pessoas jurídicas. Como é sobre os encargos sociais que incidem as principais isenções, torna-se menos interessante a obtenção da filantropia.

Contratação de auditorias externas

Independentemente da exigência legal, aplicável apenas às entidades filantrópicas com receita anual superior a R$ 600 mil, a contratação regular de serviços de auditoria pode ser considerada benéfica para qualquer organização que receba verbas de terceiros e deseje manter uma gestão transparente. Observou-se, no entanto, que 42% das organizações pesquisadas não adotam esse procedimento. A principal justificativa para isso é que, como os patrocinadores mantêm um sistema próprio de acompanhamento das verbas repassadas, não é necessário contratar auditorias externas. Porém, o fato é que o tipo de acompanhamento efetuado pelos patrocinadores não se compara às auditorias realizadas por institutos independentes. Primeiro, porque não há o mesmo rigor de análise e detalhamento dos documentos contábeis. Segundo, porque nos contratos há, muitas vezes, uma "taxa de administração", equivalente a um percentual do total repassado para cobrir as despesas gerais da organização. Essa taxa não é aplicada pelos patrocinadores, podendo, em tese, ser utilizada para quaisquer fins.

Freqüência da fiscalização

Chama a atenção o fato de 58% das organizações pesquisadas não terem jamais recebido a visita de fiscais. Apenas 23% são fiscalizadas regularmente, tendo as demais recebido apenas uma ou duas visitas ao longo de toda sua existência. O pouco interesse que as ONGs despertam nos órgãos fiscalizadores pode ser fruto da boa imagem que elas têm na sociedade, conforme destacado anteriormente na seção sobre a representação social elaborada pelos formadores de opinião. Essa negligência dos órgãos fiscalizadores, somada à falta de auditorias, pode dar ensejo a desvios e práticas irregulares.

Seleção de funcionários

Embora o foco da pesquisa não fosse o modelo de gestão adotado, investigou-se a forma de seleção dos funcionários, a qual revela o grau de profissionalização das organizações, podendo mostrar, também, se nelas prevalece uma lógica patrimonialista, uma gestão próxima à de empresas familiares, ou a impessoalidade que deve reger as organizações de interesse público. Apenas 35% das organizações pesquisadas mantêm um sistema de seleção de funcionários, com técnicas específicas de recrutamento. Fora estas, a maioria contrata seus funcionários à base de indicações pessoais (47%) ou dos parceiros (12%), enquanto as demais (6%) não têm feito seleções. A falta de procedimentos claros para a seleção de pessoal pode dar ensejo ao nepotismo, à contratação de parentes até pelos que, pela legislação que rege as entidades filantrópicas, não poderiam usufruir vantagens pessoais. Chama a atenção, ainda, o fato de 12% das organizações pesquisadas terem funcionários indicados pelos parceiros. Sendo os órgãos públicos os parceiros em questão, configura-se uma grave distorção: um dirigente do poder público celebra convênios com ONGs para prestação de determinados serviços e reserva para si o direito de indicar quem deve ser contratado. O clientelismo político serve, provavelmente, de principal critério de indicação nessas condições.

As características aqui destacadas reforçam duas constatações já comentadas: a existência de uma grande diversidade de ONGs e a adoção de práticas que facilitam a ocorrência de desvios como os apontados na seção anterior.

Considerações finais

Conforme já destacado, a pesquisa procurou identificar as possíveis causas do notável crescimento das ONGs no Brasil. A despeito das respostas aqui encontradas, cabe ressalvar que elas são múltiplas e não conclusivas, dada a complexidade do tema abordado e a diversidade verificada entre as ONGs.

O fenômeno representado pelas ONGs e a crescente importância do papel por elas assumido requerem uma abordagem diversificada, incluindo a análise das contribuições teóricas existentes, dos aspectos legais envolvidos, dos condicionantes econômicos, históricos e culturais, e das relações estabelecidas com os demais setores da sociedade, em especial o setor público. Na pesquisa aqui apresentada, optou-se por uma análise conceitual, histórica e legal, com especial destaque para os aspectos relacionados à representação que a sociedade elaborou desse fenômeno e para as características assumidas pelo grupo de ONGs que compôs a amostra.

Os resultados da pesquisa de campo confirmaram o que já tinha sido revelado pela revisão da literatura: não há clareza a respeito do que vem a ser exatamente uma ONG, podendo diferentes tipos de organizações serem assim denominadas, dependendo do conceito adotado.

Diversos estudiosos defendem que as ONGs não são instituições de caridade, e que na essência desse tipo de organização está o compromisso com a mudança e o desenvolvimento social sustentado, e não com o assistencialismo de caráter paternalista e paliativo que costuma caracterizá-las. A Abong compartilha dessa percepção, estabelecendo claramente nos seus principais documentos essa distinção. O que se verificou na pesquisa de campo, todavia, é que não está clara, na prática, essa separação. Não apenas diversos entrevistados consideram ONGs certas organizações assistencialistas, como também vários dos projetos mantidos pelas organizações pesquisadas têm caráter assistencial, embora sejam todas elas filiadas à Abong e compartilhem dos conceitos preconizados por aquela associação.

A dificuldade conceitual começa pela própria natureza da expressão "ONG", que pode ser criticada por sugerir que o governo é o centro da sociedade, e a população, sua periferia. Segundo alguns estudiosos, o termo "não-governamental" seria, assim, politicamente inaceitável para associações que emanam da população ou tomam seu partido. O fato de tal conceito enfatizar o que essas organizações não são (governamentais), em vez de destacar o que elas realmente vêm a ser, é outro claro indício da imprecisão do termo e mostra quão complexa é a tarefa de melhor defini-lo.

Se não se sabe ao certo o que são as ONGs, tampouco se pode precisar por que elas surgiram. Diferentes teorias têm sido propostas para explicar seu advento. Desde o desejo dos países europeus de ajudar suas antigas colônias sem interferir nos seus governos até os chamados "mitos fundadores", passando pelos impactos da derrocada dos regimes comunistas do Leste europeu ou, ainda, pelo fortalecimento da sociedade civil, muitos são os fatores apontados como possíveis indutores desse fenômeno. Porém, dada a complexidade do tema, é impossível dizer qual é, de fato, o principal fator determinante da expansão dessas organizações.

Apesar de se tratar de um fenômeno mundial, o caso brasileiro ganha especial relevância, seja pelo aumento observado no número de ONGs existentes, seja pela dimensão assumida pelos trabalhos por elas promovidos, pelo volume de recursos mobilizados e pelo número de pessoas empregadas, entre outros indicadores. Nas últimas décadas, tais organizações conquistaram um lugar de grande destaque em nossa sociedade.

Seria a retração do Estado, nos últimos anos, uma das causas principais do crescimento das ONGs brasileiras? Embora não haja dados que permitam estabelecer uma correlação inequívoca entre esses dois fenômenos, há fortes indícios de que a resposta a essa pergunta seja positiva. Essa percepção, comum a praticamente todos os críticos das ONGs estudados na revisão bibliográfica, foi também compartilhada pelos sujeitos participantes da pesquisa, tanto no grupo dos formadores de opinião quanto no de dirigentes e parceiros de ONGs. A expressiva maioria dos entrevistados percebeu tal correlação, uma vez que apenas 12% do primeiro grupo e 24% do segundo discordaram de uma das assertivas apresentadas para debate no roteiro das entrevistas realizadas: "as ONGs estão se expandindo no Brasil porque o Estado tem diminuído sua atuação". Outro dado que reforça essa percepção é o fato de que boa parte das organizações pesquisadas mantém convênios com órgãos públicos, dos quais retiram parcela significativa de seus recursos financeiros.

A constatação de que as ONGs podem estar ocupando espaços antes reservados ao Estado conduz a outra questão: seria esse fato legítimo e desejável? Observou-se, nessa questão, uma polarização das opiniões dos autores estudados e dos sujeitos entrevistados. Muitos criticam fortemente essa transferência de responsabilidades do Estado para as ONGs. Por outro lado, vários formadores de opinião entrevistados revelaram uma percepção bastante positiva desse fenômeno, entendendo que o trabalho desenvolvido por essas organizações é mais eficiente e eficaz do que o promovido por órgãos públicos.

De fato, é difícil imaginar que o governo brasileiro possa ampliar sua atuação direta no enfrentamento dos graves problemas sociais existentes. Com uma carga tributária extremamente elevada, utilizada para sustentar o atual aparato estatal, é praticamente impensável querer ampliar a estrutura disponível no setor público, o que teria de ser feito, naturalmente, à custa de novos aumentos de impostos. A complexidade das demandas sociais e a necessidade de atendimento diferenciado às diversas populações — fatores que devem ser considerados pelas políticas públicas de desenvolvimento social — também contam a favor do trabalho desenvolvido pelas ONGs, muitas das quais são fortemente enraizadas nas comunidades atendidas.

A retração do Estado não é, todavia, o único fator que tem contribuído significativamente para o crescimento das ONGs no Brasil. Empresas privadas têm investido em projetos em parceria com organizações não-governamentais para assim construir uma reputação de socialmente responsáveis, ou para usufruir benefícios fiscais. Além disso, algumas organizações internacionais de fomento ao desenvolvimento social dos países menos desenvolvidos contribuíram em muito para o surgimento e a expansão de várias ONGs, utilizadas para gerenciar os recursos direcionados para o Brasil. Outros fatores devem ser igualmente considerados, como a mobilização da sociedade civil após o fim do regime militar, ou mesmo a dificuldade de obter emprego, no caso dos que se tornaram empreendedores sociais.

Também ficou evidenciada a influência da abertura política na expansão das ONGs: por exemplo, nada menos que 79% das organizações pesquisadas foram fundados a partir da década de 1980. Segundo alguns estudiosos, o regime autoritário instaurado no país com o golpe de 1964 contribuiu para o fortalecimento das formas alternativas de organização social que estiveram por trás do surgimento das ONGs. Tal afirmação é procedente, uma vez que houve, de fato, um enfraquecimento dos partidos políticos, sindicatos e outras formas tradicionais de representação da sociedade. O crescimento das ONGs, no entanto, teria sido inviável no contexto político que caracterizou o período militar. Não apenas as atividades desenvolvidas poderiam ser consideradas potencialmente subversivas, como também o modelo de Estado então vigente não dava espaço para dividir as responsabilidades de formulação e execução de políticas públicas com entidades não-governamentais.

A independência em relação ao governo é uma das poucas características das ONGs reconhecidas pelos mais diversos estudiosos. Também entre os entrevistados, a grande maioria (73%) considera importante que essa característica seja preservada. Porém, como vários deles ressalvaram, tal independência não impede o estabelecimento de parcerias e o repasse de recursos públicos. Mas o fato é que muitas das organizações pesquisadas, por dependerem fortemente do repasse de verbas públicas, podem se tornar dependentes do governo. Até mesmo alguns dos dirigentes de ONGs entrevistados entendem que uma organização que recebe um aporte considerável de verbas públicas fica de algum modo subordinada ao jogo político dos governantes e perde sua capacidade de criticá-los.

Além da dotação de verbas orçamentárias, há formas indiretas de repasse de recursos públicos. Algumas ONGs foram fundadas e são mantidas por políticos, e estes se valem de seu prestígio e influência para obter recursos não só do governo, mas também de entidades privadas. Há casos de vereadores e deputados que põem alguns de seus assessores para trabalhar nas organizações assistenciais por eles mantidas, de modo que parte de sua folha de pagamento é custeada com recursos públicos.

Temos também indícios consistentes de que há graves distorções nos convênios estabelecidos entre certas ONGs e o governo. Diversos convênios foram celebrados com o objetivo principal de contratar pessoal não concursado para trabalhar em órgãos públicos, facilitando o apadrinhamento político e o nepotismo. Já foram instauradas até mesmo comissões parlamentares de inquérito (CPIs) para apurar esse tipo de irregularidade.

Outro fato constatado durante a pesquisa é a necessidade de maior fiscalização das ONGs. Essa opinião foi compartilhada pela maioria dos entrevistados, cabendo registrar aí um dado interessante: o percentual dos que concordaram que "deveria haver maior fiscalização das ONGs" foi maior no grupo de dirigentes e parceiros das organizações pesquisadas (76%) do que entre os formadores de opinião da sociedade (65%). Uma das razões para isso pode ser o sentido de autopreservação dos primeiros. Nota-se, entre as pessoas diretamente envolvidas com essas organizações, a preocupação de combater a corrupção e os desvios denunciados com freqüência pela imprensa e que têm sido investigados pelas CPIs. Há naturalmente um interesse em punir as organizações envolvidas nesses casos, para poder preservar aquelas que desenvolvem seus trabalhos de forma idônea. O que se verificou na pesquisa de campo, todavia, é que esses problemas existem inclusive em organizações que se consideram éticas e afirmam primar pela legalidade de suas ações, ou mesmo em entidades filiadas à Abong, que tanto combate as irregularidades praticadas pelas "pseudo-ONGs". As duas principais irregularidades observadas foram a celebração de convênios para terceirização de pessoal para órgãos públicos, nos moldes anteriormente comentados, e a contratação de trabalhadores sem carteira assinada, logo, sem acesso aos direitos trabalhistas previstos na legislação, embora não se possa considerá-los voluntários porque são remunerados.

Já o grupo dos formadores de opinião entrevistados mostra-se menos preocupado com uma fiscalização mais rigorosa das ONGs, talvez porque não saiba quão raramente essa fiscalização é feita. Conforme se apurou, muitas das organizações estudadas jamais receberam a visita de fiscais. Também pode contribuir para tal atitude a representação social altamente positiva das ONGs construída pelos entrevistados.

A quase inexistente fiscalização das ONGs e o reduzido número de organizações que contratam auditorias regulares podem propiciar a ocorrência de desvios. Essa situação deveria preocupar não só os próprios dirigentes, interessados, como vimos, em preservar a boa imagem de suas organizações, mas também os patrocinadores e repassadores de verbas, além da sociedade em geral, que direta ou indiretamente contribui para a manutenção das ONGs.

Outra questão abordada nas entrevistas foi a possibilidade de os fundadores de ONGs obterem vantagens pessoais. Apenas 46% dos formadores de opinião e 61% dos dirigentes e parceiros de ONGs admitem tal possibilidade, mas a pesquisa demonstrou que ela efetivamente existe. Várias são as modalidades de favorecimento pessoal observadas, desde a contratação de parentes até a manutenção de bases eleitorais, passando pela consolidação de uma imagem pública positiva e podendo chegar até mesmo à "lavagem" de dinheiro". Certamente não são apenas o altruísmo e o desejo de contribuir para o desenvolvimento social que levam políticos como o ex-presidente Fernando Henrique Cardoso, a ex-governadora Benedita da Silva ou o ex-prefeito Celso Pitta a fundar uma ONG.

Ficou também evidente na pesquisa a existência de uma representação social das ONGs extremamente favorável entre os formadores de opinião da sociedade carioca. Das 125 pessoas que participaram do teste de evocação de palavras, apenas 15 recorreram a expressões de conotação negativa, as quais foram reunidas na categoria "picaretagem". Todas as demais 44 categorias apresentaram um sentido positivo ou, no mínimo, neutro.

A falta de um marco legal estabelecido foi outra característica levantada na pesquisa. A legislação brasileira encontra-se defasada em relação às ONGs, uma vez que elas nem mesmo existem como tal perante a lei. As classificações oferecidas — entidades sem fins lucrativos, podendo constituir-se em associações ou fundações — são amplas demais para contemplar as peculiaridades das ONGs, que acabam sendo tratadas da mesma forma que outros tipos bem distintos de organização.

Este estudo, longe de ser conclusivo sobre um fenômeno tão complexo como as ONGs e seu crescimento no Brasil, destacou os desafios a serem enfrentados tanto pelos estudiosos da administração quanto pelos legisladores e pela sociedade em geral, na busca de uma melhor compreensão da natureza dessas organizações e dos papéis que elas podem desempenhar na sociedade. Mostrou, também, algumas graves distorções que têm sido constatadas e os principais fatores que contribuem para isso. Ainda que não representem uma ameaça ao sistema democrático e à manutenção da legitimidade do poder público, como querem seus críticos mais radicais, certamente essas organizações precisam ser vistas com cautela e estão longe da visão romântica idealizada por muitas pessoas. Ficou para trás a época das ONGs caracterizadas por iniciativas predominantemente voluntárias, com orçamentos reduzidos, gestão baseada em grupos comunitários e compromissos primordiais com a democratização do país e a justiça social. Embora alguns desses valores sejam preservados por organizações efetivamente compromissadas com a sociedade e geridas de forma transparente e idônea, os recursos movimentados pelo setor são vultosos, a profissionalização da gestão é crescente e as deturpações podem ser facilmente constatadas.

A academia e a sociedade continuam diante do desafio, cada dia mais relevante, de entender melhor esse fenômeno para poder consolidar seus aspectos positivos e combater suas distorções.

Referências bibliográficas

AMORA, Dimmi. Procurador aponta improbidade no Detran. *O Globo*. Rio de Janeiro, 19 set. 2003a. Caderno 1, p. 17.

_____. Assistencialismo pago com dinheiro do governo. *O Globo*. Rio de Janeiro, 22 set. 2003b. Caderno 1, p. 11.

BERTA, Ruben. Ação popular contra Faetec. *O Globo*, Rio de Janeiro, 27 ago. 2003. Caderno 1, p. 11.

CRAMER, Luciana; BRITO, Mozar José de; CAPPELLE, Mônica Carvalho Alves. As representações sociais das relações de gênero na educação superior: a inserção do feminino no universo masculino. In: ENANPAD, 25. *Anais...* Campinas: Anpad, 2001.

DEMO, Pedro. *Cidadania tutelada e cidadania assistida*. Campinas: Autores Associados, 1995.

FERNANDES, Rubem César. *Privado porém público:* o terceiro setor na América Latina. Rio de Janeiro: Relume-Dumará, 1994.

FERNANDEZ, Simone Peleteiro. *O significado de projetos de capacitação profissional desenvolvidos por ONGs em parceria com o Estado:* entre a afirmação e a negação da cidadania. Dissertação (Mestrado em Serviço Social) – PUC, Rio de Janeiro, 2000.

GARRISON, John W. *Do confronto à colaboração:* relações entre a sociedade civil, o governo e o Banco Mundial no Brasil. Brasília: Banco Mundial, 2000.

GASPAR, Malu. Tem barraco no Leblon. *Veja*, v. 38, n. 6, 9 fev. 2005. p. 44.

LANDIM, Leilah. *Ação da cidadania contra a miséria e pela vida:* ONGs, filantropia e o enfrentamento da crise brasileira. Rio de Janeiro: Iser, 1993.

MADEIRA, Margot. Representações sociais e educação: importância teórico-metodológica de uma relação. In: MOREIRA, Antônio Paredes (Org.). *Representações sociais:* teoria e prática. João Pessoa: UFPB, 2001.

MAGALHÃES, Luiz Ernesto. Puxando a brasa para a própria sardinha. *O Globo*, Rio de Janeiro, 30 nov. 2004. Caderno 1., p. 14.

_____. Traficantes da Maré estão indicando pessoas para seis postos. *O Globo*, Rio de Janeiro, 11 fev. 2005. Caderno 1., p. 17.

MENESCAL, Andréa Koury. História e gênese das ONGs. In: GONÇALVES, Hebe Signorini (Org.). *ONGs:* solução ou problema? São Paulo: Estação Liberdade, 1996.

MEREGE, Luiz Carlos. Empresa social. *Revista de Administração Pública*, v. 31, n. 5, set./out. 1997.

MÖLLER, Renato César. A representação social do fenômeno participativo em organizações públicas do Rio de Janeiro. *Política e Administração*, Rio de Janeiro, Fundação Escola do Serviço Público, v. 3, n. 1, p. 43-51, dez. 1996.

MONTAÑO, C. Das "lógicas do estado" às "lógicas da sociedade civil. Estado e terceiro setor em questão. *Revista Serviço Social e Sociedade*, São Paulo, n. 59, 1999.

_____. *Terceiro setor e questão social*: crítica ao padrão emergente de intervenção social. São Paulo: Cortez, 2002.

MONTENEGRO, Thereza. *O que é ONG?* São Paulo: Brasiliense, 1994 (Coleção Primeiros Passos).

NEDER, Ricardo Toledo. *ONGs na (re)construção da sociedade civil no Brasil:* dinâmicas, sujeitos e vinculações entre público e privado nos anos 90. São Paulo: FGV, 1996. (Série Relatos de Pesquisa. Relatório n. 10).

NERFIN, Marc. O estado das relações ONGs/governos/Nações Unidas. In: IBASE/PNUD. *Desenvolvimento, cooperação internacional e as ONGs*. Rio de Janeiro: Ibase, 1992.

ONORATI, Antônio. ONGs e a cooperação internacional: o mar de histórias ou o império do blá-blá-blá. In: IBASE/PNUD. *Desenvolvimento, cooperação internacional e as ONGs*. Rio de Janeiro: Ibase, 1992.

PARAGUASSÚ, Lisandra. Zequinha nega relação com menores. *O Globo*, Rio de Janeiro, 7 nov. 2003. Caderno 1, p. 33.

PEREIRA, Tatiana Dahmer. *O não-governamental em questão:* um estudo sobre o universo Abong. Rio de Janeiro: Fase, 2003.

PRESSBURGER, Thomas Miguel. ONGs e cidadania. In: GONÇALVES, Hebe Signorini (Org.). *ONGs:* solução ou problema? São Paulo: Estação Liberdade, 1996.

RODRIGUES, Andréa Leite. *Modelos de gestão e inovação social em organizações sem fins lucrativos*: um estudo comparativo de casos no Brasil e no Quebec. Tese (Doutorado) — Eaesp/FGV, São Paulo, 2004.

SÁ, Celso Pereira. *Núcleo central das representações sociais.* 2 ed. Petrópolis: Vozes, 2002.

SANTOS, Joaquim Ferreira dos. O arquiteto das areias de Copacabana. *O Globo*, Rio de Janeiro, 19 out. 2003. Segundo Caderno, p. 3.

SCHERER, W. I. *Redes de movimentos sociais.* São Paulo: Loyola, 1993.

SCHIMIDT, Selma. Deputado enviará representação contra terceirização de escolas. *O Globo*, Rio de Janeiro, 27 ago. 2003. Caderno 1, p. 11.

SOUZA, Herbert de. As ONGs na década de 90. In: IBASE/PNUD. *Desenvolvimento, cooperação internacional e as ONGs*. Rio de Janeiro: Ibase, 1992.

TACHIZAWA, Takeshy. *Organizações não-governamentais e terceiro setor:* criação de ONGs e estratégias de atuação. São Paulo: Atlas, 2002.

TURA, Luiz Fernando. *Os jovens e a prevenção da Aids no Rio de Janeiro.* Tese (Doutorado) – UFRJ, Rio de Janeiro, 1997.

VILLALOBOS, Jorge Guerra; ZALDIVAR, Victor Bretón. *ONGs:* um passo à frente e dois para trás. Maringá: Universidade Estadual de Maringá, 2001.

VOIGT, Léo. Nova geração de profissionais. In: *O compartilhar de uma transformação.* São Paulo: Programa Gife, 1999.

VUARIN, Pierre. Condições para uma eficácia coletiva: o lugar das ONGs. In: IBASE/PNUD. *Desenvolvimento, cooperação internacional e as ONGs*. Rio de Janeiro: Ibase, 1992.

WOLFE, Alan. Três caminhos para o desenvolvimento: mercado, estado e sociedade civil. In: IBASE/PNUD. *Desenvolvimento, cooperação internacional e as ONGs*. Rio de Janeiro: Ibase, 1992.

A dinâmica da institucionalização de práticas sociais: um estudo da responsabilidade social no campo das organizações bancárias

Elvira Cruvinel Ferreira Ventura

Introdução

Chamam a atenção, nos últimos anos, as campanhas publicitárias dos bancos, enfatizando uma nova forma de atuação: são bancos que sonham, que fazem mais do que o possível (ABN Amro Real), que esclarecem o cliente sobre a melhor utilização do crédito (Itaú), que ensinam a não pagar tarifas e nem parecem bancos (Unibanco), e assim por diante. Nota-se também uma transformação no enfoque dado à publicação dos resultados dos bancos. Por exemplo, em março de 2005, ao divulgar as demonstrações contábeis referentes ao ano de 2004, o Santander dá o seguinte título, no alto da página, à publicação: "Santander Banespa — crescimento e responsabilidade social. É isso que mantém a nossa chama acesa".[1] Coloca-se, pois, em destaque o vínculo do banco com responsabilidade social. Inúmeros outros exemplos poderiam ser citados, evidenciando um "deslocamento" das organizações bancárias, o que nos leva a indagar a razão disso.

Em que pese ao quadro estrutural e conjuntural específico do campo das organizações bancárias, observa-se um movimento análogo nas organizações brasileiras em geral. A responsabilidade social empresarial (RSE) começa a difundir-se no Brasil a partir da última década.[2] Consultores, empresários e lideranças governamentais passaram a debater o assunto em fóruns especialmente criados para esse fim, enquanto os acadêmicos também se debruçavam sobre o tema, todos procurando contribuir à sua ma-

---

[1] *O Globo*, 10 mar. 2005. p. 8-9.
[2] Ashley, 2005.

neira para a solidificação e conseqüente institucionalização dessa prática social no Brasil.

Este trabalho tem por objetivo analisar a dinâmica da institucionalização da RSE, entendendo-se tal fenômeno como parte de um processo de deslocamento do capitalismo — institucionalizado por meio de ações justificadas em termos do bem comum e legitimado por provas e arranjos estruturais. Trata-se, pois, de investigar a construção da RSE, ou seja, como ela está sendo justificada e operacionalizada num determinado campo organizacional brasileiro, tendo em vista seus interesses específicos.

Quando uma prática social é institucionalizada num determinado contexto, ela se torna parte da vida da comunidade em questão, ganhando identidade própria e passando ao *status* de regra no pensamento e na ação social.[3] Portanto, a institucionalização está ligada à idéia de permanência.[4] Hoje, raros são os casos de organizações empresariais que ainda desconsideram totalmente suas responsabilidades sociais.[5] Além disso, o fenômeno vem ganhando maior evidência, à medida que passa a ser associado a uma conduta positiva das empresas em relação à sociedade. Isto posto, estaria a RSE já institucionalizada na sociedade brasileira?

Entendemos por institucionalização o processo que transforma crenças e ações em regras de conduta social, concepções amplamente compartilhadas por mecanismos de aceitação e reprodução. Como tal, ela apresenta uma gradação, o que significa dizer que algo pode estar, ao longo de um *continuum*, mais ou menos institucionalizado.[6] Trata-se de compreender aqui a dinâmica da institucionalização de uma prática social num determinado campo organizacional no Brasil. Procuramos, por um lado, entender por que a RSE se institucionaliza; por outro, mostrar a maneira pela qual um conjunto de organizações operacionaliza esse processo como parte de um movimento de deslocamento do capitalismo visando à sua reprodução.

Muitas são as definições de RSE.[7] Na literatura pertinente não se chegou a um consenso sobre seu significado e limites,[8] uma vez que o conceito é

---

[3] Meyer e Rowan, 1983.

[4] Selznick, 1996.

[5] Ashley, 2005; Ipea, 2001.

[6] Tolbert e Zucker, 1999.

[7] Para Carroll (1979), por exemplo, é o compromisso voluntário e permanente da empresa com o progresso econômico, o desenvolvimento social e a proteção e preservação do meio ambiente. Inclui quatro componentes: econômico (geração de lucro); legal (cumprimento da lei); ético (comportamento sintonizado com as normas morais vigentes na sociedade); e filantrópico (contribuição para o bem-estar social).

[8] Ashley, 2005; Cappellin et al., 2002; Kreitlon, 2004.

A DINÂMICA DA INSTITUCIONALIZAÇÃO DE PRÁTICAS SOCIAIS   **129**

amplo, defrontando com áreas da ética e da moral.[9] Apesar disso, o movimento pela RSE vem crescendo no Brasil e no mundo, e já faz parte também da agenda empresarial.[10]

Vemos o fenômeno da RSE como parte de um processo de deslocamento do capitalismo, uma realidade socialmente construída com objetivos precisos, mas não pelos atores sociais individualmente. Trata-se, pois, de uma resposta empresarial à necessidade de realimentar o "espírito do capitalismo", isto é, a ideologia que mobiliza as pessoas para se inserirem e se manterem nesse sistema, além das dimensões materiais. Portanto, o que está em jogo na institucionalização da RSE é a busca de legitimidade pelas organizações e os campos organizacionais, de um lado, e pelo próprio sistema capitalista, de outro. Assim, não cabe aqui adotar esta ou aquela definição do fenômeno, uma vez que nosso intuito é exatamente "ver" o fenômeno na sua realidade, ou seja, investigar aquilo que os atores estão construindo como sua RSE e buscar o que é essencial nessa construção: a "coisa mesmo".[11] Logo, o objetivo não é tecer uma análise de valor do fenômeno, mas compreendê-lo como parte de um mecanismo que viabiliza o sistema.

Elegemos como objeto de estudo as organizações bancárias por serem um campo com forte inserção no movimento pela RSE. Além disso, trata-se de um campo que necessita, talvez mais do que outros, de legitimidade social, uma vez que, por um lado, tem historicamente a fama de vilão da sociedade;[12] por outro, precisa de credibilidade para manter seu bom funcionamento.

Ao examinarmos a evolução e institucionalização da RSE no nível do campo organizacional, passando de uma ação marginal e isolada a uma ação estruturada, deparamo-nos também com uma questão mais ampla, que é a transformação dessa prática social em comportamento empresarial esperado pela sociedade, ou seja, uma prática que se torna um novo valor social, capaz de contribuir para a legitimidade das organizações perante a sociedade. Pois, se assim não fosse, por que as organizações elegeriam determinada prática? Assim é que intentamos ampliar o enfoque da dinâmica da institucionalização de uma prática social buscando ver, para além da prática em si, os mecanismos que a promovem. Portanto, não se trata apenas de compreender como se

---

[9] Para Thiry-Cherques (2003), a RSE limita-se ao direito, à obrigação de responder perante a lei, uma vez que as empresas não são agentes morais – o que é uma qualidade dos seres humanos. Nas empresas, somente as pessoas – dirigentes e empregados – têm responsabilidade moral. As empresas estão sendo chamadas à responsabilidade porque se vêem na contingência de reavaliar os efeitos de suas atividades e corrigir sua conduta.

[10] Cappellin e Giuliani, 2002.

[11] Zajdsznajder, 1992.

[12] Aguiar, 1960.

processa essa institucionalização, mas também de compreendê-la como parte da construção social da realidade.

A teoria institucional, por si só, não é capaz de explicar esse fenômeno mais amplo, que é anterior ou mesmo concomitante à institucionalização da prática, esse movimento que faz com que a sociedade adote um novo valor, passando a esperar e cobrar das organizações certas medidas que, muitas vezes, vão de encontro aos seus interesses objetivos e imediatos no sistema capitalista.

Encontramos na obra *O novo espírito do capitalismo*, de Luc Boltanski e Ève Chiapello (1999), um caminho para resolver esse impasse. Nela os autores fornecem um ferramental de análise das transformações do capitalismo, sem a pretensão de generalizá-las para todo os países, uma vez que o caso estudado é o da França. Procuram esclarecer as relações que se estabelecem entre o *capitalismo* e as suas *críticas*, focalizando em especial o surgimento de novas representações da sociedade, as formas de se colocar à prova as pessoas e as coisas, e, conseqüentemente, as novas formas de sucesso ou fracasso.

Trata-se, pois, de um modelo de análise social que pretendemos adaptar aos estudos organizacionais, buscando inicialmente interpretar o movimento pela RSE. Tal abordagem, que pode também ser utilizada na análise de outros fenômenos organizacionais, é condizente com os pressupostos da teoria institucional, pois ambas se fundamentam na obra de Max Weber e no interpretativismo fenomenológico. Entendemos que o modelo de Boltanski e Chiapello oferece-nos subsídios para uma compreensão mais ampla do fenômeno da institucionalização.

Para Peci (2005:197), as "práticas que se institucionalizam são práticas que 'funcionam', ou seja, práticas necessárias e úteis às relações de poder". Uma vez transformada em instituição, a prática social passa a fazer parte daquela realidade, submetendo-se ao controle social.[13] Esse processo de construção social da realidade é que transforma valores particulares, geralmente dos dominantes, em valores universais.[14] Assim, a análise da institucionalização da RSE deve passar pela rede de interesses envolvidos na questão.

Em Bourdieu (1996) encontramos um conceito de interesse que se coaduna com nosso quadro teórico. Seu trabalho guarda alguma identidade epistemológica com o dos autores citados anteriormente, tendo inclusive fornecido subsídios para a análise feita por Boltanski e Chiapello (1999).

Os interesses podem ser vistos de duas maneiras: primeiro, há os interesses que fizeram o jogo acontecer, por exemplo, os que motivaram os atores

---

[13] Berger e Luckmann, 2001.
[14] Bourdieu, 1996.

A DINÂMICA DA INSTITUCIONALIZAÇÃO DE PRÁTICAS SOCIAIS

a intentar a ação relacionada à prática social ou, simplesmente, os motivos que levaram os atores a categorizar as ações como socialmente responsáveis. Segundo, temos os interesses que se formam ao longo do jogo, como, por exemplo, a manutenção de arranjos estruturais criados no processo de institucionalização ou, ainda, os interesses de profissionais e empresas que se especializam no assunto. Cabe destacar, também, os possíveis conflitos de interesses entre atores e organizações, em casos específicos, bem como os conflitos originados por diferentes perspectivas dos ambientes técnico e institucional no campo.

Deve ficar claro que, tendo em vista os objetivos do estudo, a seguir apresentados, não coube discutir mais amplamente o papel das organizações bancárias na sociedade brasileira, questionando ou defendendo o sistema vigente: analisamos o que está dado, ou seja, como é a atuação dos bancos em relação ao fenômeno da RSE, e não como ela poderia ou deveria ser, sob diferentes aspectos ideológicos. Dessa forma, o escopo da análise é o sistema vigente, ou seja, os padrões evidenciados na sociedade.

Admitindo que um segmento da vida humana se institucionaliza quando passa a estar submetido ao controle social,[15] tomando por base o modelo de análise social proposto por Boltanski e Chiapello (1999), resgatando as bases conceituais da abordagem institucional e, por fim, utilizando a noção de interesse em Bourdieu (1996), pretendemos responder à seguinte questão: *qual é a dinâmica da institucionalização da responsabilidade social empresarial no campo das organizações bancárias no Brasil?*

Para atingir esse objetivo geral foi necessário atender aos seguintes *objetivos específicos*:

▼ descrever a constituição do movimento pela RSE no Brasil;

▼ descrever o campo das organizações bancárias, apontando as *justificações* para sua inserção naquele movimento;

▼ mapear a RSE no campo das organizações bancárias, buscando categorizar e analisar as *ações* efetivadas e o papel dos atores-chave na institucionalização da prática social nesse campo;

▼ identificar e analisar a sedimentação e a disseminação de *arranjos estruturais* relacionados à institucionalização da RSE no campo das organizações bancárias.

---

[15] Berger e Luckmann, 2001.

Assim, este estudo visa contribuir para uma melhor compreensão da dinâmica da institucionalização de uma prática social nas organizações produtivas, mais especificamente nas organizações bancárias brasileiras.

Os estudos e pesquisas baseados na teoria institucional têm privilegiado as organizações onde o ambiente institucional prevalece sobre o técnico — por exemplo, as organizações de caráter cultural e esportivo. Todavia, há que considerar que os mercados também são sistemas estruturados institucionalmente, sustentados por crenças relativas à propriedade privada e por normas que regulam historicamente a honestidade das trocas.[16] Assim, na tentativa de contemplar a dinâmica da convergência e também do conflito de interesses envolvendo aspectos técnicos e institucionais, elegemos como objeto de pesquisa as organizações bancárias, por serem um campo ao mesmo tempo altamente institucionalizado e técnico,[17] fortemente estruturado no Brasil e no mundo, mas também fluido, volátil e interconectado — características próprias da sociedade em rede,[18] que pode estar em todos os lugares simultaneamente. Aliás, a própria importância desse campo — capaz de influenciar outros campos organizacionais ou mesmo toda a economia e, portanto, a sociedade — torna a sua escolha especialmente adequada aos propósitos deste estudo, no qual se concebe a RSE como parte de um processo de deslocamento do capitalismo.

O campo das organizações bancárias está fortemente inserido no movimento pela RSE. Investigar como esse processo está ocorrendo nos bancos brasileiros, quais as suas causas e as ações que estão sendo empreendidas — o que está (ou não está) mudando — é uma forma de entender como tal conceito está sendo incorporado no Brasil, de forma geral, e no campo em questão, em particular. Uma vez que a RSE está na moda, sendo inclusive apontada indiscriminadamente como solução para vários tipos de problemas sociais, é importante compreender o que representa esse movimento e de que maneira as organizações o estão assimilando e solidificando.

Como advertem Tolbert e Zucker (1999), embora existam muitos estudos baseados na teoria institucional, tem-se dado pouca atenção à conceituação e especificação dos processos de institucionalização. Para essas autoras, a institucionalização é quase sempre tratada como um estado qualitativo — ou as estruturas são institucionalizadas ou não o são —, e não como um processo onde existem diversos graus de institucionalização. Assim, é nosso intuito preencher essa lacuna no campo teórico.

---

[16] Williamson, 1990.
[17] Scott e Meyer, 1991; Fonseca, 2003.
[18] Castells, 2000.

A utilização de um modelo de análise social para a análise organizacional poderá render frutos para outras áreas das ciências sociais, bem como para o estudo de outras questões organizacionais que não apenas a responsabilidade social. Quanto à validade externa e à aplicabilidade dos resultados da pesquisa, entendemos que, com a ajuda do referencial teórico, guardadas as especificidades de cada caso, eles também podem ser estendidos a outros fenômenos sociais ou mesmo a outros campos organizacionais.

O modelo teórico: justificações e o novo espírito do capitalismo

O modelo explicativo da transformação do capitalismo nos últimos 30 anos, elaborado por Boltanski e Chiapello (1999), baseia-se em três conceitos imbricados, considerados *macroatores*: o capitalismo, o espírito do capitalismo e a crítica. Diferentemente de Max Weber, esses autores não consideram em seu modelo um sujeito ou ator coletivo. Ao estabelecerem uma relação entre esses conceitos, eles fazem generalizações que nos serviram de base para entender a RSE como parte de um processo de deslocamento do capitalismo.

O primeiro ponto é que o capitalismo precisa de um espírito que possibilite engajar as pessoas na produção e no desenvolvimento dos negócios, uma vez que o uso da força física ou da violência para obrigar as pessoas a trabalharem para outrem, tal como nos períodos escravocratas da história, está fora do escopo e da ideologia do capitalismo. Isso significa que as pessoas precisam "querer" o trabalho, pois o capitalismo pressupõe essa liberdade de trabalhar e de empreender. Logo, necessita um envolvimento positivo dos trabalhadores, um motivo, uma razão para que todos queiram trabalhar. Essa razão encontra-se no *espírito do capitalismo*.

Mas, para que esse espírito possa realmente mobilizar as pessoas, ele deve incorporar uma *dimensão moral*. Tanto o espírito do capitalismo quanto a *crítica* do capitalismo se conectam a essa "peça-chave", a dimensão moral, para manter a ordem e os valores capitalistas em posição privilegiada em relação aos outros "mundos" e esferas de vida das pessoas — seja porque elas vivem outras dimensões fora da esfera produtiva, seja porque as pessoas, que são saciáveis em suas necessidades e desejos, precisam de justificativas para fazer parte desse processo insaciável que é o capitalismo. Eis, a nosso ver, um dos principais pontos do modelo de transformação: a adequação entre a saciabilidade humana e a insaciabilidade capitalista, que é a chave para a manutenção do capitalismo.

Assim, um terceiro ponto deriva do segundo. Para perpetuar-se, o capitalismo precisa, pois, simultaneamente estimular e refrear sua insaciabilidade, seu processo de acumulação ilimitada. É nessa dinâmica, nessa tensão permanente, que o espírito do capitalismo compatibiliza a tendência capitalista de auto-destruição com as exigências morais do bem comum.

Por outro lado, o espírito do capitalismo não pode se transformar numa ideologia, no sentido de que deve proporcionar aquilo que promete. Caso contrário, as pessoas o denunciariam, e ele perderia a credibilidade. Dispositivos tais como regras e convenções servem, pois, como justificativas e para reagir às críticas, restringindo o processo de acumulação.

Um ponto relevante para a análise é que o principal agente de criação e de transformação do *espírito do capitalismo* é a *crítica*. O papel central desta é a construção do *espírito* que acompanha o *capitalismo* sob diferentes formas, em diferentes épocas. A crítica procura compreender as razões dos fatos que causam indignação e interpela os dirigentes, obrigando-os a produzir interpretações e justificativas, categorizando o mundo e as relações. E os *momentos e lugares importantes categorizados por aqueles atores*, os pontos focais,[19] denominados *provas*, parcialmente sob o efeito da crítica, são objeto de um trabalho de *institucionalização* e, de acordo com os parâmetros estabelecidos, consideradas justas.

Essa convergência quanto aos pontos de tensão entre diferentes atores, por meio das *provas institucionalizadas*, leva ao apaziguamento dos conflitos, à medida que vão sendo estabelecidos dispositivos para tornar a prova mais ou menos justa.

A noção de *prova* rompe com uma concepção determinista do social e se funde com a onipotência das estruturas, na medida em que se incorpora à dinâmica social por meio das normas interiorizadas. Segundo Boltanski e Chiapello (1999), o conceito de prova se faz possível na incerteza, que a partir da perspectiva da ação, habita, em graus distintos, as situações da vida social. Assim, na medida em que as possibilidades dos objetos e as capacidades das pessoas são incertas por natureza, os seres entram em relações de enfrentamento e confrontação nas quais se revelam suas forças. Nesse sentido, a prova é sempre uma prova de força, ou seja, um acontecimento no transcurso do qual os seres, medindo-se, mostram do que são capazes e, num nível mais profundo, do que são feitos. Essa prova será julgada legítima quando a situação estiver submetida ao discurso de justificação acordado pelos atores.

---

[19] Schelling, apud Boltanski e Chiapello, 1999.

Dessa forma, *crítica* e *prova* se relacionam. A crítica conduz à prova na medida em que questiona a ordem e coloca sob suspeita o estado de grandeza dos seres presentes. A prova, sobretudo quando visa à legitimidade, se expõe à crítica, que descobre as injustiças suscitadas pela ação de forças ocultas.

Nesse processo, a crítica tem a função de identificar e categorizar as forças que podem ser engajadas na prova, fazendo pressão sobre as provas identificadas para torná-las mais justas, ou seja, "retesando" as provas. Assim, a crítica participa da formação do espírito do capitalismo, que, para ser digno de crédito, deve ter sua correspondência nas provas controladas. Nesse sentido é que entendemos o movimento pela responsabilidade social empresarial como fruto da crítica, num primeiro momento, e como um deslocamento do capitalismo, à medida que a prática social vai sendo categorizada e controlada.

A noção de espírito do capitalismo permite articular o *capitalismo* e sua *crítica* numa relação dinâmica, procurando dar conta das transformações ideológicas. Uma vez que o capitalismo não se justifica unicamente por seu objetivo de obter lucro, produzem-se *provas* para que ele se reproduza.

As *justificações* são respostas temporais para a necessidade de produzir mobilização, ou seja, são necessárias para regular moralmente a ânsia do homem por obter lucro. Boltanski e Chiapello (1999) apontam os gerentes, os "quadros" em geral, como os portadores e reprodutores, por excelência, do espírito do capitalismo.

Na perspectiva da teoria econômica, segundo esses autores, a incorporação do utilitarismo à economia permitiu considerar "natural" que tudo aquilo que é benéfico para o indivíduo o é também para a sociedade. Assim, o aumento da riqueza, seja quem for seu beneficiário, passou a ser considerado um *critério do bem comum*. Além disso, os trabalhos realizados pela ciência econômica sustentam que a organização capitalista é sempre mais eficaz que os demais tipos de organizações. Logo, a privatização e a mercantilização de todos os serviços são vistas socialmente como as melhores soluções para todas as sociedades. Mas, para os autores, o espírito do capitalismo incorpora outras dimensões não advindas da teoria econômica, pois essas explicações não têm o efeito mobilizador necessário ao capitalismo.

Segundo Boltanski e Chiapello, tanto para o assalariado quanto para o capitalista, a adesão ao processo capitalista requer justificações, ou seja, é necessário um espírito do capitalismo. Não basta a motivação material, mesmo para o trabalhador assalariado, pois o salário constitui uma razão para permanecer no emprego, mas não para dedicar-se a ele, como desejam as empresas. As justificações possibilitam que as pessoas se submetam ao estilo de vida favorável à ordem capitalista, mesmo que isso lhes seja de alguma forma penoso. O espírito é, pois, a ideologia que justifica o compromisso com o capitalismo, onde tudo acaba sendo justificado em termos do bem comum. Diante da crítica, o que se percebe atualmente é que, para sobreviver, o capitalismo precisa de um conjunto ideológico mais mobilizador. E, para manter seu poder de mobilização, o capitalismo deve incorporar recursos que não estão nele, pois que fogem à dimensão material e econômica, mas em *produções culturais* contemporâneas a ele, mesmo que desenvolvidas para outros fins. Assim, o espírito do capitalismo se transforma para atender à necessidade de justificação das pessoas comprometidas, num determinado momento, com o processo de acumulação capitalista. E quando os valores e representações encontram-se associados a formas de acumulação anteriores, as novas formas de acumulação têm que parecer sedutoras e apoiar-se na referência ao *bem comum*, autojustificando-se, mas têm também que defender-se dos que vêem os novos dispositivos como ameaças à sua identidade social.

Para Boltanski e Chiapello, como o capitalismo tem uma tendência perpétua a se transformar, o espírito de uma época se mostra totalmente incapaz de explicar os processos de outra. Isso significa que as provas, os dispositivos e as críticas vão sendo modificados e adaptados, criando assim um novo espírito, num processo de autotransformação. A cada espírito corresponderia, pois, um tipo de organização da sociedade em relação aos valores tidos como referência.

Institucionalização: a incorporação de práticas sociais nas organizações

A perspectiva institucional desenvolveu-se em três orientações distintas: a econômica, a política e a sociológica. O ramo sociológico é o que oferece, a nosso ver, as bases para a compreensão do processo de institucionalização tal como o estamos analisando. Tanto o *antigo* como o *novo* institucionalismo são reações aos modelos racionalistas de organização, valorizando a dimensão ambiental e cultural na estruturação e sobrevivência das organizações. A idéia básica é que a institucionalização, em si, limita a racionalidade da organização.

O trabalho de Meyer e Rowan (1983) representou um avanço na compreensão das implicações do uso da estrutura formal para finalidades simbólicas, e não unicamente para finalidades racionais, como até então se acreditava. Para eles, a adoção da estrutura formal pode ocorrer independentemente da existência de problemas específicos e imediatos de coordenação e controle na organização, apenas visando aumentar a legitimidade e as perspecti-

A DINÂMICA DA INSTITUCIONALIZAÇÃO DE PRÁTICAS SOCIAIS

vas de sobrevivência.[20] A avaliação social das organizações pode se dar pela observação de suas estruturas formais, e não de seu desempenho, sua eficiência produtiva, como também se acreditava. Por último, temos ainda o fato de que, na maioria das vezes, a relação entre as atividades rotineiras dos membros da organização e das estruturas formais é negligenciada, ou seja, nada funciona tão bem quanto era esperado. Assim, Meyer e Rowan desvinculam a estrutura formal da ação.

Segundo Silva e Fonseca (1996), muitas vezes as organizações consideram somente o ambiente técnico em sua estratégia de ação, negligenciando os ambientes institucionais, caracterizados pela elaboração e difusão de regras e procedimentos que dão às organizações legitimidade e suporte contextual. A natureza da atividade de cada organização determina o grau de importância de cada um dos ambientes, como facetas de uma mesma dimensão, na formulação das estratégias de ação.

Há que salientar que o conceito de campo organizacional é central para a análise institucional.[21] Está associado à idéia de que não apenas as relações de troca material, mas também as relações de troca simbólica envolvem a sobrevivência organizacional. O campo como unidade de análise apresenta a vantagem de incluir todos os atores relevantes. Mas a análise da configuração de um campo organizacional exige um olhar interdisciplinar, onde fatores históricos, antropológicos, sociológicos e econômicos exercem papel fundamental para explicitar a complexidade desse nível de análise.

Segundo Freitas e Ventura (2004), a análise da legitimidade evidencia que existe uma expectativa por parte da sociedade em relação às organizações, e que as empresas procuram satisfazê-la como forma de sobrevivência.

Outro conceito central para a teoria institucional é a questão do isomorfismo. DiMaggio e Powell (1983) asseveram que existem dois tipos de isomorfismo entre as organizações: o competitivo e o institucional. O primeiro explica a busca de um lugar no mercado, de recursos e de clientes, mas não é suficiente para explicar o moderno mundo das organizações. Logo, é o estudo do isomorfismo institucional que deve ser aprofundado, pois as "organizações competem não somente por recursos e clientes, mas por força política e legitimidade institucional, por conveniência social tanto quanto econômica".[22] Segundo esses autores, são três os mecanismos pelos quais ocorrem as mu-

---

[20] Tolbert e Zucker, 1999.
[21] DiMaggio, 1991; Vieira e Carvalho, 2003.
[22] DiMaggio e Powell, 1983.

138 NOVAS IDÉIAS EM ADMINISTRAÇÃO 2

danças visando à homogeneidade nas organizações, cada qual com seus próprios antecedentes: o isomorfismo coercitivo, o mimético e o normativo.

Os interesses segundo Bourdieu

Para Bourdieu (1996), os agentes sociais não agem de maneira disparatada, sem nexo — o que não quer dizer que ajam racionalmente, ou que suas ações sejam guiadas deliberadamente pela razão, por um motivo aparente. De acordo com a sociologia, existe uma razão para os agentes fazerem o que fazem — mesmo condutas aparentemente incoerentes têm um sentido, não são gratuitas. Mas o sentido do jogo só existe para aqueles que estão envolvidos nas estruturas do espaço social, sejam as mentais, o *habitus*, conforme conceito do autor, ou as objetivas, ou seja, a importância do jogo é algo já incorporado nos jogadores.

Adverte Bourdieu (1996) que, movidos por um desejo de desmistificação, os pesquisadores tendem a agir como se os agentes tivessem sempre um fim como objetivo, uma ação consciente calculista para alcançar uma finalidade, transformando o *trajeto em projeto*. Salienta que os valores universais são, de fato, valores particulares universalizados e, portanto, sujeitos à suspeição crítica, já que a cultura universal é a cultura dos dominantes. E as coisas que os dominantes valorizam preenchem a função simbólica de legitimação porque têm reconhecimento universal, o que lhes dá uma probabilidade de existência e perpetuação. Assim, nessa visão, institucionalizar significa universalizar valores particulares.

Em outras palavras, e de acordo com Peci (2005), as práticas sociais que são institucionalizadas são aquelas que "funcionam", no sentido de serem úteis aos que as elegeram ou, no dizer de Boltanski e Chiapello (1999), aos "grandes". Bourdieu (1996) assinala que caminhamos rumo a universos (campos) onde serão necessárias justificativas técnicas e racionais para dominar, e onde os próprios dominados poderão e deverão utilizar-se da razão para defender-se contra a dominação, já que os dominantes, cada vez mais, invocarão a razão e a ciência para exercer sua dominação. Nesse sentido, a *crítica* utiliza-se dos mesmos meios que o capitalismo para combater determinado objeto.[23] O fato é que o *capitalismo* tem melhores condições de deslocar-se desse objeto, deixando a *crítica* em bases frágeis, já que a nova justificação já está sendo desenvolvida com a recategorização do modelo — por meio da institucionalização de práticas sociais.

---

[23] Boltanski e Chiapello, 1999.

A dinâmica da institucionalização de práticas sociais

Pode-se dizer que a institucionalização de uma prática social faz parte de um processo de deslocamento do capitalismo, alimentando a permanente construção de seu "novo espírito". Em outras palavras, a nova instituição passa a integrar o espírito do capitalismo, alimentando o processo de construção social da realidade.

O esquema apresentado na figura 1 procura sintetizar nossas idéias a respeito da dinâmica da institucionalização de uma prática social. É preciso conhecer o campo organizacional selecionado para que se possa determinar quem são os atores que elaboram a nova categorização, quais os seus interesses e quais as provas produzidas, ou seja, quais os passos a serem dados para se poder justificar a RSE como um processo que visa ao bem comum, tal como definido por Boltanski e Chiapello (1999).

Na parte superior da figura 1 representamos a conjunção do capitalismo com sua crítica, configurando o espírito de uma época. Adaptando o modelo de Boltanski e Chiapello aos estudos organizacionais, podemos compreender como se dá o *deslocamento*, considerando as ações não de um ator específico, mas de macroatores, com vistas a perpetuar o capitalismo. A crítica funciona como motor de deslocamento do capitalismo, alertando-o de que algo vai mal e precisa mudar. Para "fugir" da crítica, o capitalismo passa a recategorizar o modelo, produzindo justificações em termos do bem comum, alimentando assim o espírito do capitalismo.

Na mesma figura, abaixo da caixa "institucionalização da prática social", buscamos representar "como" se dá esse processo num determinado campo organizacional: provas e dispositivos são (re)criados, de tal modo que, ao operar-se o deslocamento, a crítica é desmantelada. Cria-se um conjunto de regras e convenções, ou de dispositivos, para categorizar e classificar as empresas em relação à prática, valorizando aspectos que, em última instância, os próprios capitalistas definem. Os que criam as provas são aqueles que podem cumpri-las, multiplicando suas forças, transformando-as em grandezas.[24]

Nessa lógica, os "grandes" são os primeiros a compreender a transformação que está ocorrendo, de modo que estão sempre prontos a criticar as regras e o moralismo; como estão em busca de novas oportunidades, procuram dar provas à sociedade de que estão indo ao encontro das aspirações sociais. Tais provas são capazes de legitimar a escolha perante a sociedade, tornando a prática útil às relações de poder. É importante destacar que nem sem-

---

[24] Ventura, 2003.

pre os atores envolvidos têm consciência disso, uma vez que tais idéias estão incorporadas em seu cotidiano, em seu campo organizacional e social, ou seja, são inerentes ao jogo. E nesse jogo ficam evidentes os *interesses* envolvidos. O papel deles ao longo do processo, como pudemos constatar durante a pesquisa de campo, é essencial para a compreensão da dinâmica da institucionalização.

Figura 1
Dinâmica da institucionalização de uma prática social

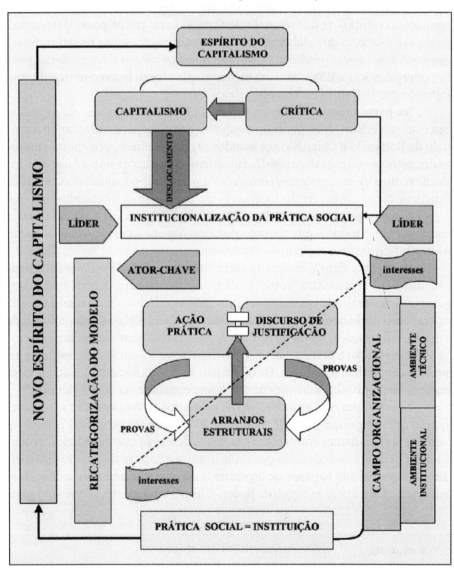

A DINÂMICA DA INSTITUCIONALIZAÇÃO DE PRÁTICAS SOCIAIS

Mimeticamente, os concorrentes passam a copiar a prática, enquanto os estudiosos tratam de divulgá-la, mostrando o que ela tem de diferente. Inicia-se, assim, uma série de estudos e tentativas de adaptação à realidade local. A crítica passa a ser apropriada como um diferencial para a empresa que adota o discurso e, principalmente, divulga esse tipo de comportamento. Institucionaliza-se então a prática como algo conducente ao bem comum e, portanto, aceito e legitimado, e que deverá tornar-se natural para as futuras gerações.

Assim, mesmo que isso conflite com fatores técnicos, a preocupação da empresa passa a ser cumprir as provas instituídas pelos "grandes". Isso vai mostrar se ela está enquadrada no novo modelo, mas não significa que tenha operado uma modificação no sistema de acumulação em resposta à crítica. Portanto, a conjunção do capitalismo com sua crítica configura o espírito de uma época; no caso da RSE, reflete-se num reposicionamento empresarial diante da sociedade, mas que também encobre o processo de acumulação.

A recategorização do modelo dá-se, pois, pela institucionalização de práticas sociais. Partindo da premissa de que as práticas que se institucionalizam — ou seja, que se tornam universais, aceitas e generalizáveis — são as práticas que funcionam, no sentido de serem úteis às relações de poder, podemos dizer que, uma vez institucionalizadas, elas cumprem a função simbólica de legitimação, o que lhes dá maior probabilidade de existência e de perpetuação.

Os deslocamentos do capitalismo e as conseqüentes transformações nos seus dispositivos contribuem, pois, para desmantelar a crítica, que se torna inoperante, surgindo assim uma nova possibilidade de acumulação e lucros. Portanto, a construção de um novo espírito do capitalismo é necessária à perpetuação do próprio capitalismo. E são exatamente os movimentos críticos que informam o capitalismo dos riscos que o ameaçam.

Metodologia

Na realização deste trabalho, além da pesquisa bibliográfica relativa ao campo estudado, valemo-nos da análise documental e de entrevistas. Numa primeira fase, solicitou-se às organizações o envio de informações sobre as ações e as estruturas relacionadas à RSE. Na segunda fase, foram realizadas cerca de 50 entrevistas, em 22 organizações bancárias, com presidentes, superintendentes e diretores, bem como gerentes, técnicos e analistas de diferentes áreas, incluindo RSE. Na terceira fase, fizemos contatos telefônicos e por *email* com algumas organizações que não nos haviam respondido e com outras que ainda não tínhamos contatado. Na quarta e última fase, consultamos algumas organizações para atualização dos dados até o primeiro trimestre de 2005.

Não era nossa intenção realizar diversos estudos de casos, mas entender o campo como um todo. Os dados obtidos visavam subsidiar uma análise transversal do fenômeno em questão nas organizações do campo. Os maiores bancos mereceram especial atenção, por supormos que eles conduzem o processo no campo. Estudos mostram que, quando organizações grandes e centralizadas são inovadoras e logo adotam uma estrutura, esta tem mais probabilidade de se tornar totalmente institucionalizada do que outras.[25] Contemplamos na seleção das organizações os 20 maiores bancos no Brasil, em 31 de dezembro de 2004. A fim de obter perfis e níveis de inserção no movimento pela RSE diversos daqueles apresentados pelos maiores grupos, foram incluídos na seleção outros 29 bancos/conglomerados, representando 72% do patrimônio líquido do sistema financeiro nacional. Incluiu-se, ainda, a Federação Brasileira de Bancos (Febraban), por ter sido considerada ator-chave no movimento. Outras organizações bancárias foram também selecionadas para a pesquisa, não com o objetivo de tratar da RSE, e sim como fonte de informações sobre o campo em geral, como, por exemplo, a Associação Brasileira de Bancos (ABBC), a Associação Nacional das Distribuidoras de Valores (Adeval) e o Banco Central do Brasil (Bacen). De fora do campo das organizações bancárias, mas pertencentes ao SFN, foram incluídas a Associação Brasileira de Entidades Fechadas de Previdência Complementar (Abrapp) e a Bolsa de Valores de São Paulo (Bovespa), por estarem relacionadas, por um lado, à atividade bancária e, por outro, ao movimento pela RSE no país. O Instituto Brasileiro de Análises Sociais e Econômicas (Ibase) e o Instituto Ethos de Empresas e Responsabilidade Social, na qualidade de líderes no movimento pela RSE no Brasil, como ficou comprovado neste estudo, também fizeram parte da pesquisa de campo.

Para compreender o modelo proposto, é necessário definir as categorias[26] envolvidas. A primeira categoria são as *instituições*, definidas por Berger e Luckmann (2001:79) como "uma tipificação de ações tornadas habituais por tipos específicos de atores". A segunda categoria é a *institucionalização*, que,

---

[25] Tolbert e Zucker, 1999.

[26] Segundo Vieira (2004), a definição constitutiva refere-se ao conceito dado por algum autor em relação à categoria ou termo que se vai utilizar; logo, deve derivar da fundamentação teórica utilizada. Já a definição operacional diz respeito ao modo como aquela categoria ou termo será identificado, verificado ou medido na realidade; logo, representa a operacionalização da definição constitutiva.

segundo Meyer e Rowan (1983:341), "envolve o processo pelo qual processos sociais, obrigações ou fatos passam ao *status* de regra no pensamento e na ação social".

A definição operacional dessas duas categorias dá-se conjuntamente, uma vez que toda instituição é resultado do processo de institucionalização. Dessa forma, a operacionalização das categorias confunde-se com o próprio objetivo deste trabalho, que é compreender a dinâmica da institucionalização. Trata-se, então, de verificar por que e como a RSE se transformou ou está se transformando numa instituição, no sentido atribuído pela teoria institucional. Para tanto faz-se necessário identificar os *fatores* e *eventos críticos* — outra categoria de análise —, para o campo, em relação à RSE. Trata-se de elementos decisivos para a institucionalização da prática social, na medida em que orientam o processo, congregando para tanto diferentes atores e interesses.

Outra categoria de análise são os chamados *líderes* e *atores-chave* no processo de institucionalização da prática social. Os líderes são atores que têm interesse material na estrutura criada — ou a ser criada — com a institucionalização da prática social, guiando o processo junto à sociedade de forma a alcançar seus objetivos. Eles foram identificados com base na pesquisa bibliográfica, principalmente. Os atores-chave são os líderes no campo organizacional em questão, identificados na pesquisa de campo.

A operacionalização da categoria institucionalização, buscando compreender sua dinâmica, deu-se principalmente por meio do estudo dos elementos identificados no modelo de análise, que podem também ser considerados categorias de análise:

▼ *provas* — dispositivos criados no processo de institucionalização e que visam categorizar a prática social, em termos de justiça social, como um critério válido, justo, inquestionável. Assim, as provas são também as instituições por meio das quais se operacionaliza a prática social-fim;

▼ *interesses* — para Bourdieu (1996:139), "interesse é 'estar em', participar, admitir, portanto, que o jogo merece ser jogado e que os alvos engendrados no e pelo fato de jogar merecem ser perseguidos; é reconhecer o jogo e reconhecer os alvos (...)". A operacionalização da categoria não é simples, uma vez que se trata de penetrar no campo, em seus valores, em sua lógica de atuação, buscando detectar os interesses além do interesse aparente, material;

▼ *ações práticas* — ações efetivas que se enquadram no processo de institucionalização da prática social analisada e que, ao mesmo tempo, atendem aos interesses do campo;

▼ *justificação/discurso de justificação* — sua definição constitutiva deve ser buscada na obra de Boltanski e Chiapello (1999). A categoria justificação está operacionalizada em dois níveis. No nível macro, siginifica dar satisfação à sociedade para os rumos do capitalismo. Aqui, portanto, a justificação se refere aos discursos sobre a inserção do campo no movimento pela RSE — o que os atores dizem buscar com essas ações. No nível micro, de acordo com o modelo de análise, a justificação é um discurso indissociável da ação prática, operacionalizado pela análise da construção e categorização de ações que se enquadrem no âmbito da institucionalização da prática social — buscaremos indicar qual discurso busca legitimar a ação prática como socialmente responsável. Como já foi dito, parte-se do pressuposto de que essa justificação se dá em termos do bem comum. Nesse processo de transformar "força" em "grandeza", o qual representa a própria institucionalização de uma prática social que atende a interesses, devemos testar a "exterioridade" da prática no campo selecionado, analisando os arranjos estruturais;

▼ *arranjos estruturais* — definidos como a forma de operacionalizar a prática social na organização, por meio de estruturas. Aqui atentaremos para: (a) a identificação de áreas específicas, como por exemplo grupos de trabalho, setores ou departamentos encarregados de lidar com o fenômeno da RSE; (b) a perenidade dos arranjos, se são temporários ou permanentes; (c) a forma e o grau de difusão da estrutura; (d) o valor/*status* atribuído à estrutura; (e) a necessidade de demonstrar os resultados positivos decorrentes das novas estruturas; por fim, (f) os possíveis conflitos entre defensores e adversários dos novos arranjos.

O objetivo da pesquisa não era identificar todas as ações denominadas socialmente responsáveis, nem avaliar a qualidade e profundidade das ações em si, mas compreender como elas são construídas e disseminadas dentro do movimento pela RSE. Mais importante do que examinar o que efetivamente está sendo realizado em nome da RSE no campo estudado era compreender a construção e disseminação do fenômeno.

A contribuição da teoria institucional para o entendimento da dinâmica de institucionalização se dá sob vários aspectos. O isomorfismo é uma das respostas para a disseminação do fenômeno da RSE. Do ponto de vista regulador, exigências legais forçam os atores a assumir determinadas ações e condutas. Do ponto de vista normativo, valores e normas sociais fazem com que a adoção da prática se torne uma obrigação social, indispensável à credibilidade organizacional, havendo assim uma pressão para que a organização se posicione em relação à prática social. Do ponto de vista cognitivo, as interpre-

A DINÂMICA DA INSTITUCIONALIZAÇÃO DE PRÁTICAS SOCIAIS

145

tações subjetivas das ações, ou seja, os símbolos e significados são elementos importantes na construção social da realidade.

Resultados da pesquisa

Sobre a constituição do movimento pela RSE

Analisando a produção acadêmica sobre o tema, verificamos que, apesar das diferentes perspectivas adotadas, todas preservam a função normativa do capitalismo, informando aos reprodutores do discurso qual o melhor caminho a ser seguido — num processo de reconstrução do espírito do capitalismo. Muitas dimensões da RSE são deixadas de lado nas análises existentes, sendo o movimento inquestionavelmente aceito como positivo para o bem comum pela maioria das pessoas e também pelos estudiosos do assunto. Hoje, uma empresa que não está inserida no movimento pela RSE pode ser criticada e punida por seus consumidores, tamanha é a penetração do fenômeno na sociedade.

Tanto no exterior quanto no Brasil, a RSE surge como uma resposta às críticas feitas à conduta empresarial, tendo em vista a deterioração da situação social. Inúmeros atores, enquanto expressão da crítica, informam ao capitalismo que é preciso modificar a forma de apropriação, levando assim à eclosão do fenômeno da RSE. Podemos citar como fatores e eventos críticos para a institucionalização do fenômeno a Conferência Rio-92 e, no caso do Brasil, a campanha contra a fome e a chegada de Lula ao poder, entre outros.

Identificamos como líderes no processo de institucionalização da RSE no Brasil dois atores: o Ibase e o Instituto Ethos. O primeiro, uma organização da sociedade civil atenta aos movimentos sociais e empresariais, representa a crítica em si. O segundo, uma associação de empresários, apropria-se da crítica e a coopta, incorporando suas demandas, definindo os rumos da nova prática e disseminando-a em diferentes fóruns. Ambos, Ibase e Ethos, são portanto responsáveis por transformar a RSE num valor para a sociedade brasileira. Ambos são também considerados uma referência para as organizações que já aderiram ou queiram aderir ao movimento.

Identificamos provas institucionalizadas internacionalmente e que foram incorporadas ao campo aqui estudado, tais como o balanço social, as certificações socioambientais, os Princípios do Equador, o Pacto Global, os índices de sustentabilidade, as metas de desenvolvimento do milênio etc. Essas provas são referências e diretrizes mundialmente aceitas como o melhor caminho a ser seguido por empresas que desejem mostrar-se socialmente responsáveis. Há nelas sempre um discurso de justificação em termos do bem comum, mostrando à sociedade que essa é a chave para o fim das desigualdades e dos problemas socioambientais.

Sobre o discurso de justificação para inserção do campo no movimento pela RSE

O papel de vilão da sociedade atribuído aos bancos (Aguiar, 1960) não parece ter sido fator preponderante em sua inserção no movimento pela RSE. As transformações introduzidas com as fusões e, principalmente, as novas tecnologias de informação foram decisivas para a necessidade de justificação do campo perante a sociedade.

Tal justificação baseia-se nos princípios do bem comum, enfatizando o compromisso que as organizações *devem* ter para com a sociedade. Reflete, também, a incorporação da idéia de co-responsabilidade das empresas, do Estado e de outros atores, notadamente o terceiro setor. Esse discurso vai ganhando espaço e profundidade nos arranjos estruturais dos bancos, principalmente através de ações sociais, sendo cada vez maiores o número e a amplitude dos projetos realizados em parceria. Por outro lado, o discurso reflete também, em alguma medida, um movimento de conscientização dos dirigentes em relação a questões de cidadania e justiça social, observado principalmente a partir da década de 1980 no Brasil. Uma reflexão derivada da análise dá-se exatamente por essa "confusão" que passa a revelar-se entre as noções de bens públicos e bens privados e de obrigação e direitos de cidadania. A sociedade perde a percepção do que é público e do que é privado (Paoli, 2002), passando a justificar seu posicionamento em termos de responsabilidades sociais, de "fazer o bem", como uma ação humanitária e despolitizada, uma obrigação das organizações.

Mais especificamente em relação à inserção do campo das organizações bancárias no movimento pela RSE, analisamos fatores e eventos críticos para a disseminação do fenômeno na última década, além de fatores pertinentes ao próprio campo, como, por exemplo, o fato de historicamente apresentar altos lucros e ser tido como um vilão da sociedade. De certo modo, a nova realidade de estabilidade monetária no Brasil produziu transformações na operação e estrutura das organizações bancárias. O Plano Real e o processo de fusões e aquisições, tornando mais concentrado o sistema, expuseram ainda mais as organizações à opinião pública, tendo em vista as demissões e turbulências geradas. Por outro lado, a injeção de capital estrangeiro no campo veio modificar o perfil das organizações, tornando-as mais suscetíveis aos movimentos internacionais. Essas transformações forçaram as organizações a repensar seu modelo de ação para se adaptar à nova realidade. Então, muitas delas investi-

A DINÂMICA DA INSTITUCIONALIZAÇÃO DE PRÁTICAS SOCIAIS 147

ram no movimento pela RSE, que já ganhara expressão em outros campos organizacionais e em outros países. Não estamos falando aqui de relação causal, mas de condicionantes do processo.

Ratificamos o modelo de análise ao constatar que a justificação para a inserção das organizações bancárias no movimento pela RSE ancora-se no discurso do bem comum, apregoando, em regra, o papel social que os bancos devem desempenhar, segundo a idéia de co-responsabilidade do mercado, do Estado e da sociedade. Por outro lado, os reprodutores do discurso são os dirigentes das organizações, banqueiros ou não, e também os funcionários. Na pesquisa de campo, em todos os níveis, de presidentes a analistas, foi possível verificar a reprodução do discurso que justifica a RSE como um dever/obrigação da empresa, conducente ao bem comum.

Em relação aos termos utilizados durante o processo de institucionalização, verificamos que a nomenclatura da prática social vai-se alterando ao longo dos anos, como demonstrado na análise dos balanços sociais dos bancos/Febraban.[27] Os termos empregados buscam espelhar a modernidade das organizações e a adequação aos padrões e provas mundiais. Assim, o que se institucionaliza não são os termos, mas as ações e as estruturas. Os discursos mudam, pois são elemento flexível na dinâmica da institucionalização, adequando as agendas empresariais às demandas sociais. Por exemplo, muitos bancos já falam em sustentabilidade nos negócios, sugerindo assim um alargamento do conceito de RSE. A análise dos balanços sociais dos bancos revela que a RSE no campo está evoluindo para uma ação estruturada e integrada ao negócio, diferentemente do que ocorria há uma década.

Sobre as ações socialmente responsáveis e suas justificações

Identificamos dois atores-chave no movimento pela RSE no campo das organizações bancárias: a Febraban e o banco ABN Amro Real. A análise das diferentes formas de atuação é importante, na medida em que identifica a referência utilizada no campo.[28] Verificamos, também, que o conceito de RSE mais adotado no campo das organizações bancárias aproxima-se daquele propagado pelo Instituto Ethos, ratificando assim sua liderança no movimento.[29]

---

[27] Ventura e Vieira, 2004.
[28] Entendemos que o Itaú também poderia ser considerado um ator-chave no movimento, uma vez que sua forma de atuação/inserção também se destaca entre os demais bancos. Entretanto, de acordo com resultados da pesquisa de campo, o ABN é o banco tido como referência, tendo sido citado em quase todas as entrevistas realizadas.
[29] Ventura e Vieira, 2004.

Investigando a construção e justificação de ações no âmbito do movimento pela RSE, pudemos identificar dois grupos principais no campo estudado:

▼ *organizacional* — engloba ações que atendem às partes interessadas (comunidade, fornecedores, clientes, colaboradores e meio ambiente) e que visam à ecoeficiência;

▼ *produtos* — ações relativas ao negócio bancário, como microfinanças, financiamento com critérios socioambientais e fundos de investimento socialmente responsável.

Verificamos que, na construção e categorização das ações socialmente responsáveis, sempre existem justificações que enfatizam, por um lado, o bem comum; por outro, o atendimento, em maior ou menor medida, de interesses inerentes ao campo. Tais interesses, na linha de Bourdieu (1996), não se restringem a interesses materiais imediatos. Muitas vezes, envolvem também o capital/lucro simbólico.[30] No caso dos fundos de investimento socialmente responsável, por exemplo, o produto destina-se claramente a atender à demanda de investidores institucionais — clientes disputados no campo —, mas é justificado como uma forma de disseminar práticas socialmente responsáveis no meio empresarial como um todo.

O grupo dos produtos ainda está em fase de elaboração pelas organizações, sendo mais comuns as ações enquadradas no grupo organizacional. O movimento pela RSE nos bancos possivelmente ainda não tenha operado uma modificação substancial na forma de trabalho, pois as ações do grupo de produtos, relativas ao negócio bancário, não se fazem presentes, de forma sistemática, em grande parte das organizações pesquisadas. Porém, sua divulgação é ampla, mostrando à sociedade que o campo está inserido no movimento. A principal prova associada ao grupo organizacional é a publicação do balanço social. Existem outras, como a filiação aos institutos que lidam com RSE (Ethos; Grupo de Institutos, Fundações e Empresas — Gife etc.), a participação em fóruns e seminários, a concessão de prêmios, certificados, selos etc. Consideramos, porém, que o balanço social é a prova mais considerada no campo.

O campo das organizações bancárias vem construindo um modelo singular de RSE. Dada a sua capacidade para conciliar interesses tanto de ordem técnica quanto institucional, aliando, por exemplo, a eficiência à credibilidade,

---

[30] Bourdieu, 2000.

tais organizações conseguem criar ações e produtos que atendem a ambos os tipos de interesses, dinamizando assim o movimento pela RSE.

No caso das ações relacionadas a produtos bancários, as *provas* são cumpridas para consubstanciar a legitimação, assegurando o caráter de justiça necessário à construção da ação. Ao mesmo tempo, as ações atendem a interesses inerentes ao campo. A questão da imagem da organização perante a sociedade está associada a todos os produtos analisados, o que confirma nossa hipótese de que a inserção do campo no movimento pela RSE é uma forma de obter legitimidade, segundo nosso referencial teórico. E esse conjunto de ações/produtos é que vai compor o quadro da RSE no *trajeto*, e não projeto, de sua institucionalização.

Sobre a incorporação da RSE nas estruturas organizacionais

Analisamos a disseminação e sedimentação de arranjos estruturais relacionados à institucionalização da RSE, os quais exteriorizam e solidificam a prática social. Verificamos que, a partir do momento em que se materializa nas estruturas organizacionais, a institucionalização da RSE ganha força, pois criam-se novos interesses ao seu redor. Sua permanência e *status*, entretanto, passam a ser um novo jogo, um novo desafio para os envolvidos/interessados. A busca de premiações e espaço na mídia é uma forma de legitimar, por um lado, a nova estrutura perante a empresa; por outro, a empresa perante a sociedade.

Constatamos que as provas institucionalizadas no movimento, tanto no plano mundial quanto local — adesão ao Instituto Ethos e outros, ao modelo Ibase, a programas governamentais etc. —, vêm sendo cumpridas, cada vez mais, pelas organizações bancárias.

Por exemplo, recentemente foram criados arranjos estruturais relacionados ao movimento pela RSE, tais como o balanço social, as áreas específicas de RSE e a inclusão de *link* sobre o tema nos *websites* organizacionais.

Os balanços sociais passaram a ser divulgados principalmente a partir da campanha movida pelo Ibase em 1997, assim ratificando sua posição de líder no movimento pela RSE no Brasil. Chama a atenção o fato de muitos bancos publicarem seus balanços em papel reciclado, mesmo quando não desenvolvem políticas nesse sentido, o que sugere ser essa mais uma forma de *provar* que estão inseridos no movimento.

As fundações e institutos que tratam especificamente do investimento social dos bancos são as estruturas mais antigas encontradas na pesquisa: a Fundação Bradesco foi criada em 1956; a Fundação Banco do Brasil, em 1985; o Instituto Unibanco, em 1982; e em 2000 foi criada a Fundação Itaú

Social, que engloba os projetos do Programa Itaú Social, lançado em 1993. Mais recentemente, em 1999, o BankBoston criou também sua fundação. Em 2002, o Banco Rural criou o Instituto Junia Rabello. Todos eles são considerados braços sociais de seus bancos, não obstante certas diferenças no tipo de atuação.

Entre os 10 maiores bancos, somente um deles não possui os referidos arranjos — destoando também da categoria identificada como varejo. Porém, assim como outros bancos nacionais voltados para o atacado — como se verifica pelo reduzido número de agências —, os bancos Alfa, Pactual, Sofisa e BBM também fazem contribuições e doações a projetos sociais e/ou culturais. Com exceção do BGN, como visto, cabe ressaltar que nenhum banco declarou não participar do movimento pela RSE. No mínimo, declararam que fazem doações quando solicitados.

Outros bancos, como Votorantim, Bancoob, Bansicred e BGN, também demonstraram interesse em participar de forma mais efetiva do movimento pela RSE, o que significa também o cumprimento de provas institucionalizadas. Ficou-nos a impressão de que se sentem compelidos a isso, por conta da demanda social. Cabe supor, inclusive, que a própria pesquisa pode tê-los influenciado nesse sentido.

Por outro lado, alguns bancos de origem norte-americana, como Citibank, JP Morgan e BankBoston, têm ainda um posicionamento voltado para o investimento social, característica que deriva da tradição norte-americana de filantropia, por exemplo.

Pode-se concluir que os bancos maiores e com maior número de agências estão cumprindo as provas institucionalizadas no movimento. Quanto menor o número de agências — o que, *grosso modo*, indica que o banco lida preferencialmente com grandes clientes/contas —, menor o empenho no processo, o que pode estar relacionado à menor exposição desses bancos à opinião pública e à menor pressão social.

A constatação de que os maiores bancos vêm cumprindo as provas institucionalizadas e criando os devidos arranjos estruturais, o mesmo não acontencendo com os bancos mais voltados para o atacado, vem ratificar o nosso argumento segundo o qual a inserção no movimento pela RSE é uma forma de a organização legitimar-se perante a opinião pública e a sociedade. Por outro lado, os interesses envolvidos nos arranjos estruturais relacionados à prática social — como por exemplo a manutenção de cargos e/ou recursos — levam os participantes do jogo a buscar um meio de legitimar a nova estrutura perante a organização. Assim, as áreas/interessados passam a buscar prêmios e reconhecimento social, que funcionam como mais um mecanismo do processo. O controle social é, pois, exercido sobre o movimento pela RSE e sobre as estruturas, baseado na tabela de equivalência/categorização que o próprio *capitalismo* elegeu e a sociedade legitimou.

Considerações finais

Buscando compreender a institucionalização da RSE num campo organizacional, deparamo-nos com uma questão mais ampla: a transformação dessa prática social num novo valor social, capaz de contribuir para a legitimidade das organizações. Defendemos a tese de que, no processo de institucionalização dessa prática social, as ações são justificadas em termos do bem comum e legitimadas mediante provas e arranjos estruturais, atendendo a interesses inerentes ao campo. Tudo isso faz parte de um processo de deslocamento do capitalismo que consiste numa recategorização do modelo, visando à construção de um novo espírito capitalista — necessário para mobilizar as pessoas, mais além da dimensão material. Os deslocamentos são, portanto, uma manifestação da dinâmica do capitalismo que, subvertendo a ordem existente, visa à sua reprodução.

A partir do modelo de Boltanski e Chiapello (1999), adaptado aos estudos organizacionais, vimos como se dá esse deslocamento, considerando as ações não de um ator específico, mas de macroatores, com vistas a perpetuar o capitalismo. Os deslocamentos do capitalismo e as conseqüentes transformações nos seus dispositivos acabam por desmantelar a crítica, criando assim uma nova possibilidade de acumulação e lucros. Isso implica uma recategorização do modelo, com a universalização de novos valores e padrões, por meio da institucionalização de práticas sociais. O fato de ter-se tornado uma instituição significa que a prática foi submetida ao controle da sociedade, que assim legitima a relação de dominação. Tal controle é exercido por meio das *provas*, que se fundem com as estruturas, no sentido de que se incorporam à dinâmica social por meio das normas interiorizadas — atendendo assim aos interesses do capitalismo, de modo geral, e do campo organizacional, em particular.

Vimos que a justificação para a inserção das organizações bancárias no movimento pela RSE baseia-se no discurso do bem comum, apregoando, via de regra, o papel social a ser desempenhado pelos bancos, segundo a idéia de co-responsabilidade do mercado, Estado e sociedade.

A justificação em termos do bem comum legitima ações que atendem a interesses — no sentido de Bourdieu — que não foram estrategicamente pensados, mas são inerentes ao campo. Assim, a conformidade ao universal pode ser também uma "estratégia interessada", ou seja, a adesão ao novo modelo dá-se como uma estratégia de sobrevivência.

O movimento adapta-se às formas do lucro empresarial, ecoando assim o discurso neoliberal. Segundo Paoli (2002), o empresariado se agrega ao elogio da sociedade civil e do terceiro setor, mostrando-se como um ator que, ao lado de outras organizações sociais não-governamentais, está disposto a contribuir, no âmbito privado e mercantil, para a redefinição das políticas que visam à integração social e profissional de parcelas da população.

Portanto, a relação desenvolvida com o terceiro setor pode ser uma explicação para a adequação empresarial a esse discurso. Graças às parcerias, intensifica-se a incorporação do movimento nas empresas. Valores inerentes ao conceito da RSE, como cidadania, solidariedade etc., passam a ser defendidos pelas organizações e seus executivos e funcionários.

Vimos que o campo das organizações bancárias vem construindo um modelo singular de RSE. Elas conseguem perceber o espírito do movimento e apontam o rumo a ser tomado, criando produtos que atendam igualmente aos seus interesses e aos dos diferentes públicos.

Assim, uma das conclusões deste estudo é que a RSE está em vias de se institucionalizar no campo organizacional estudado.[31] Não se pode afirmar que a prática está totalmente institucionalizada, pois a pesquisa evidenciou que, entre as organizações bancárias, foco principal da análise, há dois grupos bem destacados que se encontram em diferentes estágios do processo. Entendemos, contudo, que esse já é um caminho sem volta para o campo em questão, se considerarmos a força das organizações que já incorporaram a prática social.

De um lado, temos grandes bancos do varejo — expostos, portanto, à opinião pública — que estão na fase de sedimentação da prática social. Para eles, o desafio que ora se coloca é a ampliação e/ou conservação das estruturas criadas. Alguns desses bancos têm, aliás, expandido suas áreas de RSE, agregando-lhes outras funções, como treinamento e/ou desenvolvimento de pessoal, por exemplo. Outros procuram aumentar-lhes o orçamento e o quadro de pessoal.

De outro lado, temos bancos de atacado, sobretudo os de investimento, que ainda estão numa fase anterior, empreendendo eventualmente algumas ações de forma mimética aos bancos do primeiro grupo. Há um consenso, nesse

---

[31] Embora tenhamos analisado somente a dinâmica especifica das organizações bancárias, deixando de fora da análise outros atores do campo, como os órgãos normativos e os sindicatos, por exemplo, entendemos que estes não seriam definidores do processo de institucionalização, embora tenhamos elementos para supor que também já estejam inseridos no movimento. Em estudo anterior analisamos a RSE do órgão regulativo do campo, que é o Banco Central (Ventura, 1999).

A DINÂMICA DA INSTITUCIONALIZAÇÃO DE PRÁTICAS SOCIAIS

153

segundo grupo, de que a adoção de práticas socialmente responsáveis é uma exigência a ser cumprida, tanto assim que eles começam a dar sinais de inserção no movimento pela RSE, embora de forma ainda incipiente.

A pesquisa mostrou também que, ao contrário do que se supunha inicialmente, foram as filiais brasileiras de alguns bancos estrangeiros que "exportaram" conceitos, ações e estruturas de RSE para sua matriz. Contudo, nos bancos de capital estrangeiro há realmente uma adequação aos valores e culturas de seus países de origem, em termos de RSE, como evidenciado em filiais brasileiras de bancos norte-americanos. Mas a origem do controle acionário da organização bancária não se mostrou fator relevante na análise no campo como um todo.

Vimos que, no Brasil, o movimento pela RSE no campo das organizações bancárias data da última década, tendo-se firmado sobretudo a partir de 2001, com a conquista de novos adeptos e a criação de estruturas específicas para tratar da questão.

A figura 2 busca sintetizar a análise efetuada, representando os elementos e atores identificados na pesquisa. Tem por finalidade evidenciar que a institucionalização da RSE no campo das organizações bancárias, como parte do processo de deslocamento do capitalismo, produz em alguma medida uma recategorização do modelo, transformando o espírito do capitalismo e promovendo a construção social da realidade. Assim, entendemos a institucionalização como um processo de construção social da realidade que evidencia e reforça a relação de dominação.

No âmbito da RSE, o discurso empresarial equipara-se ao discurso da crítica, indicando que o capitalismo já dele se apropriou, efetuando um deslocamento para poder perpetuar-se. É preciso, pois, estar atento aos rumos desse movimento na sociedade, uma vez que ele conduz o empresariado a um papel mais amplo do que lhe cabe, reforçando seu poder social. A própria responsabilidade social empresarial está se tornando uma *prova* e um "bom negócio" para o capitalismo, ao favorecer o apaziguamento dos conflitos e, ao mesmo tempo, estabelecer dispositivos para aprimorá-lo. Num país como o Brasil, onde a noção de cidadania ainda não está sedimentada,[32] ao investigar a dinâmica da institucionalização da RSE, este estudo buscou contribuir para a reflexão sobre uma prática invariavelmente apontada como uma espécie de solução para as questões sociais.

---

[32] Paoli, 2002.

Figura 2
Dinâmica da institucionalização da responsabilidade social no campo das organizações bancárias

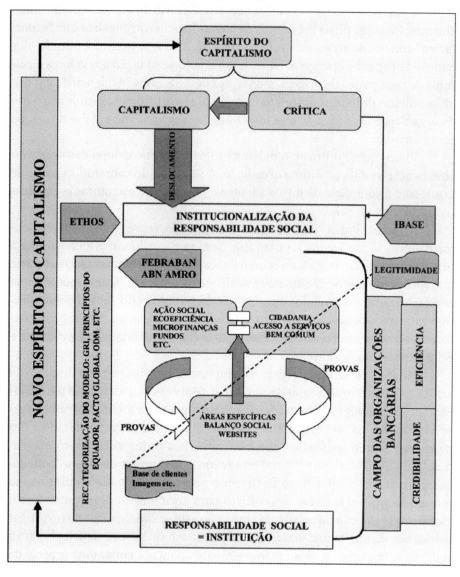

Referências bibliográficas

AGUIAR, Manoel Pinto de. *Bancos no Brasil colonial*: tentativas de organização bancária em Portugal e no Brasil até 1808. Salvador: Progresso, 1960.

ASHLEY, Patrícia (Org.). *Ética e responsabilidade social nos negócios.* 2 ed. São Paulo: Saraiva, 2005.

BERGER, P.; LUCKMANN, T. *A construção social da realidade:* tratado de sociologia do conhecimento. 20 ed. Petrópolis: Vozes, 2001.

BOLTANSKI, Luc; CHIAPELLO, Ève. *Le nouvel esprit du capitalisme*. Paris: Gallimard, 1999.

BOURDIEU, Pierre. *Razões práticas*: sobre a teoria da ação. 3 ed. Campinas: Papirus, 1996.

_____. *O poder simbólico*. 3 ed. Rio de Janeiro: Bertrand do Brasil, 2000.

CAPPELLIN, Paola et al. As organizações empresariais brasileiras e a responsabilidade social. In: KIRSCHNER, Ana Maria; GOMES, Eduardo; CAPPELLIN, Paola (Orgs.). *Empresa, empresários e globalização*. Rio de Janeiro: Relume Dumará/Faperj, 2002.

_____; GIULIANI, Gian Mario. *The political economy of corporate social and enviromenmental responsibility in Brazil*. Rio de Janeiro: Unrisd/UFRJ, 2002.

CARROLL, A. B. A three-dimensional model of corporate performance. *Academy of Management Review*, v. 4, p. 497-505, 1979.

CASTELLS, Manuel. *A sociedade em rede*. 5 ed. São Paulo: Paz e Terra, 2000.

DiMAGGIO, Paul J. Constructing an organizational field as a professional project: US art museums, 1920-40. In: POWELL, W. W.; DiMAGGIO, P. J. (Eds.). *The new institutionalism in organizational analysis*. Chicago: The University of Chicago Press, 1991.

_____; POWELL, Walter W. The iron cage revisited: institutional isomorphism and collective rationality in organizational fields. In: POWELL, Walter W.; DiMAGGIO, Paul J. (Eds.). *The new institutionalism in organizational analysis*. Chicago: University of Chicago Press, 1991.

FONSECA, Valéria Silva da. A abordagem institucional nos estudos organizacionais: bases conceituais e desenvolvimentos contemporâneos. In: VIEIRA, Marcelo M. F.; CARVALHO, Cristina Amélia (Orgs.). *Organizações, instituições e poder no Brasil*. Rio de Janeiro: FGV, 2003.

FREITAS, Falber R.; VENTURA, Elvira C. F. Voluntariado empresarial: estudo de caso do Instituto Escola Brasil do Banco Abn Amro Real. In: *Encontro Nacional da Associ-*

ação Nacional dos Programas de Pós-graduação em Administração, 28. Curitiba. Anais... Curitiba: Anpad, 2004.

IPEA – INSTITUTO DE PESQUISAS ECONÔMICAS APLICADAS (IPEA). A iniciativa privada e o espírito público. Ipea, 2001. Relatório de pesquisa.

KREITLON, Maria Priscilla. Ética nas relações entre empresas e sociedade: fundamentos teóricos da responsabilidade social empresarial. In: ENCONTRO NACIONAL DA ASSOCIAÇÃO NACIONAL DOS PROGRAMAS DE PÓS-GRADUAÇÃO EM ADMINISTRAÇÃO, 28. Anais... Curitiba: Anpad, 2004.

MEYER, John; ROWAN, Brian. Institutionalized organizations: formal structure as myth and ceremony. In: MEYER, John; SCOTT, W. Richard (Eds.). Organizational environments: ritual and rationality. London: Sage, 1983.

PAOLI, Maria Célia. Empresas e responsabilidade social: os enredamentos da cidadania no Brasil. In: SANTOS, Boaventura dos (Org.). Democratizar a democracia: os caminhos da democracia participativa. Rio de Janeiro: Civilização Brasileira, 2002.

PECI, Alketa. Discursos e a construção do real: um estudo da formação e institucionalização do campo da biotecnologia. Tese (Doutorado em Administração) – Ebape/ FGV, Rio de Janeiro, 2005.

SCOTT, W. R.; MEYER, J. W. The organization of societal sectors: propositions and early evidence. In: POWELL, W. W.; DiMAGGIO, P. J. (Eds.). The new institutionalism in organizational analysis. Chicago: The University of Chicago Press, 1991. p. 108-140.

SELZNICK, M. Institutionalism "old" and "new". Administrative Science Quartely, v. 41, n. 2, p. 270-277, 1996.

SILVA, Clóvis L. Machado da; FONSECA, Valéria. Competitividade organizacional: uma tentativa de reconstrução analítica. In: ENCONTRO NACIONAL DA ASSOCIAÇÃO NACIONAL DOS PROGRAMAS DE PÓS-GRADUAÇÃO EM ADMINISTRAÇÃO, 20. Anais... Angra dos Reis: Anpad, 1996.

THIRY-CHERQUES, Hermano Roberto. Responsabilidade moral e identidade empresarial. Revista de Administração Contemporânea, v. 6, 2003. Edição especial.

TOLBERT, P. S.; ZUCKER, L. G. A institucionalização da teoria institucional. In: CLEGG, S. et al. (Orgs.). Handbook de estudos organizacionais, modelos de análise e novas questões em estudos organizacionais. São Paulo: Atlas, 1999. v. 1.

VENTURA, Elvira C. F. Responsabilidade social das organizações: estudo de caso no Banco Central do Brasil. Dissertação (Mestrado em Administração) – Ebap/FGV, Rio de Janeiro, 1999.

A DINÂMICA DA INSTITUCIONALIZAÇÃO DE PRÁTICAS SOCIAIS 157

_____. Responsabilidade social sob a óptica do "novo espírito do capitalismo". In: ENCONTRO NACIONAL DA ASSOCIAÇÃO NACIONAL DOS PROGRAMAS DE PÓS-GRADUAÇÃO EM ADMINISTRAÇÃO, 27. *Anais*... Atibaia: Anpad, 2003.

_____; VIEIRA, Marcelo M. F. Institucionalização de práticas sociais: uma análise da responsabilidade social empresarial no campo financeiro no Brasil. In: ENCONTRO NACIONAL DA ASSOCIAÇÃO NACIONAL DOS PROGRAMAS DE PÓS-GRADUA-ÇÃO EM ADMINISTRAÇÃO, 28. *Anais*... Curitiba: Anpad, 2004.

VIEIRA, Marcelo M. F.; CARVALHO, Cristina Amélia (Orgs.). *Organizações, instituições e poder no Brasil*. Rio de Janeiro: FGV, 2003.

_____. Por uma (boa) pesquisa qualitativa em administração. In VIEIRA, M. M. F.; ZOUAIN, Deborah M. *Pesquisa qualitativa em administração*. Rio de Janeiro: FGV, 2004.

WEBER, Max. *A ética protestante e o espírito do capitalismo*. São Paulo: Martin-Claret, 2001.

WILLIAMSON, O. E. *Organization theory*: from Chester Barnard to the present and beyond. Oxford: Oxford University Press, 1990.

ZAJDSZNAJDER, Luciano. Métodos do pensamento ou gerência do pensamento. *Cadernos Ebap*, n. 58, 1992.

Gestão pública como fonte de competitividade nacional: um estudo da evidência latino-americana no século XX

Paulo Vicente dos Santos Alves

Introdução

A problemática aqui abordada diz respeito à competição internacional. As nações competem entre si desde o seu surgimento, no início da era moderna, e tal competição tem-se dado nas esferas econômica e militar.

Este trabalho buscou identificar um modelo teórico que envolvesse diversas variáveis, para fugir da simplificação excessiva de apontar uma única variável como responsável por todos os fenômenos, mas o modelo encontrado apontou para a gestão pública como uma variável central na teia de relações. Uma vez identificado o modelo, buscou-se aplicá-lo num âmbito mais restrito: a América do Sul no século XX.

Assim, trata-se de responder à seguinte questão: *como a gestão pública estimulou a competitividade nacional na América Latina ao longo do século XX?*

Referencial teórico

A construção do modelo de investigação foi resultado de uma busca histórica, nos tempos modernos, das razões pelas quais as nações aumentaram ou reduziram seu poder. Para entender como tais variáveis se relacionam foi preciso ir além do que North e Thomas (1990) chamam de ascensão do Ocidente. O caso de sucesso das nações ocidentais revela muito sobre as relações das variáveis, mas esconde as razões pelas quais uma nação pode fracassar. No começo da era moderna, o Ocidente era um candidato improvável à dominação global, como observa Kennedy (1989).

Existem casos importantes de fracasso no período moderno que precisam ser analisados: China, Japão e Império Otomano. Tais sociedades estiveram em situação muito vantajosa em relação ao Ocidente, mas, como não souberam aproveitar as mudanças da era moderna, não conseguiram passar de potências regionais e acabaram até mesmo perdendo poder.

Uma análise dos casos de sucesso ou fracasso levanta questões importantes sobre o desenvolvimento econômico e o poderio militar, e sobre sua interação. Se recursos naturais e população fossem fatores decisivos, a Holanda jamais teria podido se tornar hegemônica suplantando a Índia, a China e o Império Otomano, que contavam com vastos recursos e numerosa população.

Por outro lado, a dominação dos mares, o principal meio de troca, está intimamente relacionada com a posição hegemônica. Todas as potências hegemônicas modernas indicadas por Arrighi (1996) foram potências navais: Gênova, Holanda, Reino Unido e EUA. Frank (1998) diz que, antes de o Ocidente se tornar hegemônico, houve períodos de dominação naval dos árabes e dos chineses. Isso mostra a estreita ligação entre poder econômico e poder militar através da dominação dos meios de troca.

Outro aspecto importante é a inovação tecnológica, ou como ela é aproveitada pela sociedade. Embora árabes e chineses sejam responsáveis por uma série de invenções que viriam a mudar o mundo, várias dessas invenções só se transformaram em tecnologias militares e de produção no Ocidente muitos anos depois. A pólvora e o papel talvez sejam os exemplos mais conhecidos.

Fica claro, ao se analisar a história, que a interação das sociedades se dá através da guerra e da economia ou, como diz Tilly (1992), do "capital" e da "coerção". Um modelo de competitividade deve, pois, levar em conta essas duas vertentes. Além disso, é preciso aí inserir a variável da inovação e dos custos de transação.

Mas ainda falta um dado importante: por que razão algumas sociedades e nações buscam o desenvolvimento, enquanto outras estagnam? Para Castells (2000), o papel do Estado é fundamental, o que está de acordo com a lógica de North e Thomas (1993), para quem as instituições e os direitos de propriedade é que permitem o investimento de longo prazo e, logo, a redução dos custos de transação.

Surge assim uma variável explicativa central. A gestão pública estimula (ou inibe) a inovação e a redução dos custos de transação, o que por sua vez põe em marcha o desenvolvimento econômico e militar da sociedade.

Segundo Castells (2000), o desenvolvimento da sociedade leva a mudanças internas nas relações de poder, gerando assim uma instabilidade social. Isso pode explicar por que certas sociedades como a China, o Japão e o Império Otomano decidiram inibir o desenvolvimento econômico e militar freando a inovação e intervindo na sociedade, de modo a mantê-la sob o controle de uma pequena oligarquia, fosse ela os mandarins chineses, os senhores feudais do Japão ou os conquistadores turcos. Quando o controle se torna mais importante do que o avanço tecnológico, a gestão pública se torna um freio ao desenvolvimento, e não um estimulador.

Podemos agora começar a traçar nosso modelo de análise indicando os diversos autores que estabelecem as várias relações. Na figura 1, as setas em linha "cheia" representam relações estabelecidas diretamente, ao passo que as linhas "tracejadas" correspondem a realimentações positivas que dependem da gestão pública para se concretizar.

Note-se que existem várias alimentações cruzadas entre as variáveis, porém a mais importante é a alimentação positiva entre inovações e custos de transação, a qual é capaz de, em poucos anos, levar uma sociedade de uma posição menos favorável a uma posição de grande competitividade. Tal é o caso de Japão, Índia e China no século XX.

Figura 1
Modelo de análise

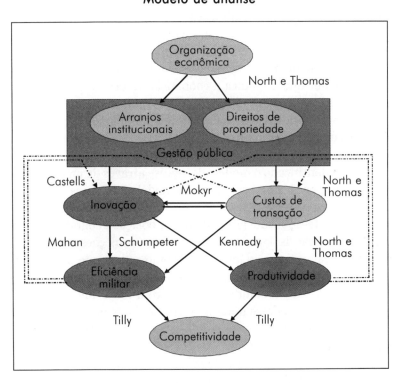

Um ponto importante no modelo analisado é como se dão as retroalimentações indicadas em tracejado. Aqui o conceito central é derivado da teoria dos jogos e chama-se "coopetição", isto é, um híbrido de competição e cooperação. Nos diversos casos indicados, quando a gestão pública permite que haja um clima de coopetição, surge um fenômeno chamado co-evolução, ou seja, sempre que uma entidade obtém um avanço, ela força os seus competidores a evoluírem também, para não serem eliminados no processo de competição. A competição os leva a avançar e evoluír continuamente, e assim eles cooperam entre si, transformando a evolução num processo contínuo.

Tal processo é comumente explicado na economia e na biologia através do dilema do prisioneiro da teoria dos jogos. Se dois jogadores cooperarem, eles obterão um resultado melhor do que aquele que obteriam maximizando os resultados individuais; mas, como cada qual tem uma vantagem individual para maximizar o resultado, eles tendem a não cooperar. Quando a gestão pública impede a cooperação interna de empresas, proibindo a formação de cartéis e monopólios, ela estimula a coopetição e a co-evolução. A gestão pública decide, ainda, em que nível vai interagir com outros organismos internacionais, tanto no âmbito econômico quanto militar, e com isso estimula (ou inibe) a co-evolução de suas instituições com os seus pares internacionais.

Assim, a gestão pública pode agir como reguladora dos sistemas internos de uma sociedade, estimulando ou inibindo o desenvolvimento dela. Uma gestão pública muito liberal pode acabar permitindo distorções, devido à concentração de poder que prejudica a coopetição interna e externa, enquanto uma gestão muito interventora irá inibir tal coopetição imediatamente. Apenas uma gestão pública eficiente na regulação poderá permitir um equilíbrio duradouro e saudável que mantenha a coopetição e garanta a co-evolução a longo prazo.

Uma vez identificado o modelo de análise através de uma análise histórica das variáveis, passamos à aplicação do modelo à América Latina no século XX.

É importante notar inicialmente que a posição geográfica da América Latina é uma posição isolada. Embora diversas projeções e análises sejam possíveis, em geral utiliza-se o meio naval como o elemento mais crucial historicamente, daí resultando um mapa no qual os oceanos e mares ocupam posição central. Assim, tomando como centro a bacia indo-pacífica, como mostrado na figura 2, pode-se notar que o principal meio de troca do planeta é essa bacia central que interliga os continentes, e que a América Latina ocupa uma região periférica dessa bacia.

O resultado é que a América do Sul foi, no período moderno, um satélite da economia mundial. Ela prosperou, durante o ciclo genovês (1492-1618), como fornecedora de *commodities*. Mas, quando a Holanda assumiu a posição hegemônica (1618-1805), a América Latina, por não estar sob a esfera de influência da nação hegemônica, estagnou. Com a mudança da hegemonia para a Inglaterra (1805-1939), a região passou a estar sob a esfera de influência inglesa, o que lhe permitiu desenvolver-se sob o modelo capitalista. A transição hegemônica para os EUA (1939-?) teve um impacto positivo, acelerando o ritmo do desenvolvimento, conforme analisaremos mais adiante.

Figura 2
Mapa múndi com centro no Pacífico

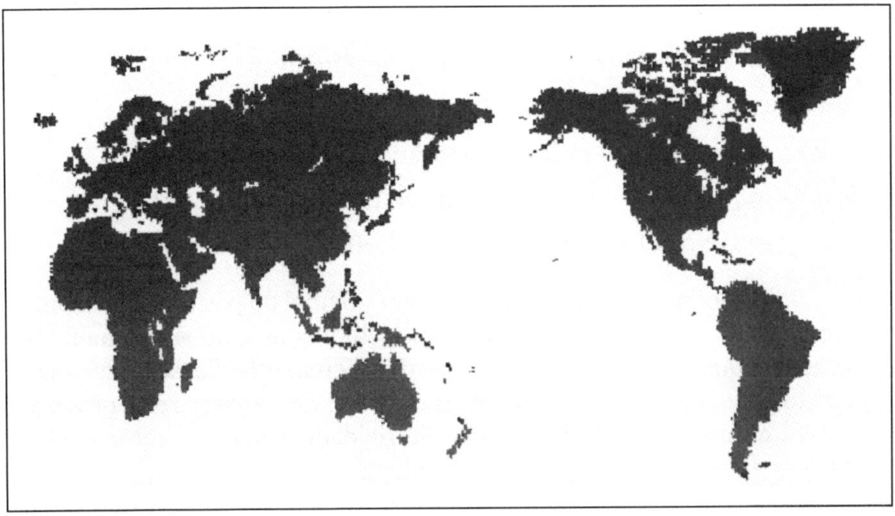

Também os ciclos de Kondratieff tiveram grande influência na região, determinando, em parte, as oscilações financeiras e as crises de crédito nela ocorridas. As grandes crises de crédito aconteceram em 1820, 1870, 1930 e 1980, precisamente no final de cada um dos ciclos de Kondratieff. Isso é um sinal claro da influência do contexto mundial na região.

Metodologia

A metodologia deste trabalho é essencialmente funcionalista, na medida em que se estabelece um modelo de análise no qual as variáveis interagem umas com as outras e se buscam indicadores quantitativos e qualitativos para entender essas interações. O modelo constitui, portanto, um sistema integrado de proposições, formando assim um corpo sistemático de hipóteses.

Naturalmente o processo discursivo é hipotético-dedutivo, sustentando-se através da evidência histórica tanto a elaboração do modelo quanto sua adequação posterior aos dados levantados. O modelo é, pois, uma descrição temporária de uma parte do fenômeno.

Resultados da pesquisa

Para facilitar o estudo, dividiu-se o século XX em fases, tomando por base os ciclos hegemônicos de Arrighi (1996) e os ciclos de Kondratieff de Freeman e Perez (1988). As fases são as seguintes:

▼ fase 1 (1900-14) — 3º ciclo de Kondratieff; hegemonia do Reino Unido;

▼ fase 2 (1914-45) — guerras de transição hegemônica;

▼ fase 2a (1914-30) — 3º ciclo de Kondratieff; sem hegemonia;

▼ fase 2b (1930-45) — 4º ciclo de Kondratieff; sem hegemonia;

▼ fase 3 (1946-80) — 4º ciclo de Kondratieff; hegemonia dos EUA;

▼ fase 4 (1981-2004) — 5º ciclo de Kondratieff; hegemonia dos EUA.

A fase 1 foi marcada pelo "grande jogo", o final do período neocolonial, no qual as grandes potências disputavam melhores mercados e as melhores colônias. Foi também um período em que o comércio mundial se intensificou, e novas tecnologias permitiram baratear os custos de transação e de produção em todo o mundo. Tecnologias como a eletricidade, o avião, o automóvel e o telefone se difundiram com grande velocidade.

Nesse contexto de crescente competição, mas, ainda, de expansão do comércio internacional e da cooperação entre as grandes potências, a América Latina se inseria como um fornecedor de matéria-prima, relativamente estável, com nações-Estado organizadas, em sua maioria repúblicas, ao contrário da África e boa parte da Ásia. A América Latina oscilava entre a influência das duas maiores potências da época: Reino Unido e França. Isso, de certa forma, fez da América Latina um campo estável de retaguarda das potências, enquanto as batalhas comerciais e militares se davam nos campos principais da Ásia e África.

A América Latina se recuperava rapidamente dos danos das guerras do Pacífico (1879-84) e da Tríplice Aliança (1865-71) e de revoltas internas como a revolução federalista brasileira (1893-95).

As economias de Brasil, Argentina e Chile ainda eram fortemente baseadas em *commodities*, mas começavam a mostrar sinais de diversificação e industrialização. Essa industrialização nascente, visando integrar os mercados locais aos mundiais, foi uma continuação do processo desenvolvido ao

GESTÃO PÚBLICA COMO FONTE DE COMPETITIVIDADE NACIONAL   **165**

longo do século XIX para fazer da América Latina uma base de apoio do Império britânico, só que agora sem as guerras locais, mas com os grandes conflitos fora do continente. Tal industrialização quebrou, em parte, a estrutura social vigente anteriormente.

Segundo Braudel (1993), a invenção do avião nos primeiros anos do século XX aumentou as possibilidades de integração do continente, uma vez que a cordilheira dos Andes, antes de difícil transposição, passou a ser cruzada por aviões quadrimotores, o mesmo ocorrendo com a bacia amazônica e as vastas distâncias dos altiplanos sul-americanos. O desenvolvimento de linhas aéreas e de correios aéreos, entretanto, só viria a ocorrer a partir da década de 1920.

Outros meios de transporte igualmente importantes para o continente foram o caminhão e o automóvel, cuja utilização se tornou possível, assim como a do avião, graças à invenção do motor de combustão interna.

Outro importante passo para a integração do continente foi a comunicação através de linhas telegráficas, telefonia e rádio. As linhas telegráficas se espalharam pelo continente ainda nesse período, enquanto o rádio e a telefonia só se tornaram efetivos no período seguinte.

Essas duas áreas tecnológicas, telecomunicações e transportes, foram decisivas para a redução dos custos de transação em todo o mundo, tornando mais rápidos os deslocamentos e as comunicações, permitindo alcançar regiões antes inacessíveis, bem como homogeneizar e difundir a cultura, além de viabilizar vários negócios.

Porém, essas duas áreas tecnológicas requeriam duas novas fontes de energia que surgiram também nesse período: a eletricidade e o petróleo. O continente tinha um potencial grande de geração de energia elétrica, mas para desenvolvê-lo era necessário um investimento de grande vulto, não havendo ainda indivíduos com capacidade de aporte financeiro para tanto. Quanto ao petróleo, este era encontrado na Venezuela e em Trinidad e Tobago, onde era explorado desde 1866, mas ainda não existiam indícios de sua existência nas demais regiões.

Apesar do clima de paz e maior cooperação, uma pequena corrida armamentista ocorreu nesse período, em especial no campo naval. Então o principal sistema de armas para a projeção de força militar eram os couraçados do tipo *dreadnought*, que graças ao uso de turbinas a vapor podiam ser mais bem armados, blindados e rápidos do que os navios anteriores. Os *dreadnoughts* representaram uma ruptura tecnológica importante.

A fase 2 envolveu um período de guerras quase que contínuas no mundo inteiro: a I Guerra Mundial (1914-18), a II Guerra Mundial (1939-45) e o chamado "entre guerras" (1919-38). Arrighi e colaboradores (2001) vêem esse período como uma transição da hegemonia britânica para a dos EUA. Em oposição a essas duas nações estão o Japão, a Alemanha e a Rússia (ou URSS).

Nesse contexto de conflito quase generalizado, a América Latina ficou à margem da guerra, restringindo-se sua importância à projeção de força aeronaval sobre o Atlântico Sul e o Pacífico Sul, protegendo suas rotas comerciais quando estas eram preferidas às rotas que utilizavam o canal de Suez e o Mediterrâneo.

Havia o receio, por parte das nações ocidentais, sobretudo EUA e Reino Unido, de que alguns países da América Latina se unissem aos inimigos, em especial a Alemanha. Tal posição de neutralidade permitiu uma barganha favorável em termos de investimento, principalmente por parte dos EUA.

Porém, a situação da América do Sul durante esse período esteve longe de ser estável. Sendo economias inicialmente baseadas em monoculturas, quando veio a I Guerra, muitos dos países que exportavam bens manufaturados para a região mudaram sua base fabril para produção de armamento, de modo que o preço de bens manufaturados subiu, gerando inicialmente uma crise e posteriormente levando à fabricação local. Em geral, porém, a situação favorável se manteve até a crise de 1929. A fase 2a (1914-30) não teve uma grande crise comparável ao que aconteceria em seguida.

A crise de 1929 fez mudar a economia mundial. Segundo Hofman (2000), a década de 1930 é tida geralmente como um marco divisório no desenvolvimento da América Latina, com a substituição do modelo orientado para as exportações pela industrialização pelo modelo da substituição das importações, além da adoção de uma política pública mais preocupada com o crescimento e as questões sociais. Protecionismo e nacionalismo surgiram nos países mais avançados da região. Hofman acredita que essa mudança de política pública foi antes o resultado de forças externas que de uma estratégia deliberada. Criou-se assim um modelo de crescimento doméstico, em vez do crescimento baseado no comércio externo. Isso marcou o início de um período de economias relativamente fechadas, o qual se estenderia até a década de 1980, ou seja, por todo um ciclo de Kondratieff.

Houve então movimentos revolucionários, tais como a revolução de 1932 no Brasil e os golpes na Argentina. Tal instabilidade foi ainda agravada pelos dois mais importantes conflitos do continente no século XX: a guerra do Chaco (1928-35) e a guerra de fronteira (1940/41). Sob a perspectiva militar, é importante ressaltar a participação do Brasil no esforço de guerra aliado na II Guerra Mundial.

Figura 3
Custo fixos e variáveis dos diversos modais de transporte

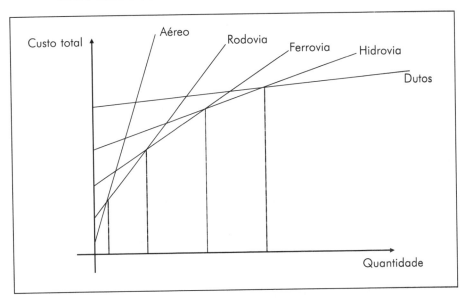

Nesse período a tecnologia se fez sentir ainda mais presente na integração do continente e dos países. O transporte aéreo, bem mais adequado à realidade geográfica do continente do que o ferroviário, rapidamente se espalhou. Entretanto, esse modal é caracterizado por um alto custo variável e um baixo custo fixo no transporte de cargas, sendo ideal para pequenos volumes, conforme indica a figura 3. Isso também é compatível com economias pequenas, que começaram a se desenvolver mais rapidamente nas fases 2a e 2b.

Outra tecnologia que se difundiu nesse período, facilitando a integração nacional, foi o rádio. A expansão desse meio de comunicação também foi rápida, ao contrário do telégrafo, que levou quase um século para se difundir por toda a região, dada a dificuldade para instalar as linhas de comunicação.

Mas a indústria nascente precisava de fontes energéticas, em especial a eletricidade e o petróleo. Assim, a relativa escassez desses recursos começou a constituir-se num entrave ao desenvolvimento local já nesse período.

A América Latina se transformou, conseguindo inserir-se no contexto mundial, tanto no plano militar quanto econômico, embora de forma modesta. Mas suas economias se fecharam, para proteger-se da depressão econômica, e se isolaram, buscando certa neutralidade como mecanismo de defesa contra as guerras mundiais e a Guerra Fria que se seguiria.

Na fase 3 a hegemonia americana ainda não era completa, com a URSS se lhe opondo num conflito bipolar não declarado, a chamada Guerra Fria. Políticas assistencialistas foram adotadas em boa parte da Europa e dos EUA para ajudar na recuperação dos países destruídos pela guerra. Tanto o Japão quanto a Alemanha Ocidental receberam especial atenção para evitar a repetição do erro do tratado de Versalhes, que abrira caminho para o radicalismo na Alemanha.

Esse período se caracterizou por um rápido crescimento econômico e por rápidos desenvolvimentos tecnológicos fomentados em parte por uma competição bipolar. Não houve conflitos diretos entre essas duas potências, mas ocorreram outros nos quais ambas intervieram, como a guerra da Coréia (1950-53) e a guerra do Vietnã (1965-75). A formação do Estado de Israel provocou diversos conflitos no Oriente Médio, cuja importância se tornou então decisiva devido ao petróleo.

Nesse contexto de conflito não declarado numa escala global e com uma região dominando a atenção das duas potências, a América Latina permaneceu uma região relativamente isolada e segura sob o controle dos EUA. A revolução cubana em 1959 marcou o início de maiores investimentos da URSS na região. Porém os acontecimentos no sudeste da Ásia, que eram mais relevantes para a URSS, levaram-na a concentrar seus esforços onde eles podiam dar maiores resultados, como no Vietnã, a partir de 1965.

Após a II Guerra Mundial, os países avançados entraram num período de crescimento caracterizado pelo desmonte das barreiras ao comércio internacional e ao fluxo de capitais, ao passo que a América Latina não mudou muito suas políticas. Assim, suas exportações foram fracas, e ela não se aproveitou da rápida expansão de oportunidades comerciais porque se manteve com economias relativamente fechadas — na verdade, as barreiras comerciais e protecionistas até aumentaram. No entanto, esse foi um período de grande crescimento para a América Latina: as economias locais se diversificaram para além da base agrícola, tornando-se também capazes de produzir bens industriais e serviços em grande quantidade.

O choque do petróleo em 1973 mostrou que era impossível continuar com políticas isolacionistas na região, pois, à exceção da Venezuela, os demais países não tinham grandes reservas de petróleo. A partir daí o desenvolvimento de recursos energéticos se tornou prioritário, com investimentos em hidroelétricas e energia nuclear, mas essa foi uma atitude reativa, tomada apenas após o choque do petróleo e sob o impacto de eventos externos.

GESTÃO PÚBLICA COMO FONTE DE COMPETITIVIDADE NACIONAL   169

Outras tecnologias também avançaram nesse período, permitindo maior integração do continente sul-americano, em especial uma tecnologia de transporte e uma de comunicação: o veículo automotivo e a televisão. A televisão pode ser considerada uma sucessora do rádio, na medida em que, por ser também uma tecnologia de telecomunicação, não necessita do meio físico para a comunicação, o que é fundamental para um continente de relevo acidentado. Assim, pelos mesmos motivos geográficos que os do rádio, também a televisão cumpriu importante papel na integração do continente.

O desenvolvimento do transporte rodoviário também foi incentivado pelos governos, que viam nesse modal uma possibilidade de ampliar a malha viária numa economia ainda em crescimento. Como se pode ver na figura 3, o modal rodoviário é o segundo mais barato para pequenas quantidades de carga. A decisão de estimular a fabricação de veículos automotivos (caminhões e carros) e de construir estradas de rodagem se justifica pelo seu custo mais baixo numa economia em desenvolvimento e pela geografia nacional.

Tal estímulo se deu em parte pela atração de investimentos privados e em parte pela criação de estatais, seguindo uma lógica que pode ser sustentada pelas funções do Estado segundo Smith (1991), isto é, defesa, justiça e investimento. Nessa lógica, o governo e a iniciativa privada devem compartilhar as funções de desenvolvimento nacional: o Estado investindo o dinheiro dos impostos nos setores menos lucrativos, a curto e médio prazos, e a iniciativa privada investindo nos setores mais lucrativos.

Nesse período criou-se na região um grande número de estatais, notando-se maior concentração desses investimentos na base da pirâmide econômica mostrada na figura 4. Tal pirâmide representa de forma esquemática uma economia. A prioridade do investimento estatal está na base da pirâmide, pois, de modo geral, quanto mais perto dela, menor é o retorno do investimento e maior a necessidade de aporte de capital. O ápice da pirâmide é mais apropriado ao investimento privado: aí os retornos são maiores e mais rápidos, embora com maiores riscos. A estratégia de criação de estatais e atração de investimentos privados de forma sinérgica é bastante apropriada ao quadro de uma nação em desenvolvimento com várias novas tecnologias que precisam ser desenvolvidas.

O problema da estratégia adotada foi o esgotamento do modelo de substituição de importações na década de 1970. Não só o choque do petróleo era difícil de prever, mas também o tipo de desenvolvimento tecnológico que gerou novas oportunidades ao longo do período, as quais o governo não pôde aproveitar por não dispor de meios nem agilidade para fazer os investimentos.

Figura 4
"Pirâmide" econômica

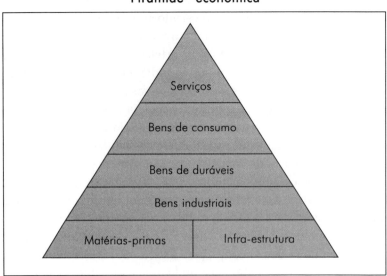

Em termos de defesa, os países da região mantiveram-se capazes de se defender uns dos outros e também de resistir a invasões estrangeiras, o suficiente para evitar conflitos internacionais. Estando todos eles sob a influência do estado hegemônico, também não havia motivos para uma guerra de maiores proporções. Assim, suas Forças Armadas se tornaram mais aptas a reprimir rebeliões e movimentos separatistas ou revolucionários, isto é, se tornaram forças policiais com pouca capacidade de projeção de força além de suas fronteiras, limitando-se a participar de forças multinacionais da Organização das Nações Unidas (ONU).

A partir da II Guerra Mundial o *dreadnought* foi substituído como sistema de armas pelo navio-aeródromo (ou porta-aviões) e pelos artefatos nucleares, inicialmente lançados por bombardeiros e depois por mísseis de alcance cada vez maior. Isso induziu novas corridas armamentistas no continente, dessa vez priorizando navios-aeródromos, forças aéreas, capacidade nuclear e de lançamento de satélites. A capacidade limitada de investimento fez com que os resultados obtidos fossem muito limitados e restritos à capacidade de autodefesa.

No período 1945-80 não houve conflitos entre os países da América do Sul, embora tenham ocorrido vários movimentos revolucionários e golpes militares. A especialização das Forças Armadas locais nas funções de segurança interna e controle policial foi uma resposta natural a essa situação.

GESTÃO PÚBLICA COMO FONTE DE COMPETITIVIDADE NACIONAL

Durante esses anos a região desenvolveu-se bastante, mas não tanto quanto o resto do mundo, que se recuperava do período de guerras de transição. O relativo isolamento das nações sul-americanas permitira que a política de substituição de importações fosse bem-sucedida até então, mas tal modelo encontrava-se agora esgotado. As políticas governamentais foram de modo geral acertadas, apesar dos inevitáveis erros decorrentes da centralização.

A fase 4 é marcada por uma crise mundial e pela mudança de um regime bipolar para outro multipolar. Os EUA alcançaram a hegemonia sem a competição da URSS, mas agora defrontavam-se com o crescimento de novos rivais, como a União Européia, a China e a Índia. Os conflitos se transformam de mundiais em "não-lineares", contra organizações terroristas. O Oriente Médio ainda continua no cerne do cenário mundial devido à importância do petróleo.

A mudança no contexto geopolítico nos obriga a repensar a classificação dos países e dos alinhamentos em blocos econômicos e militares. Analisando as 15 maiores economias do mundo, segundo o produto interno bruto (PIB) em termos de poder de compra equiparado (*purchasing power parity*, ou PPP), montamos a figura 5, onde a população se encontra no eixo vertical em escala logarítmica, e a produtividade *per capita*, no eixo horizontal. A partir de uma análise visual podem-se identificar cinco grupos, confirmados por uma análise de conglomerados (*cluster analysis*).

A mesma análise foi feita para os sete países da América Latina, como mostrado na figura 6, onde três grupos podem ser identificados de forma visual e heurística, também confirmados por uma análise de conglomerados.

A fim de evitar os rótulos tradicionalmente atribuídos a esses conglomerados, a figura 7 apresenta novas denominações para os *clusters* das duas análises, bem como sua composição.

No contexto mundial, os EUA lideram outros países que formam blocos de interesses comuns. O conglomerado dos *novatos* inclui os países que aspiram a entrar no seleto clube dos líderes mundiais, ficando assim num estágio intermediário. Os *neofeudais* são países que, como lembra Braudel (1993), estão num estágio ainda similar em muitos aspectos ao feudalismo e, embora inseridos no capitalismo, vivenciam fortes dicotomias internas por conta dessa situação. Não sendo nem capitalistas nem feudais, foram aqui denominados "neofeudais". Os *gigantes* são um grupo de países com população numerosa e grande fragmentação étnica, lingüística, cultural e também geográfica. Tal como a América do Sul, China, Índia e Indonésia têm um território cheio de montanhas, rios e ilhas, o que facilitou a formação de pequenos grupos populacionais. Sua colonização, porém, é muito anterior à da América do Sul.

Figura 5
Análise de conglomerados das 15 maiores economias mundiais*
(população e produtividade)

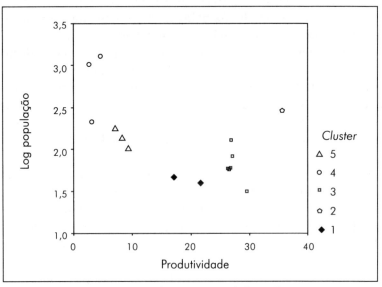

* As economias que compõem os *clusters* constam da figura 7.

Figura 6
Análise de conglomerados das sete maiores economias da América Latina (população e produtividade)

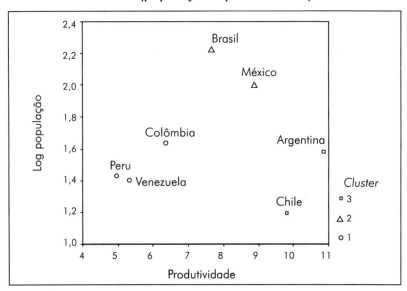

No contexto regional, percebe-se a importância, até hoje, da colonização espanhola inicial e da geografia. México e Brasil têm tamanhos similares e uma diversidade regional interna, enquanto os outros dois grupos se relacionam com os vice-reinados espanhóis dos quais se separaram. Colômbia, Peru e Venezuela receberam o nome de *Grã Colômbia*, embora o Peru não fizesse parte desse vice-reino espanhol, enquanto Chile e Argentina pertenciam ao vice-reino do Prata. As diferenças regionais e de colonização marcaram tais países ao longo dos séculos.

Figura 7
Denominação dos conglomerados (*clusters*)

Quinze grandes economias mundiais (figura 5)				
Líder mundial *Cluster 5*	Velha-guarda *Cluster 3*	Novatos *Cluster 1*	Neofeudais *Cluster 2*	Novos gigantes *Cluster 4*
EUA	Alemanha Canadá França Itália Japão Reino Unido	Coréia do Sul Espanha	Brasil México Rússia	China Índia Indonésia
Sete grandes economias latinas (figura 6)				
Continentais *Cluster 2*		Platinos *Cluster 3*		Grã Colômbia *Cluster 1*
Brasil México		Argentina Chile		Colômbia Peru Venezuela

Porém, o fato de a Rússia estar no mesmo grupo de países latino-americanos parece uma anomalia, uma vez que ela tem muito mais poder de barganha que os demais países desse grupo, possuindo armas nucleares em grande quantidade. Assim, a substituição da população pelo tamanho dos arsenais nucleares (em milhares de ogivas) como medida de poderio militar altera a análise não só por levar em conta uma terceira dimensão, mas também por isolar a Rússia numa categoria à parte, o que permite identificar claramente o G-7 (*clusters* 2 e 3) e o G-8 (*clusters* 2, 3 e 5). A figura 8 mostra o resultado da nova análise.

Outra denominação criada recentemente é o grupo BRIC, que inclui Brasil, Rússia, Índia e China. Tal grupo pode ser obtido fazendo-se o corte da amostra em 10 países, em vez de 15. Numa amostra de 15 países, México e Indonésia teriam de ser também incluídos, transformando o BRIC em BRICMI.

Com uma amostra de 15 países, a Espanha e a Coréia do Sul aparecem também num grupo especial.

Figura 8
Análise de conglomerados das 15 maiores economias mundiais*
(arsenais e produtividade)

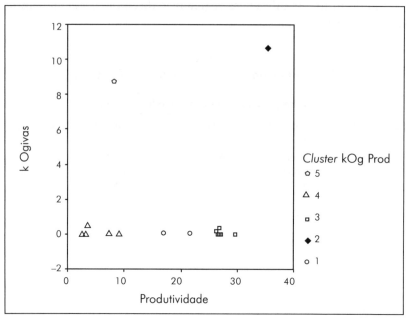

* As economias que compõem os *clusters* constam da figura 7.

Nossa análise agora se volta para a importância da energia, em especial do petróleo, no crescimento das economias, o que explica a centralidade geopolítica do Oriente Médio, onde se concentra grande parte das reservas de petróleo e gás natural. O fato é que a correlação entre o consumo de energia *per capita* e a produtividade *per capita* para as 15 maiores economias do mundo é de 84,9% ($R = 0,849$). Logo, cerca de 85% da variação da produtividade se explicam pela variação no consumo de energia, ou seja, este é um fator decisivo para o crescimento econômico.

A comparação da matriz energética das sete maiores economias da América Latina com a das 15 maiores economias mundiais revela uma das limitações regionais, como é mostrado na figura 9. Observe-se que a matriz das 15 maiores economias se assemelha à do mundo como um todo, mas a da América Latina é diferente, mostrando maior dependência de petróleo e gás, apesar do maior uso de energia hidroelétrica, o que ressalta a deficiência na utilização da energia nuclear e do carvão.

Figura 9
Comparação das matrizes de consumo energético mundial em 2003

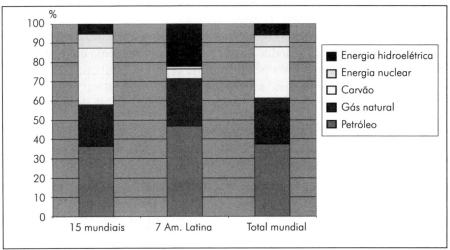

Fonte: BP Statistical Review of World Energy 2004.

Isso explica, em parte, a importância dada, pelas nações com grande produtividade, ao acesso às reservas de petróleo e gás natural do Oriente Médio, bem como a importância relativa das reservas do México e da Venezuela. Uma vez que a produtividade está relacionada ao consumo de energia ($R = 0{,}849$), e que mais de 50% das matrizes energéticas de boa parte desses países compõem-se de petróleo e gás natural, o acesso a tais reservas é que garante a manutenção da produtividade a longo prazo.

Ao longo da fase 4 o mundo sofreu alterações, mas a região do Oriente Médio permaneceu no centro das atenções, devido à relação entre energia e produtividade, e à alta concentração dos recursos energéticos fósseis naquela região. Nesse contexto, a América Latina continuou sendo uma região estável, distante do foco dos conflitos principais, e suas reservas de combustível fóssil, em crescimento, permanecem dentro do alcance de intervenção dos EUA.

O fator militar, em especial o arsenal atômico, moldou e continua moldando a estrutura de poder mundial ao longo da fase 4. Mesmo após o fim da URSS e com o declínio econômico da Rússia, seu arsenal atômico continua garantindo-lhe uma posição de destaque que não poderia ser explicada por sua economia e população.

Em termos econômicos, a fase 4 começou com um grande choque na dívida externa latino-americana, devido à alta dos juros internacionais, gerando a chamada "década perdida". O esgotamento do modelo de substituição de importações levou à abertura econômica verificada no final da década de 1980 e início da de 1990. Os países da região continuaram a tender para uma economia mais baseada em serviços do que na indústria, o que se refletiu também no melhor nível educacional regional.

Com acesso a recursos energéticos limitados, o aumento da escolaridade em termos de duração média da educação formal recebida é um fator que explica melhor o aumento da produtividade regional. Embora a correlação entre escolaridade e produtividade seja de apenas 67,8% ($R = 0,678$), quando analisadas por país as correlações ultrapassam 90%. O alinhamento das variáveis pode ser observado na figura 10.

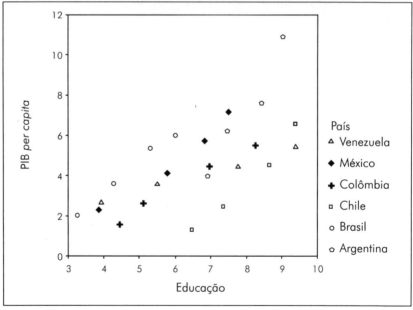

Figura 10
Produtividade e escolaridade

O próximo ponto a ser explorado são as telecomunicações, que continuaram a ser fundamentais no desenvolvimento do continente sul-americano. Se na fase 2 o rádio foi a tecnologia mais importante na integração do continente, papel que na fase 3 coube à televisão, na fase 4 surgem a telefonia

GESTÃO PÚBLICA COMO FONTE DE COMPETITIVIDADE NACIONAL 177

celular e a internet. Freeman e Perez (1988) já apontam a telemática como o quinto ciclo de Kondratieff, o que é corroborado por Castells (2000), que analisa os impactos dessas novas tecnologias no que ele chama de "informacionalismo", a seu ver um novo modelo de produção.

Boa parte do avanço das telecomunicações no continente se deveu a uma onda de liberalização dos mercados e abertura das economias. O continente manteve suas economias fechadas por pouco mais de um ciclo inteiro de Kondratieff (1930-90) e apenas após a exaustão do modelo de substituição de importações é que foi forçado a promover uma abertura, justo quando as interações econômicas se intensificavam.

Isso gerou uma onda de "destruição criativa", para usar a expressão de Schumpeter, ou seja, diversos setores da economia regional foram obrigados a se modernizar, e aqueles que não foram capazes de se adaptar acabaram falindo. Setores como telecomunicações, automotivo, têxtil e bancário tiveram que ser reestruturados. Uma das formas de explicar esse fenômeno é novamente a teoria dos jogos, através do dilema do prisioneiro, também chamado de jogo da inovação.

Ao longo da década de 1990 houve várias privatizações, ao contrário da fase anterior, quando se fomentou a criação das estatais. Agora, porém, tais empresas já estavam estabelecidas e não mais necessitavam de investimentos estatais, podendo passar ao controle privado. Além disso, o Estado não tinha capacidade suficiente para fazer os grandes investimentos necessários às novas tecnologias, tais como a biotecnologia, a energia nuclear e a tecnologia espacial. O modelo de desenvolvimento estatal tinha dado relativamente certo, mas estava na hora de mudar o foco.

Nas fases anteriores prevalecera o modelo econômico fechado e centralizado, com investimentos estatais, o que fazia sentido em economias pouco desenvolvidas. O sucesso desse modelo levou à sua própria obsolescência, pois a economia na fase 4 estava bem mais desenvolvida e diversificada, mas não totalmente consolidada a ponto de permitir um modelo completamente liberalizado. A busca de um Estado nem liberal e nem centralizado levou à escolha intermediária de um Estado regulador, o que pode ser justificado pela lógica da teoria dos jogos. Na região, a transição para um modelo de Estado menos interventor é conseqüência da mudança conjuntural do mundo e do próprio sucesso das políticas da fase anterior.

O próximo tema a ser explorado é a rede viária. Na fase 4, o desenvolvimento do modal hidroviário deveria ser uma conseqüência natural, mas isso não aconteceu. Tampouco houve um desenvolvimento significativo dos modais ferroviário e dutoviário. Entre as 15 maiores economias do mundo, observa-se uma correlação entre a área dos países e a extensão das ferrovias e das hidrovias, mas de nenhum outro modal. Isso indica que, apesar das diferenças geográficas, tais modais têm relação com a extensão do território. Já na América Latina as variáveis que se correlacionam com a área total são diferentes, a saber: a extensão das rodovias e das hidrovias, e o número de navios e aeroportos.

As hidrovias aparecem correlacionadas com a área total nas duas amostras. Apesar de não ter havido na América Latina um forte crescimento desse modal, sua extensão aproxima-se daquela existente no resto do mundo, estando relacionada com a área dos países, não obstante as diferenças geográficas. Esse é um resultado inesperado.

Na amostra da América Latina surgem correlações com a área total para os modais que se desenvolveram fortemente ao longo do século XX, isto é, aeroportos e rodovias. Isso pode ser explicado pela sua topografia problemática, sendo mais fácil transportar por ar e construir rodovias nesse tipo de terreno, principalmente em comparação com as ferrovias.

A íntima relação entre defesa e meios de transporte leva ao tema seguinte: a evolução da defesa nacional e dos conflitos na região nesta última fase. O único conflito significativo foi travado pela posse das ilhas Falklands (ou Malvinas) entre a Argentina e o Reino Unido. Não houve operações de grande porte no continente, tampouco o uso de artefatos nucleares, mas essa foi a primeira vez que uma nação sem armas nucleares desafiou outra munida desse tipo de armamento.

O conflito demonstrou que forças armadas especializadas no combate a guerrilhas e no controle policial não estão capacitadas a intervir no contexto internacional. Ficou demonstrada, ainda, a importância dos equipamentos de alta tecnologia. Percebendo isso, Argentina e Brasil procuraram desde então modernizar suas Forças Armadas para torná-las capazes de projetar força além do continente. Isso marcou o início da transição de um tipo de forças armadas com função predominantemente policial e assistencial, como o foram na fase 3, para outro especializado na defesa nacional — transição ainda incompleta. As Forças Armadas da região passaram também a participar de operações internacionais da ONU.

A diminuição da competição militar na região deu margem a maior integração econômica através do Mercosul e do Pacto Andino.

Após analisarmos o percurso das diversas variáveis ao longo das quatro fases do século XX, podemos agora julgar se o modelo se comportou como previsto. A primeira variável a ser examinada é a gestão pública, que foi modificada por dois grandes movimentos, um na década de 1930 e outro na década de 1990, conforme mostrado na figura 11.

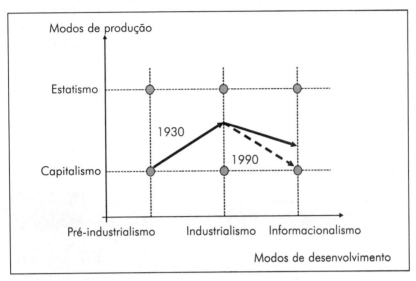

Figura 11
Evolução da variável gestão pública

O primeiro movimento, caracterizado pela busca de uma economia fechada e auto-sustentada, era um mecanismo de proteção contra um contexto mundial turbulento e contra os regimes autoritários. Isso levou à formação de Estados nacionais modernos.

O segundo movimento teve início com a crise da década de 1980, quando a região começou a se encaminhar para uma economia mais aberta. A abertura dos mercados no começo da década de 1990 levou as instituições e práticas públicas a se adaptarem ao novo ambiente, buscando uma inserção global. O modo de desenvolvimento, antes baseado na indústria, passa a privilegiar os serviços e as trocas num nível global, o que caracteriza o informacionalismo. Paralelamente, a tentativa de reformar o aparelho do Estado não logrou diminuir a sua participação no campo produtivo tanto quanto se esperava. Criaram-se agências reguladoras, mas estas não demonstraram ter nem a isenção nem a autoridade necessárias. Além disso, nem todas as empresas estatais foram privatizadas. A figura 11 representa graficamente dois movimentos na década de 1990: o intencionado por alguns reformistas do Estado (em tracejado) e o efetivamente realizado (em linha cheia).

Tais movimentos afetaram todo o sistema, conforme previsto pelo modelo. A variável *inovação* foi afetada a cada mudança, seja pelo modelo econômico, seja pelo tipo e localização das pesquisas, além da finalidade a que visavam. Se na fase 1 buscavam-se novos bens, particularmente através de pesquisas epidemiológicas, nas fases 2 e 3 buscaram-se novas fontes de matéria-prima, novas formas de organização e novos métodos de produção, atendendo ao modelo de substituição de importações. Na fase 4 buscaram-se novos mercados, segundo a lógica da orientação para as exportações.

Figura 12
Evolução das variáveis

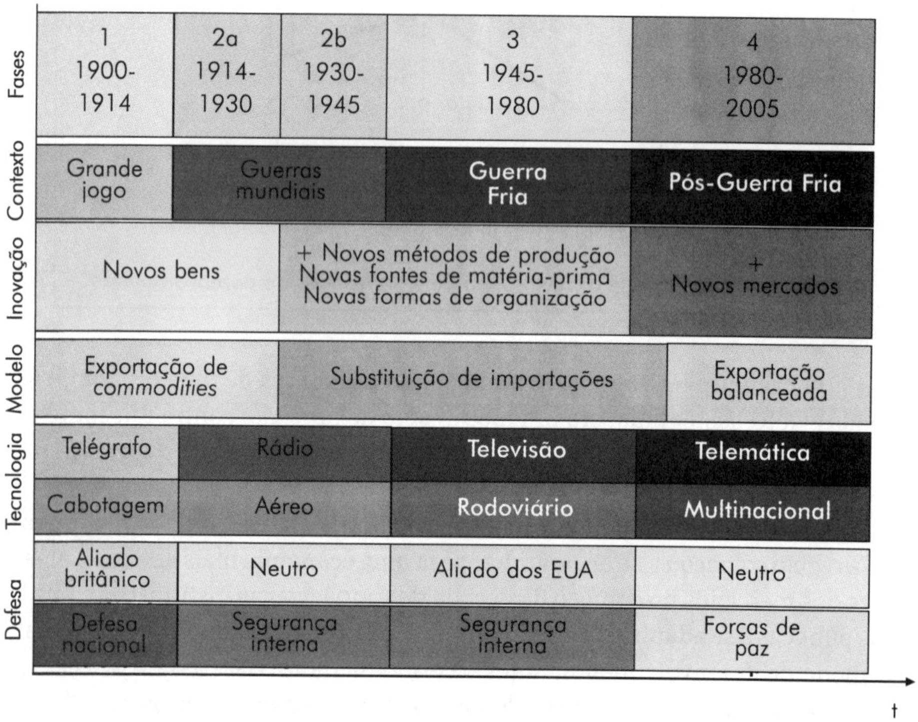

	1 1900-1914	2a 1914-1930	2b 1930-1945	3 1945-1980	4 1980-2005
Contexto	Grande jogo	Guerras mundiais		Guerra Fria	Pós-Guerra Fria
Inovação	Novos bens	+ Novos métodos de produção Novas fontes de matéria-prima Novas formas de organização			+ Novos mercados
Modelo	Exportação de commodities	Substituição de importações			Exportação balanceada
Tecnologia	Telégrafo	Rádio		Televisão	Telemática
	Cabotagem	Aéreo		Rodoviário	Multinacional
Defesa	Aliado britânico	Neutro		Aliado dos EUA	Neutro
	Defesa nacional	Segurança interna		Segurança interna	Forças de paz

Fases indicada na primeira coluna.

t

A variável *custos de transação* pode ser medida ao longo do período através de seus dois componentes: custos de mercado e custos de informação. Os custos de mercado podem ser analisados pela infra-estrutura viária e de comunicações, e foram gradualmente reduzidos à medida que os modais de transporte e as novas formas de comunicação se expandiam. Os custos de informação foram estimados através da educação, e seu impacto na produtividade foi evidenciado estatisticamente.

A variável *eficiência militar* se traduz no papel das Forças Armadas, que se vai alterando para tornar-se coerente com o contexto global e a posição geopolítica assumida, às vezes de neutralidade, às vezes de aliado da potência hegemônica. A redução dos custos de transação relativos ao transporte, em especial, resultou em maior rapidez de reação, o que inibiu as rebeliões, permitindo sufocá-las em seus estágios iniciais. Conseqüentemente, o século XX viu as revoltas e movimentos separatistas se reduzirem em intensidade à medida que as redes viárias se expandiam.

A variável *produtividade* pode ser medida quantitativamente através de séries históricas. Dados da Erth Trends (WRI, 2004), a partir de 1975, e de Hofman (2000:169-170), anteriores a 1975, foram obtidos para as seis maiores economias da América Latina, a saber: Argentina, Brasil, Chile, Colômbia, México e Venezuela. A figura 13 reproduz graficamente os dados da série de Hofman.

Figura 13
Produtividade *per capita* — 1900-94 (US$ de 1980)

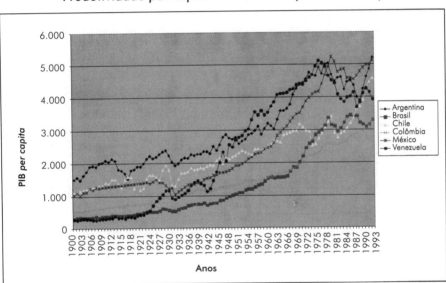

Fonte : Hofman, 2000:169-170.

Comparando as fases 1 (1900-14), 2 (1915-45), 3 (1946-80) e 4 (1981-94) através de uma análise de variância (Anova) para a série de Hofman, observa-se que a divisão por fases é significativa ao nível de 1% para todos os seis países. Isso indica que tal divisão é um bom fator de explicação para o aumento de produtividade na América Latina.

Chega-se, por fim, à variável *competitividade*, na qual se utilizou a metodologia de análise de conglomerados, desenvolvida e calibrada anteriormente, para os seis países da América Latina para os quais se encontrou uma série histórica desde 1900, referente tanto à produtividade quanto à população.

As figuras 14, 15,16 e 17, baseadas em dados de Hofman, mostram a análise para os anos de 1914, 1945, 1980 e 1994, respectivamente. A comparação com a figura 6, com dados da EarthTrends relativos a 2002, deve ser feita com cuidado, pois as escalas de produtividade não são as mesmas.

Figura 14
Análise de conglomerados para a América Latina (dados de 1914)

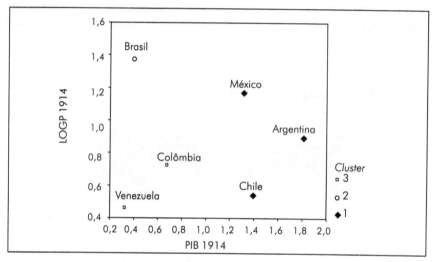

Figura 15
Análise de conglomerados para a América Latina (dados de 1945)

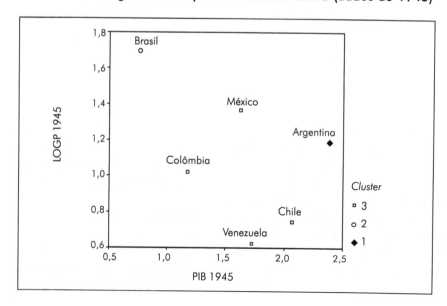

GESTÃO PÚBLICA COMO FONTE DE COMPETITIVIDADE NACIONAL 183

Figura 16
Análise de conglomerados para a América Latina (dados de 1980)

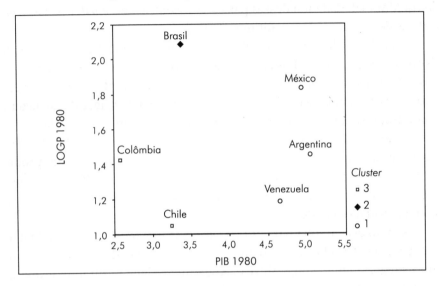

Figura 17
Análise de conglomerados para a América Latina (dados de 1994)

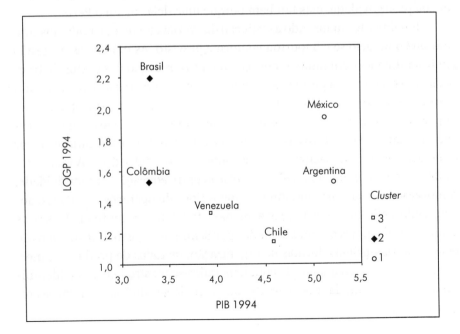

A diferença de 1914 para 1945 (figuras 14 e 15) mostra a polarização da dominância da região entre Argentina e Brasil, a qual aumentou durante a II Guerra Mundial. Cada um desses países se encontra num *cluster* isolado, estando os demais reunidos no último *cluster*.

A evolução de 1945 para 1980 (figuras 15 e 16) mostra os reflexos da crise do petróleo, com os dois países mais ricos em petróleo apresentando um grande avanço e se inserindo no grupo mais produtivo, juntamente com a Argentina. O Brasil mostra os efeitos de sua revolução industrial e deixa de ter a menor produtividade do continente, mas permanece num grupo isolado.

A variação entre 1980 e 1994 (figuras 16 e 17) mostra os efeitos da década perdida no continente, com diversos países tendo reduções em suas produtividades. O México e Argentina ficam numa categoria, e o Brasil se une à Colômbia no grupo menos produtivo, ao passo que o Chile e a Venezuela ficam num grupo separado

A mudança de 1994 para 2002 (figuras 17 e 6) mostra a queda final da Venezuela, que fica abaixo da Colômbia, e o crescimento do Brasil, que acaba numa categoria junto com o México. Argentina e Chile ficam num grupo de países pouco populosos porém produtivos, enquanto Peru, Colômbia e Venezuela se estabelecem no último grupo. A comparação dessas duas análises é complicada, não só porque utilizam metodologias diferentes para o cálculo da produtividade, mas também porque uma delas inclui o Peru.

Finalmente, analisando a evolução das variáveis entre si, podemos concluir que o modelo se comportou conforme previsto. As mudanças na gestão pública influenciaram tanto a inovação quanto a redução dos custos de transação. Entretanto, boa parte das tecnologias que se mostraram decisivas para a evolução da região, tanto nas comunicações quanto nos transportes, foi importada. A redução nos custos de transação influenciou não apenas a eficiência militar — reduzindo o custo e o tempo de intervenção, e permitindo maior integração no âmbito nacional — , mas também a produtividade. A mais forte evidência dessa interação é a alta correlação entre educação e produtividade. A inovação, por sua vez, possibilitou novos tipos de operações militares, aumentando a eficiência das Forças Armadas e também a produtividade, graças a uma série de inovações mencionadas por Schumpeter, isto é, novos tipos de bens, matérias-primas, formas de organização, métodos de produção e mercados. Finalmente, a análise de conglomerados se mostrou eficaz ao identificar as principais mudanças ocorridas ao longo do século XX nas relações regionais de poder.

Considerações finais

Voltamos agora à pergunta principal: como a gestão pública estimulou a competitividade nacional na América Latina ao longo do século XX? Concluímos que a gestão pública estimulou a competitividade nacional de forma reativa aos fatores externos, adaptando-se em vez de planejar, e que isso se deu através de dois grandes movimentos: um na década de 1930 e outro na década de 1990 (ver figura 11).

O primeiro movimento ocorreu por conta do esgotamento do modelo de exportação de *commodities* ao fim do terceiro ciclo de Kondratieff, e o segundo, uma década após o esgotamento do modelo de substituição de importações ao fim do quarto ciclo de Kondratieff. Assim, a década de 1980 pode ser considerada realmente uma "década perdida". Cada fim de ciclo de Kondratieff foi marcado por uma crise internacional que causou forte impacto nas economias regionais.

Tais mudanças configuram uma região periférica, no sentido de seguir se adaptando às mudanças do sistema, tendo nelas pouca influência. Isso confirma a tese principal dos teóricos da Cepal, sem partir do pressuposto de periferia e, portanto, evitando o risco de causalidade circular. Tais mudanças não foram planejadas ou vislumbradas com antecedência, ocorrendo sempre de forma reativa e ineficiente, mas conseguiram reverter um quadro de esgotamento do modelo anterior. As mudanças também podem ser encaradas como decisões coletivas racionais, pois fazem grande sentido no ambiente em que se deram.

Entretanto, a pesquisa suscitou novas perguntas e respostas, algumas previstas inicialmente, outras não. Por exemplo:

▼ O modelo se comportou conforme previsto para a amostra selecionada?

Em geral o sistema funcionou, com duas exceções: principais inovações de origem externa e importância reduzida da variável militar. Ambas as distorções podem ser explicadas pelo fato de a região pertencer a um sistema maior, da qual é um "subsistema", o qual pode ser considerado periférico, tendo transitado da "órbita" do Reino Unido para a dos EUA, conforme previsto pela lógica geopolítica de Seversky.

▼ A ação da gestão pública foi coerente à luz da teoria dos jogos e da coopetição?

Sim, os dois movimentos principais são coerentes com a teoria dos jogos e a lógica da coopetição. O movimento inicial (1930) visou reduzir o grau de competitividade, de modo que a economia pudesse desenvolver-se de maneira isolada e protegida. Isso resultou numa economia diversificada e sólida, mas que, após um ciclo de Kondratieff, carecia de pressão competitiva para continuar inovando e se desenvolvendo.

O segundo movimento (1990) ocorreu com uma década de atraso, quando o modelo já se havia esgotado e estava precisando de pressão competitiva para iniciar a sua co-evolução com o resto do sistema mundial.

Entretanto, é importante notar que a "reforma do Estado", visando a um modelo regulador, está em grande parte incompleta. Novamente, à luz da teoria dos jogos, ainda existem benefícios a curto prazo — seja para um governante, um partido político ou uma empresa — que podem trazer grandes prejuízos a longo prazo para a sociedade em geral, sendo pois necessário inibi-los reduzindo a influência de um determinado governo sobre a gestão pública como um todo. Ainda não se conseguiu implantar, de modo mais efetivo, nem agências reguladoras independentes de partidos políticos, nem uma burocracia mais profissionalizada — nos moldes já existentes em certos setores, como as Forças Armadas e a diplomacia —, embora tenha havido tentativas nesse sentido no começo da década de 1990.

Outro ponto importante a ser destacado é a coopetição entre Argentina, Brasil e Chile. Embora tais países tenham cooperado em diversas situações, sempre houve também competição entre eles, tanto no campo econômico quanto militar, como o atestam as diversas corridas armamentistas ao longo do século XX e as guerras no século XIX.

Referências bibliográficas

ARRIGHI, Giovanni. *O longo século XX*: dinheiro, poder e as origens de nosso tempo. Rio de Janeiro: Contraponto, 1996.

_____. Geopolítica e altas finanças. In: ARRIGHI, Giovanni; SILVER, Beverly J. *Caos e governabilidade no moderno sistema mundial*. Rio de Janeiro: Contraponto/UFRJ, 2001.

BP STATISTICAL Review of World Energy 2004. Disponível em: <www.bp.com/ statisticalreview2004>. Acesso em: 13 out. 2004.

BRAUDEL, Fernand. *A history of civilizations*. New York: Penguin, 1993.

CASTELLS, Manuel. *The information age*: economy, society and culture. Oxford: Blackwell, 2000. v. 1: The rise of the network society.

FRANK, Andre Gunder. *ReOrient*: global economy in the Asian age. Los Angeles: University of California Press, 1998.

FREEMAN, Christopher; PEREZ, Carlota. Structural crises of adjustment, business cycles and investment behavior. In: DOSI, Giovani et al. (Eds.). *Technical change and economic theory*. London: Pinter, 1988.

HOFMAN, André A. *The economic development of Latin America in the Twentieth Century*. Chelterham: Edward Elgar, 2000.

KENNEDY, Paul. *The rise and fall of the great powers*. Glasgow: Fontana, 1989.

MAHAN, Alfred T. *The influence of sea power upon history:* 1660-1783. New York: Dover, 1987.

NORTH, Douglass C. *Institutions, institutional change and economic performance*. Cambridge: Cambridge University Press, 1990.

_____; THOMAS, Robert Paul. *The rise of the Western world:* a new economic history. New York: Cambridge University Press, 1993

ORDESHOOK, Peter C. *Game theory and political theory*. New York: Cambridge University Press, 1986.

SCHUMPETER, Joseph A. *The theory of economic development*. New York: Oxford University Press, 1961.

SMITH, Adam. *The wealth of nations*. New York: Prometheus, 1991.

THE WORLD FACTBOOK 2004. Disponível em: <www.cia.gov/cia/publications/factbook/index.html>. Acesso em: 5 set. 2004.

TILLY, Charles. *Coercion, capital and the European states*. London: Blackwell, 1992.

WORLD RESOURCES INTITUTE (WRI). *EarthTrends:* the environmental information portal. Disponível em: <http://earthtrends.wri.org>. Acesso em: 20 set. 2004.

Por uma teorização das organizações de produção artesanal

Heliana Marinho da Silva

Introdução

Os processos mundiais de realinhamento das relações entre os setores público e privado, bem como os questionamentos do papel do terceiro setor[1] têm impulsionado mudanças significativas nas formas de organização da sociedade e dos sistemas de produção e consumo. Como reflexo desse movimento pendular, percebem-se, na atualidade, tendências a uma significativa flexibilidade das funções mais tradicionais dos segmentos governamentais e econômico-sociais. Tal circunstância favorece que entes públicos e privados, Estado e sociedade, mercado e consumo passem por uma amalgamação política e institucional, com a redefinição, ainda que imprecisa, de suas competências históricas.

A transformação em curso exige das organizações uma atualização estratégica para assumir responsabilidades compartilhadas, visando ao desenvolvimento e ao bem-estar coletivo. Com repercussões políticas e organizacionais relevantes, mercado, Estado e sociedade passam a ser remodelados, de acordo com uma versão mais integrativa, para gerar resultados no campo econômico e social.

Essa dinâmica apóia-se, entre outros argumentos, na tentativa de possibilitar a inclusão social de densos segmentos populacionais excluídos dos benefícios dos modelos de desenvolvimento adotados. Por outro lado, o próprio esgotamento dos arranjos econômicos vigentes, além de suas externali-

---

[1] Tenório, 2004.

dades negativas, impõe a necessidade de reformulação dos seus paradigmas de orientação e sustentação.

Assim, enquanto a expansão do consumo se apresenta como um imperativo de sobrevivência do sistema econômico, os modelos de produção alternativos oferecem uma oportunidade para estimular o desenvolvimento de mecanismos não convencionais de participação produtiva. Ambos os fatores, articulados, fomentam a adesão de grupos e elementos ainda não absorvidos pelas correntes dominantes na geração de emprego e renda.

No aspecto político-institucional, tem sido grande o esforço para induzir a participação de sujeitos sociais na discussão de estratégias de desenvolvimento. A criação das chamadas "novas institucionalidades", personificadas na forma de conselhos, fóruns, governanças, pactos sociais, associações, entre outras, tem despertado a atenção para as inúmeras possibilidades de participação de pessoas e organizações nos processos decisórios de políticas de desenvolvimento territorial.

No âmbito empresarial disseminam-se modelos para o envolvimento efetivo de trabalhadores nas diretrizes corporativas; no seio da sociedade em geral estimula-se a construção de redes de governança, cooperação e solidariedade. Essas redes relacionais reforçam a criação de novos enclaves de produção, bem como a efetivação de alianças estratégicas para combater a exclusão social, dinamizar o mercado e aumentar os níveis de satisfação de consumidores e usuários, preocupados com requisitos éticos e culturais que possam impactar o objeto do seu consumo.

Sem questionar, por ora, a efetividade dessas institucionalidades e dos modelos gregários de organização produtiva contemporânea, instalados no Brasil com maior vigor na última década do século XX, esse movimento tenta romper com a predominância dos métodos de trabalho e das formas de gestão e relacionamento implantados a partir da Revolução Industrial.[2] A herança do modelo organizacional baseado na produção em larga escala reafirma a supremacia dos sistemas empresariais desenvolvidos na clausura da arquitetura industrial e que promovem, de forma preocupante, a dissipação de recursos naturais não-renováveis. O chão de fábrica e os procedimentos gerenciais adotados eram prioritariamente desenhados para atender à expansão das corporações fabris e das relações impessoais nelas estabelecidas.[3]

Contudo, no limiar do século XXI, há um reconhecimento de que os esquemas de produção não ficaram restritos apenas aos limites físicos e

---

[2] Chomsky, 1999.
[3] Polanyi, 1980.

POR UMA TEORIZAÇÃO DAS ORGANIZAÇÕES DE PRODUÇÃO ARTESANAL

191

operacionais das grandes empresas. Paralelamente, e de forma persistente, foram mantidos tipos de produção artesanal, mobilizando pessoas e grupos que não conseguiram ou não quiseram escalar os muros das unidades empresariais que acenavam com as vantagens do emprego formal. Diante desse quadro, os sistemas político e econômico dominantes têm investido na apropriação e difusão dessas modalidades produtivas não convencionais. Estas, aliás, têm sido adotadas como estratégias de promoção da inclusão produtiva, numa tentativa de responder à necessidade de implantação dos históricos direitos de cidadania,[4] sobretudo o direito de participar dos benefícios da economia.

O desejo de disseminar métodos alternativos de trabalho, notadamente aqueles baseados nas habilidades criativas, tem fomentado a elaboração de legislação pertinente[5] e a canalização de recursos e o estabelecimento de estratégias para o desenvolvimento do setor artesanal, com a valorização cultural, profissional, social e econômica do artesão. A inspiração inclusiva, que inegavelmente tem estimulado o aproveitamento de talentos individuais e coletivos para incrementar a geração de emprego e renda, contribui também para a recuperação de técnicas de produção artesanal ou não-industrial ainda preservadas em grupos familiares, tribais e comunais.[6]

A tese aqui defendida é que os núcleos artesanais não representam apenas estratégias de sobrevivência de grupos sociais à margem do sistema. Trata-se de esquemas de produção que se mantêm vivos, paralelamente ao processo de industrialização. Ofuscado pela predominância dos processos empresariais, o modelo de produção artesanal foi ignorado pelas teorias administrativas, desde os autores clássicos até os pós-modernos. Como expressão de sistemas auto-organizados,[7] o artesanato representa uma forma de emulação ou de resiliência diante do modelo de produção econômica dominante no mundo contemporâneo, surgindo como uma opção amadurecida para a geração de emprego e a promoção do desenvolvimento local e territorial na atualidade.

O artesanato: conceituação e dinâmica produtiva

A história do artesanato confunde-se com a história da humanidade e remonta ao período neolítico, quando o ser humano passou a criar e desenvolver artefatos para garantir sua sobrevivência e o bem-estar individual e

---

[4] Marshall, 1987.
[5] Sebrae, 2004; Brasil, 1995.
[6] Ferreira, 1986.
[7] Maturana, 2001.

192 NOVAS IDÉIAS EM ADMINISTRAÇÃO 2

coletivo, produzindo objetos com suas próprias mãos.[8] O artesanato também está ligado, por um fio invisível, ao mundo do trabalho, que assumiu diferentes formatos desde a pré-história até os nossos dias.[9] Portanto, para conceituar o artesanato com um mínimo de racionalidade é preciso mergulhar na odisséia humana e fazer uma nova leitura da história, que determinou culturas; dos medos, que impulsionaram mudanças; das estratégias de sobrevivência; dos desafios de aprendizagem; das formas de dominação e de divisão do trabalho; e, finalmente, dos artifícios para o desenho e a construção do próprio tempo.

Todos esses elementos certamente emolduraram a produção artesanal. Todavia, para além da necessidade de criar instrumentos utilitários, há que se reconhecer a tênue fronteira entre o artesanato e a cultura,[10] notadamente a cultura popular, na medida em que, segundo Adam (1947), o artista primitivo confunde-se com o artesão.[11] Para esse autor, a arte[12] evidencia-se no artesanato como forma de expressão do gênio criador do homem e de sua ordem estética, pois permite, sumariamente, a materialização da subjetividade do artesão através da replicação de objetos que se diferenciam uns dos outros por pequenos detalhes nas maneiras de criar, copiar e manusear a matéria-prima. O artesanato, ainda hoje, tem como fonte de inspiração as crenças, religiões, tradições, modos de vida e valores, e promove a representação da realidade cotidiana através da produção seriada de artigos utilitários, como vestimentas, adereços, mobiliário, objetos decorativos e funcionais.

O artesanato singulariza-se, também, pela tradução das representações simbólicas de cada artesão, embora Adam reconheça que os signos representados em todas as épocas sejam universais: figuras humanas, míticas e reli-

---

[8] Em suas pesquisas sobre a história da arte, Chiti (2003) argumenta que, do período neolítico ao paleolítico superior, já estava estabelecida a diferença entre os objetos produzidos somente para servir, utilitários e funcionais, e aqueles concebidos apenas para ser apreciados, a exemplo das estatuetas e desenhos animalistas que registravam a experiência humana, embora sem utilidade cotidiana. Os primeiros, funcionais, deram origem ao que se conhece por artesanato. Os objetos não-utilitários, de caráter contemplativo ou devocional, originaram a produção artística.

[9] Cardoso, 2003.

[10] Klein (2005) apresenta evidências arqueológicas de que há cerca de 30 mil anos os homens pré-históricos que habitavam a região da Tanzânia, na África, fabricavam contas com casca de ovo de avestruz. As contas tinham um sentido simbólico, como valor de troca, e podem estar associadas ao despertar do comportamento do homem moderno: pessoas com habilidades e capacidade cognitiva, e o desenvolvimento de complexas redes sociais para a sua segurança.

[11] O conceito de arte primitiva, segundo Adam, aplica-se a obras genuínas, que apresentam certa ingenuidade de inspiração e simplicidade de visão. Indiferente à periodicidade dos estilos artísticos, a arte primitiva é um fenômeno de todos os povos e está presente em todos os tempos.

[12] A arte, em sentido lato, é um fenômeno historicamente determinado. Toda cultura define, através de suas manifestações, uma concepção de arte. Como cada grupo social gera, transforma e é produto da sua cultura, a arte se modifica ao longo do tempo (Colombres, 1997).

POR UMA TEORIZAÇÃO DAS ORGANIZAÇÕES DE PRODUÇÃO ARTESANAL   **193**

giosas; liturgias, rituais, cruzes, pinturas corporais, desenhos representativos da natureza; utensílios de matéria-prima animal, vegetal ou mineral. É nessa perspectiva que se coloca a confecção de artefatos, a exemplo dos utensílios, adereços, ferramentas, armas, objetos lúdicos e vestimentas fabricados por diferentes povos, à mesma época ou não.

Dessa forma, Adam (1947) e principalmente Colombres (1997) ajudam-nos a perceber que a diferença no resultado da produção artesanal, assim como da arte primitiva, está na maneira de transformar uma representação em objeto, a partir da escala de produção, da fonte de inspiração e do material utilizado. Isso sempre vai ocorrer de acordo com a percepção e o olhar do artesão que, impregnado de subjetividade, trabalha como um minimalista das necessidades humanas e transforma a cultura em matéria concreta.

A cultura que fundamenta a atividade artesanal não está sendo aqui entendida no seu sentido antropológico, como resultado do desenvolvimento de atividades da sociedade humana, acumuladas e selecionadas ao longo do tempo.[13] O conceito de cultura aplicado ao artesanato está referenciado na arte, preferencialmente a de natureza popular, criada por um povo de baixo poder aquisitivo, pertencente em grande parte aos estratos econômicos menos favorecidos.[14] A arte popular artesanal aqui defendida não é aquela direcionada para o entendimento das massas, mas a arte criada por elas, como necessidade estética, funcional ou de sobrevivência.

Nesse particular, é conveniente digerir a crítica da indústria da cultura elaborada por Adorno e Horkheimer (1985), que mostram o fracasso de todas as tentativas de busca de identidade na arte, cuja distorção estética é submissa ao mercado, que transforma a imitação em algo absoluto e mercantiliza a cultura.

Características do artesanato

As principais características do artesanato são utilidade, funcionalidade e seriação em pequena escala. Tais características são aceitas em diferentes regiões, países e continentes, e permanecem inquestionáveis ao longo do tempo.[15] O que diferencia o artesanato produzido em determinado território, conferindo-lhe exclusividade, é basicamente a forma de conceber e produzir arte-

---

[13] Colombres, 1997; Jacoby, 2001; Klein, 2005.
[14] Chiti, 2003.
[15] Colombres, 1997.

fatos, de acordo com a interpretação da cultura e da história local, com a utilização de matéria-prima disponível no território.

Chiti (2003) considera o artesanato como expressão da vida e postula a ressignificação da atividade artesanal diante dos conceitos de cultura e arte. Avança conceitualmente ao classificar a arte indígena como artesanato etnográfico, e o resgate de tradições e manifestações populares como artesanato folclórico ou tradicional, reafirmando que a arte popular é o artesanato do povo inculto e iletrado. Sustenta, ainda, que a reabilitação do artesanato recupera cultura de um grupo e a sua condição de ser único,[16] mesmo que esse artesanato, na atualidade, seja estimulado como oportunidade de geração de renda e tenha por base a atividade laboral e ocupacional, em detrimento do valor estético da arte.

A idéia de que não existe fronteira para o ser humano representar sua visão de mundo valida o argumento de Frota (2005) sobre a fragilidade da diferenciação entre cultura erudita e cultura popular, entre arte e artesanato. Assim, em função de características comuns, pode-se dizer que o artesanato tem suas raízes na arte primitiva, comungando nas mesmas fontes de inspiração, embora se diferencie dela pela possibilidade de replicação e reprodução, em pequena escala, de objetos, monumentos, marcos e resquícios da história. A arte, por sua vez, cria peças únicas e exclusivas,[17] influenciadas pelas condições culturais.

Assim como a arte primitiva, o artesanato, mesmo compreendido como um conjunto de objetos replicados e trabalhados em pequena escala, inegavelmente guarda traços individuais de seu executor, tornando cada peça original e singular.[18] Para tal o artesão deve trabalhar com técnicas, ferramentas, equipamentos e matérias-primas disponíveis em seu território e acessíveis ao seu nível de conhecimento. A inspiração para o trabalho vem da sua história, da conjugação dos fatores étnicos, culturais, econômicos, sociais e ambientais que modelam seu cotidiano.

No sentido etimológico, Chiti considera que artesanato deriva de artesão, de artífice, de trabalho feito à mão, ensinado a aprendizes por um mestre de artes e ofícios. A palavra artesão foi empregada na Antigüidade, na Idade Média, no Renascimento, na idade moderna e industrial. Com significados similares, a produção artesanal ressurge atualmente como importante função

---

[16] Para Chiti, a arte permite a reaculturação de um povo colonizado, devolvendo-lhe seu processo criativo, seu artesanato, sua simbologia e seu modo de vida, fundados na solidariedade e na cooperação.

[17] Colombres, 1997.

[18] Adam, 1947.

POR UMA TEORIZAÇÃO DAS ORGANIZAÇÕES DE PRODUÇÃO ARTESANAL

laboral e ocupacional, permitindo que excluídos do mercado de trabalho formal criem novas ocupações para a geração de renda.

Na atualidade, as necessidades econômicas têm feito aumentar o número de pessoas que vivem do artesanato.[19] Despojados dos seus meios de produção, como a terra, subsistem confeccionando objetos muitas vezes desprovidos de valor estético ou econômico, mas que suprem, ainda que de maneira precária, suas necessidades materiais e existenciais.[20] Entre o contingente de artesãos, dedicado a representar a existência e a espiritualidade e a atender às suas necessidades materiais, não raro encontram-se artistas populares, criando ou dando novas formas a objetos que podem ser considerados obras de arte. A distinção entre arte popular e artesanato é ambígua, na opinião de Colombres (1997). Para ele a arte é criação baseada na própria existência do artista e na sua percepção do mundo, enquanto o artesão copia e multiplica o resultado da criação com habilidade e técnicas rudimentares. O mercado remunera melhor o artista por reconhecer a exclusividade da sua obra e o seu esforço de originalidade, de modo que os objetos por ele criados contribuem para o acervo de cultura.

Todavia, mesmo que o artesão seja visto como o produtor de objetos de utilidade prática e cotidiana, e o artesanato, como a recriação e reprodução de elementos formais preestabelecidos, com função utilitária, ambos estarão sempre presentes na cultura de um povo.[21] O artesão precisa de uma compensação financeira imediata para o seu produto, pois não dispõe de tempo ou recursos para investir em técnicas, estética, qualidade, capacitação e pesquisa, ou mesmo para esperar que o mercado reconheça o valor, imaterial, do seu trabalho. Por mais que os mecanismos e ferramentas utilizados na produção artesanal limitem a escala de produção, o artesão fabrica em série para sobreviver.

Como o sistema capitalista tem reforçado as desigualdades sociais[22] e afetado a oferta de empregos, o número de micro e pequenos negócios tem aumentado em nosso país.[23] Nesse ambiente proliferam as iniciativas de produção artesanal, como economias incipientes, com possibilidade de gerar algum tipo de renda para a sobrevivência. Todavia, essa situação mostra que, na atualidade, talvez até por falta de escolha, um grande contingente de indiví-

---

[19] Colombres (1997) estima que no México existam 10 milhões de artesãos; no Brasil, dados incertos do Ministério do Desenvolvimento Econômico indicam 8 milhões (Sebrae, 2004).

[20] Colombres, 1997.

[21] Klein, 2005.

[22] Dupas, 1999; Sachs, 2005.

[23] No Brasil existem 4.918.370 empresas, das quais 98,9% são micro e pequenos negócios (Sebrae, 2005).

duos em idade produtiva assume o risco de empreender para sobreviver. Acabam atendendo aos pressupostos de liberdade econômica de Sen (2000), tornando-se protagonistas de um modelo de desenvolvimento diferenciado.

Essa configuração dá densidade à produção artesanal, induzida ou não, que surge como oportunidade de geração de renda imediata, embora pouco lucrativa. Aceitando-se a atividade artesanal como oportunidade de inclusão produtiva, é preciso investir na sua melhoria e, principalmente, conectar o artesão com as informações econômicas e de mercado que modelam o seu universo produtivo.

Considerando a coexistência de um universo cultural e simbólico a alimentar de informações a produção artesanal, é possível desenvolver um tipo de artesanato que se distancie do modelo de varejo e de baixa qualidade. No ambiente globalizado,[24] é indiscutível que há um mercado em busca de produtos que diferenciem os consumidores. Esse mercado comprador não se limita a peças exclusivas ou originais, mas aceita a produção seriada, desde que replicada em pequena escala. Esse espaço pode e deve ser ocupado por um artesanato temático que reflita, em objetos criativos, a identidade, a etnia e o contexto sociocultural em que o artesão trabalha, mostrando sua fonte e diversidade de inspiração.

Daí a necessidade de o artesão ter consciência de que não basta fazer artesanato, devendo o seu produto estar conectado com as particularidades do território. Além disso, para ter as vantagens econômicas decorrentes de um artesanato com identidade,[25] é fundamental resolver os problemas que freqüentemente entravam essa produção, como falta de controle de qualidade, precariedade das instalações, limitação de equipamentos e ferramentas de trabalho, baixo rendimento por uma produção individual e pouco acesso ao mercado comprador.[26] Uma alternativa para superar os entraves é o estímulo a uma atuação mais coletiva, baseada na construção de redes produtivas.[27] Tais redes contribuem para aumentar a capacidade de criação e a escala de produção do artesanato pela agregação de indivíduos e grupos residentes num mesmo território e que comungam, no cotidiano, dos mesmos problemas, dos mesmos elementos que formam a subjetividade coletiva e de um mesmo sistema de valores.

Chiti (2003) é um dos poucos autores que procuram identificar os elementos característicos do artesanato. Para ele, independentemente do lugar

---

[24] Bauman, 1999.
[25] Hall, 2001.
[26] Peralta, 2005.
[27] Lages, 2004.

POR UMA TEORIZAÇÃO DAS ORGANIZAÇÕES DE PRODUÇÃO ARTESANAL

geográfico ou do território da produção, todo artesanato deve apresentar: manualidade; funcionalidade; seriação; intenção estética e decorativa; perdurabilidade; tipicidade e tridimensionalidade.

Significa dizer que na produção artesanal, individual ou coletiva, a atividade manual deve ser predominante. O uso de ferramentas deve ser restrito, admitindo-se eventualmente soldadoras, polidoras, teares ou tornos, desde que não impeçam o contato direto do artesão com a matéria-prima, pois isso humaniza o objeto e dá identidade ao produto. Aliás, a utilização de formas ou moldes de gesso, para dar escala à produção, pode desqualificar o artesanato.

Desde tempos remotos, quando o ser humano passou a produzir suas ferramentas para o trabalho agrícola, o artesanato adquiriu importante função. O artesanato deve ser um objeto de uso prático, utilitário, acessível e tangível. Não pode ser confundido com objetos de contemplação e de estímulo à emoção, como poemas, monumentos ou esculturas de grande porte. Estes são peças únicas, como obras de arte, e somente admitem réplicas para a redução do volume ou tamanho, favorecendo as miniaturizações e seriações típicas do artesanato.

Sendo peças produzidas à mão, a capacidade de seriação deve ser limitada. Apesar das opiniões em contrário, Chiti (2003) considera que as réplicas de esculturas e monumentos, desde que miniaturizadas e produzidas manualmente com o uso de ferramentas, são consideradas peças artesanais. Por outro lado, ao destacar a perdurabilidade e a durabilidade como características essenciais do artesanato, ele põe por terra o mito de que as comidas ou bebidas típicas são artesanato gastronômico. Para Chiti os pratos regionais são tipos de folclore, e não de artesanato. No caso das bebidas, por exemplo, não se pode desprezar o processo produtivo das cachaças de alambique de cobre, que guardam a tradição no fabrico e utilizam equipamentos consagrados pelo tempo. Portanto, o que é artesanato não é a aguardente, e sim o modo de produzi-la. Essa conceituação é ambígua, porém se justifica pelo caráter de durabilidade e permanência, atributos fundamentais das peças artesanais, segundo Chiti.

As duas outras características do artesanato apontadas por Chiti são a tipicidade e a tridimensionalidade. Ser típico significa ter historicidade, aceitação, estar respaldado pela tradição e pela cultura. A tipicidade não constitui característica independente, estando condicionada pela durabilidade e volume. No primeiro caso, exclui os alimentos típicos; no segundo, os bordados sem aplicação funcional e os desenhos, por serem de natureza bidimensional. Para melhor interpretar essa característica, pode-se inferir que, não tendo função utilitária ou aplicação prática, bordados e desenhos ten-

198 NOVAS IDÉIAS EM ADMINISTRAÇÃO 2

dem mais para atividades manuais de ocupação do tempo que para artesanato.[28] Donde a necessidade de investimentos na formação profissional e gerencial do artesão.

Sistema de produção e formação profissional do artesão

Os principais entraves ao desenvolvimento de um sistema de produção artesanal apontados por Peralta (2005) dizem respeito a fatores importantes para a competitividade de um segmento produtivo, tais como a capacidade empresarial, a modelagem da produção, a comercialização e o mercado. Esses aspectos são efetivamente elos frágeis numa cadeia produtiva artesanal.

Quanto à capacidade empresarial, sua fragilidade decorre do fato de que o artesão domina uma técnica, ofício ou habilidade aprendidos em práticas cotidianas, sem preocupação com o conhecimento sistêmico característico da produção industrial. Assim, as organizações artesanais distanciaram-se das práticas de poder organizacional, cujo modelo disciplinar dociliza o trabalhador por meio da vigilância hierárquica e das punições normativas, importantes no adestramento para o trabalho formal.[29] Se, de um lado, essa lacuna afeta negativamente o artesanato como atividade econômica competitiva, de outro, deixa ao artesão a liberdade de ser o dono do seu próprio tempo e de definir, em função das suas necessidades subjetivas, o seu modo e padrão de trabalho.

Assim, o artesanato se consolida na sociedade pós-industrial como uma organização social, fazendo parte de um cenário produtivo diferenciado que, na visão de Guerreiro Ramos (1989), é importante para a sanidade da vida humana associada. Esse cenário é compatível com a sociedade da informação, pois o empreendimento artesanal deve ser intencional, e não imposto por terceiros e instituições. Para reduzir os riscos de fracasso e descontinuidade, os empreendedores dos negócios artesanais devem exercer a cidadania ativa e, como cidadãos, estimular a agregação da sua rede comunal para o desenvolvimento e a melhoria da produção, contribuindo para a satisfação individual e coletiva.

Para ser um empreendimento econômico, o empreendedor de artesanato deve responsabilizar-se por formas de convivialidade produtiva que favoreçam os relacionamentos comunitários e contribuam para o fortalecimento

---

[28] É importante aceitar que nem tudo o que é feito manualmente é artesanato; pode ser apenas trabalho manual, confeccionado por prazer ou como atividade ocupacional.
[29] Birman, 2000; Foucault, 1999.

POR UMA TEORIZAÇÃO DAS ORGANIZAÇÕES DE PRODUÇÃO ARTESANAL 199

do tecido social — que precisa ser recomposto em nossa era —, mitigando as conseqüências do capitalismo desagregador e do individualismo exacerbado da pós-modernidade.[30]

Outros elos frágeis na cadeia de habilidades de produção artesanal estão relacionados aos problemas de comercialização e mercado. Peralta (2005) atribui os gargalos ao baixo controle do processo comercial, ao escasso conhecimento do mercado e das tendências de consumo, e à falta de inovação dos produtos. Certamente tudo isso tem a ver com as dificuldades na formação de preços, o *design* inadequado, o baixo volume de produção, a resistência às mudanças nos processos de trabalho e a falta de visão sistêmica de todo o processo produtivo. Para atenuar esses entraves, é importante abandonar as duas abordagens que mais têm caracterizado as instituições de fomento ao artesanato:

▼ investir em capacitações para tornar o artesão um empresário de si mesmo, dominando todas as funções de produção e gestão do negócio;

▼ considerar todas as pessoas empreendedoras; logo, descartar o fato de que grande parte do contingente de mão-de-obra fora do mercado de trabalho pode ter um pequeno negócio ou virar artesão.

As duas abordagens insistem na formação técnica e profissional de indivíduos sem vocação para a produção artesanal ou sem interesse nos processos de gestão. Naturalmente, o equilíbrio da cadeia produtiva traz maior estabilidade aos empreendimentos, e a solução dessa questão passa, muitas vezes, pela correta alocação de pessoas e a inserção de profissionais de diferentes competências. Ao trazer essa questão para o campo do desenvolvimento territorial, o problema passa a ser uma grande oportunidade de capacitar pessoas em diversas especialidades para que possam participar, cada qual com a sua competência, das redes de produção de artesanato.

A capacitação e a formação profissional remetem à necessidade de utilizar processos de cognição apropriados às cadeias de produção artesanal. Como habilidades duráveis, no passado, os conhecimentos artesanais eram transferidos nas relações pessoais e diretas dos mestres com seus aprendizes. Nesse aspecto, poucos estudiosos dedicaram-se ao tema da pedagogia do artesanato como o italiano Antonio Santoni Rugiu (1998). Considera ele que, apesar de esse método de ensino ter sido negligenciado na formação fabril, os educadores modernos mantiveram uma nostalgia em relação à forma da

---

[30] Fukuyama, 2000; Giddens, 1996; Sennett, 1999.

pedagogia artesanal, entre os quais destaca Locke, Rousseou e Dewey. Santoni Rugiu acredita que esses pensadores foram conectados por um fio invisível à pedagogia do saber artesanal, o que lhes permitiu certa identidade de pensamento enquanto formulavam os princípios basilares da educação moderna.

O ponto de convergência do pensamento desses educadores, segundo Santoni Rugiu, está na consideração do valor formacional do artesanato, cujo declínio, como arte organizada ou corporação de ofício, deu-se entre os séculos XVII e XVIII.

Conforme comentado, antes da Revolução Industrial a pedagogia do artesanato era baseada na transmissão de conhecimentos de artes e ofícios dos mestres artesãos para seus discípulos. Além de ensinar uma habilidade, o mestre tinha a oportunidade e o dever de comunicar ao aprendiz os seus valores e a sua forma de se posicionar no mundo. Para os educadores modernos citados por Santoni Rugiu, a forma de ensino do artesanato era saudável e permitia a sobrevivência dos aprendizes não apenas pela possibilidade de transformar um ofício em empreendimento remunerável, mas também pela acumulação de valores compartilhados, fortalecendo a tessitura da organização social e comunal.

De acordo com essa visão, Santoni Rugiu argumenta que, durante o processo de industrialização, os educadores tentaram manter o ensino de atividades práticas, como complemento aos estudos formais, por considerá-las fator de equilíbrio entre o saber manual e o intelectual, reduzindo o ócio e contribuindo para a formação do caráter do aprendiz. A introdução da aprendizagem de ofícios nas unidades de ensino acabou dando origem às escolas técnicas, formando um tipo de mão-de-obra operacional indispensável ao desenvolvimento fabril e industrial.

Santoni Rugiu aponta a apropriação da atividade manual de confecção da lã pela manufatura como exemplo da transformação do artesanato em produção organizada de base industrial. Inicialmente, a organização produtiva da tecelagem assumiu o formato de uma cadeia de produção, onde: (a) o artesão, chefe de arte, passou a se relacionar com o fornecedor da manufatura; (b) os centros de tosquia passaram de informais a regulados por legislação; e (c) os executores da transformação do trabalho artesanal em manufaturado foram os próprios ex-artesãos ou comerciantes, com talento e visão de negócios, porém sem preparo para a gestão de empreendimentos. Esse processo de transformação, que segmentou tarefas, fez submergir a expressão cultural e educativa do artesanato pela desintegração de atividades até então realizadas por um mesmo indivíduo ou grupo comunal.

Nesse período, a crise da agricultura foi marcada pelo início da industrialização, que transformou a sociedade, os meios de produção e a forma de

POR UMA TEORIZAÇÃO DAS ORGANIZAÇÕES DE PRODUÇÃO ARTESANAL 201

geração e transmissão de conhecimentos, com o irreversível processo de urbanização sobrepondo-se ao campo e às áreas produtivas.[31]

Com o tempo, o termo artesão também se transformou, passando a denominar o livre produtor, o empresário ou o empregado, conforme o *status* e o tipo de relacionamento mantido com a manufatura. De toda forma, tornou-se uma realidade o empobrecimento cultural da tradição artesanal, visto que as atividades repetitivas exigidas pelo modelo industrial dificultavam, inclusive, o relacionamento direto entre chefes e subordinados, e entre os próprios empregados, diluindo o modelo educativo de troca e reciprocidade de valores.

A ausência de oportunidade para o exercício do ludismo dentro das empresas contribuiu para a maquinização do trabalhador, com o empobrecimento de sua criatividade, inventividade e capacidade comunicativa.[32] A fábrica, em sua busca de eficiência, medida pela quantidade de produção, tornou-se o lugar da alienação, e não do envolvimento das pessoas.[33] A aprendizagem, na função industrial, passou a ser segmentada de acordo com a tarefa a ser executada, em modelo inverso ao do ensino artesanal. Na pedagogia do ofício, a responsabilidade pelo ensino era das corporações[34] de artes e ofícios, a lógica de ensino era o serviço, sem padronização de conteúdos, para que a informação fosse transmitida de acordo com a capacidade e o talento individuais.[35]

Apesar de vivenciarem o mesmo processo de industrialização, Santoni Rugiu observa que os europeus promoveram uma lenta transição do artesanal

---

[31] Polanyi, 1980.

[32] Habermas, 2002.

[33] Sennet, 1999.

[34] As corporações eram associações de artes e ofícios, formadas e comandadas por artesãos e mercadores. Surgiram na Europa por volta do século XII, fortaleceram-se até o século XIV, entrando em declínio, por falta de hegemonia, na Idade Média. Lentamente banidas no século XVIII, foram extintas no início do século XIX. Essas formas de organização tiveram origem na Antiguidade e, além de formarem ligas profissionais para a produção de bens e serviços, mantinham vínculos associativos e comunitários internos, defendendo os direitos e privilégios de cada entidade. Como as corporações mantinham dogmas e segredos próprios, a falta de hegemonia na defesa de interesses intercorporativos contribuiu para sua extinção.

[35] Cada unidade corporativa era organizada com rigor e tinha a garantia legal de exercer o monopólio da instrução, num determinado território, de acordo com a sua especialização. Pelo menos até o século XVII, para manterem sua identidade profissional, e com a finalidade de se protegerem, as corporações não costumavam registrar por escrito seus processos educativos e de formação profissional, tornando assim o aprendizado e o aprendiz inseparáveis do trabalho. As corporações foram um importante instrumento para a burguesia impor seus direitos diante da aristocracia. Os profissionais de artes e ofícios e os mercadores passaram a ocupar os terrenos fora dos muros dos castelos medievais, comercializando e mercantilizando produtos, objetos, idéias e atividades didáticas e pedagógicas. O artífice tornou-se responsável pela produção, e o mercador, pela comercialização.

para o industrial, enquanto os americanos, particularmente a partir do século XIX, na segunda revolução industrial, sofreram um choque de alta tecnologia, baseada na energia elétrica e de petróleo, o que afetou irreversivelmente o seu sistema agroindustrial, berço histórico da produção artesanal no mundo. Dessa forma, nos EUA, a produção manual de artefatos para a agricultura tornou-se rapidamente obsoleta, em função da velocidade tecnológica de seu sistema industrial.

O saber fazer coisas, ter habilidades e utilizá-las para a geração de renda coloca novamente o artesanato na ordem do dia. Sem dúvida, o contexto atual é favorável,[36] com a fragmentação das classes sociais, o incremento das terceirizações, a cultura da livre iniciativa, o individualismo e a constituição de redes de trabalhadores independentes. Mas, para além das conjunturas que modelaram as sociedades pós-industrial[37] e pós-moderna,[38] é intrigante que em pleno século XXI — caracterizado pelo uso da tecnologia sem fronteiras e pela formação de sociedades virtuais, que estabelecem contatos sem referência de lugar ou tempo — seja resgatado o saber fazer artesanal.

É no mínimo paradoxal que se tente perpetuar, e resgatar de um passado distante, habilidades manuais como alternativa política para gerar novas oportunidades de negócios. Nessa situação, pelo menos duas questões precisam ser consideradas: o reconhecimento do esgotamento das políticas de desenvolvimento global adotadas até o século XX;[39] e a invasão, pelo mercado, da última fronteira de resiliência, que é o saber-fazer manual, tratando o excedente doméstico como mercadoria, insumo para o comércio e a indústria.[40]

Em busca de referencial na teoria das organizações

Ao longo do tempo, o estoque de conhecimento em administração tem concentrado seu conteúdo em abordagens historicistas, em detrimento de aspectos analíticos e críticos, assim contribuindo para que o campo teórico apresente perspectivas fragmentadas, seriadas e descontínuas.[41] Um contraponto a essa característica é a provocação de Morgan (1996), que utiliza expressões de sentido figurado para uma releitura do contexto organizacional. Esse autor representa as organizações como máquinas, remetendo ao marco da teoria

---

[36] Kumar, 1997.
[37] Bell, 1973.
[38] Bauman, 1998; Lyotard, 1986.
[39] Arrighi, 1996; Bauman, 2000.
[40] Hirschman, 2002.
[41] Burrell, 1998; Reed, 1998.

POR UMA TEORIZAÇÃO DAS ORGANIZAÇÕES DE PRODUÇÃO ARTESANAL 203

clássica da administração e seus direcionamentos prescritivos, e como organismos vivos que suportam os modelos explicativos, notadamente os criados pela teoria dos sistemas e da contingência. Para além dos modelos prescritivos e explicativos, tão freqüentes nos estudos administrativos, Morgan propõe o entendimento das práticas organizacionais a partir da observação dos fenômenos culturais e dos sistemas políticos. Examina os processos de mudança e transformação a que se submetem as organizações, e desenha o arcabouço para a compreensão das estruturas de poder e dominação que fazem do ambiente organizacional uma prisão psíquica.

Essa releitura pode ter como marco conceitual uma sistematização dos fundamentos, princípios e paradigmas organizacionais estruturados por Burrell e Morgan (1982), que organizaram, numa matriz de dupla entrada, as correntes dominantes do pensamento administrativo, classificando-as quanto à subjetividade e à objetividade. Nesse intervalo eles identificaram paradigmas de análise, distribuídos segundo os processos de regulação, como os paradigmas interpretativos e funcionalistas, e segundo os processos de transformação e mudanças, como os paradigmas humanistas radicais e estruturalistas radicais.

Para aqueles autores, o enfoque subjetivo da teoria das organizações atende aos interesses do paradigma humanista radical, apoiado nas visões individualistas e existencialistas e na teoria crítica. O subjetivismo contempla, ainda, o paradigma interpretativo, resumido na fenomenologia e na hermenêutica.

Na escala objetiva dos paradigmas sociológicos de Burrell e Morgan estão presentes as vertentes do marxismo, da teoria social russa e da teoria dos conflitos, afetas ao estruturalismo radical. O quadrante objetivo do paradigma funcionalista trata da teoria integrativa, da teoria dos sistemas sociais e da teoria da ação social ou interatividade.

Ao comentar a estratégia de análise fundada no conjunto dos paradigmas da transformação radical e da sociologia da regulação, Burrell (1998) esclarece que o termo paradigma tem a pretensão de apresentar uma visão de mundo, como uma lei clássica e de consenso, para estabelecer o objeto de estudo em administração. Contudo, a seu ver, esse pressuposto torna os paradigmas excludentes e penaliza a análise por impedir uma visão pluralista da sociedade e da própria ciência administrativa.

Essa abertura foi capturada por Reed (1998:65), que, sem ignorar a necessidade de formular modelos analíticos, também propõe um modelo de interpretação dos fenômenos organizacionais.

O reconhecimento de que a sociedade e as ciências administrativas devem ser vistas de diversas maneiras traz consigo a preocupação de que o campo de estudos não seja engessado por conceitos estáticos e limitantes. Se por um lado essa assertiva permite liberdade de construção do pensamento administrativo, por outro impede que conceitos e paradigmas sejam estabilizados e submetidos à pressão da revolução científica, com limites epistemológicos descritos para sua evolução, transformação, estabilização, novo questionamento e mudança.[42] Talvez essa ambiguidade seja a chave que deixa os estudos organizacionais sempre abertos a novas inspirações que exercem seu gênio criativo apenas pela releitura do objeto em análise,[43] e nunca pela construção de novos conhecimentos. Essa elasticidade faz com que a teoria organizacional, na visão de Kuhn (1982), não se enquadre na categoria de uma ciência normal e muito menos de uma teoria em processo de revolução científica.[44]

Tal condição, para além da inquietude causada pela tese de que a administração não tem um objeto exclusivo de análise ou de que não se constitui em ciência normal, também pode enriquecer o debate organizacional por atrair pensadores e cientistas sociais de diversos campos de formação. Exemplo disso é a apropriação que a teoria organizacional pode fazer do trabalho de Foucault (2004), notadamente das regularidades discursivas, construídas na busca de uma arqueologia do saber.

No campo da história da administração, é possível traçar as sucessões lineares[45] dos movimentos prescritivos e explicativos remontando aos precursores do movimento administrativo e sua racionalidade. A crença na possibilidade de novos juízos a partir do ato de recontar os fatos estimula o processo descritivo ao sucessivo reordenamento e atualização do saber. Esgotadas as maneiras de narrar os processos organizacionais, pode-se evidenciar ou não a existência de continuidades ou rupturas. Todavia, a reprodução dos eventos que marcaram a teoria das organizações parece não atentar para as descontinuidades, beneficiando, pela lógica da repetição, a solidificação das estruturas fixas e contradizendo Foucault (2004), que aposta na transformação dos objetos a partir da revisão de documentos históricos que podem gerar novos juízos.

---

[42] Kuhn, 1982.
[43] Burrell, 1998.
[44] Para Kuhn, uma ciência é normal quando há consenso e ela é aceita pelos teóricos. Em determinado momento, todavia, os questionamentos sobre a veracidade ou aplicabilidade de conceitos levam aos cortes epistemológicos, fazendo emergir novas crenças a respeito dos fatos científicos. Esse movimento é característico das revoluções científicas.
[45] Foucault, 2004.

POR UMA TEORIZAÇÃO DAS ORGANIZAÇÕES DE PRODUÇÃO ARTESANAL

É, pois, na crença de que os modelos analíticos existentes em teoria organizacional não podem contribuir para um estado de revolução científica[46] que o presente estudo assume a liberdade e o risco de relatar, em recorte bastante tradicional, os eventos que marcaram e ainda marcam os estudos organizacionais. Acrescente-se ao risco o fato de recontar episódios a partir do olhar de outros que já o fizeram, aproveitando a literatura administrativa sistematizada por Guerreiro Ramos (1989) e Motta e Vasconcelos (2002). Tais autores produziram documentos e discursos que, na lógica de Foucault (2004), são expressões do seu pensamento, da sua experiência ou mesmo da sua imaginação. Tais obras, portanto, são válidas para sustentar novos e velhos discursos de análise organizacional.

Reed (1998) atribui a Saint-Simon a iniciativa de observar as mudanças de valores que estavam levando a sociedade moderna a se organizar, como contraponto aos conflitos sociais e às incertezas políticas do final do século XVIII. Há uma crença na existência de uma lógica que levou a sociedade a aceitar e ser parte de um modelo organizacional construído racionalmente para solucionar conflitos coletivos. A organização da sociedade, fundamentada no desenvolvimento da capacidade técnica, passou a ser o fio condutor e o princípio comum de todos os estudos organizacionais desde o final de 1700, coincidindo com os primeiros movimentos de urbanização e as descobertas que favoreceram a industrialização.

Porém, há um consenso de que a literatura sobre teoria administrativa começou a ser sistematizada apenas no início do século XX. Essa elaboração tardia, contudo, não pode ignorar a existência dos métodos e das técnicas de organização do trabalho que foram desenvolvidos desde a Antigüidade, a exemplo da produção artesanal. A ausência de reflexão contínua sobre as práticas organizacionais ao longo do tempo, assim como a aceitação da organização como um instrumento para a solução dos conflitos sociais contribuíram para que a ciência administrativa fosse modelada a partir do conteúdo de outras fontes de conhecimento do campo social, tais como história, psicologia, sociologia, antropologia, biologia e filosofia. Apesar de não poder ser definida como uma ciência normal, na perspectiva de Thomas Kuhn (1982), o ponto de convergência dos diversos teóricos em administração é a visão da organização como um instrumento para a divisão racional do trabalho.

É notória a crença de que a teorização na utilização de métodos racionais de trabalho tem como referência os estudos desenvolvidos por Taylor, em 1911, e Fayol, em 1925. Tais autores são tidos como os precursores do

---

[46] Kuhn, 1982.

pensamento administrativo, inaugurando, com a escola clássica ou científica, a pesquisa em ciência das organizações, a qual tinha por fundamentos: ciência, em vez de empirismo; harmonia, em vez de conflito; rendimento máximo, em vez de produção reduzida; e desenvolvimento do trabalhador para aumentar a produtividade. Com base nessa fundamentação inicial, outros estudiosos passaram a se debruçar sobre os problemas da organização do trabalho, inclusive tentando mapear as relações entre grupos formais e informais, chefes e subordinados. Segundo Motta e Vasconcelos (2002), a partir da escola clássica o pensamento administrativo foi estratificado e estruturado de acordo com a concepção de escolas, entre as quais se destacam: a escola de relações humanas, na década de 1920; o behaviorismo, no pós-guerra; o estruturalismo e a teoria geral dos sistemas, nos anos 1960; e a teoria da contingência, no limiar dos anos 1970. Tais escolas têm em comum a preocupação de entender a racionalidade das organizações e os relacionamentos nelas mantidos, tendo em vista tornar a administração cada vez mais eficiente.[47]

De maneira geral, essas escolas ainda são tidas como marcos na teoria das organizações, embora novas correntes de pesquisa tenham passado a questionar sua visão mecanicista e fragmentada das necessidades humanas. Apesar de ainda serem bastante utilizados, os seus modelos, centrados no aumento da produtividade em detrimento da satisfação dos indivíduos, têm sido criticados e desmontados, sugerindo a revisão dos seus conceitos, até hoje aplicados indistintamente às organizações públicas, privadas e da sociedade civil.

No Brasil, especial atenção deve ser dada à revisão da literatura administrativa feita por autores como Motta e Vasconcelos (2002) e Guerreiro Ramos (1989). Seus estudos, de natureza histórico-descritiva e analítica, resguardadas as peculiaridades reflexivas de cada um, apontam para a classificação das escolas de administração em modelos prescritivos, explicativos e mistos.

Nos últimos anos, notadamente a partir da década de 1970,[48] os estudos organizacionais têm sido alimentados pela disseminação de bibliografias que sistematizam a produção teórica, apresentando-a numa perspectiva críti-

---

[47] Eis, segundo Motta e Vasconcelos, os expoentes da teoria organizacional, do início do século XX aos anos 1960: (a) escola de relações humanas (Follett, 1940; Mayo, 1968; Barnard, 1938); (b) behaviorismo (Simon, 1947 e 1955; Likert, 1967; Maslow, 1946; Argyris, 1957); (c) estruturalismo (Weber, 2000; Merton, 1965; Selznick, 1955; Etzioni, 1961; Blau, 1955); (d) teoria geral dos sistemas (Bertalanff, 1950 e 1956; Likert, 1967); (e) teoria da contingência (Lawrence e Lorsh, 1969; Bennis, 1966; Parsons, 1951 e 1960).
[48] Clegg e Hardy, 1998.

POR UMA TEORIZAÇÃO DAS ORGANIZAÇÕES DE PRODUÇÃO ARTESANAL   **207**

ca,[49] e não apenas histórico-descritiva. Segundo Alcadipani (2003), os estudos críticos em administração (ECAs) ainda são pouco difundidos no Brasil, e, apesar do espírito precursor de Guerreiro Ramos (1989)[50] e da contribuição de Bertero, Caldas e Wood Jr. (2005), a literatura especializada brasileira continua centrada nas abordagens funcionalistas e positivistas, perpetuando os modelos organizativos ideais e racionais, assim como os seus componentes de dominação, controle e desigualdade.

Os estudos críticos (*critical management studies*) têm contribuído para abalar tais enfoques tradicionais de análise e gestão administrativa. Foram consolidados nos anos 1990, quando teóricos anglo-saxões passaram a introduzir variáveis subjetivas na análise das questões organizacionais.[51] O desenvolvimento dessa disciplina, no final do século XX, possibilitou o questionamento do grau de idealização existente no interior das organizações. Ela enfatiza os fatores que afetam ou impedem a autonomia e a responsabilidade dos indivíduos, sem preocupação com a generalização de causas ou efeitos dos problemas organizacionais. Estes são observados a partir das práticas administrativas, bem como das teorias e discursos temporários que modelam o cotidiano e a práxis organizacional.

Assim sendo, nem todas as formas de crítica organizacional, mesmo as que expõem os problemas instrumentais ou as que buscam soluções para o vácuo existente entre o ideal e a prática corporativa, podem ser consideradas ECAs. Segundo Davel e Alcadipani (2003:74), são três os parâmetros que identificam e delimitam os ECAs: "(a) a promulgação de uma visão desnaturalizada da administração; (b) intenções desvinculadas de *performances*; e (c) um ideal de emancipação".

No primeiro caso, as organizações são tratadas como entes abstratos e móveis, cuja existência está necessariamente vinculada ao contexto histórico e às relações de poder que sustentam a realidade organizacional. As organizações passam a ser vistas como uma construção sócio-histórica, e não como um artefato natural, científico e racional. Para os ECAs, as organizações são produto de escolhas, que podem ser temporárias, de modo que é possível e mes-

---

[49] Por exemplo, Aktouf (1996); Bauman (2000, 2003); Burrell (1998); Burrell e Cooper (1994, 1998a, 1998b); Burrel e Morgan (1982); Clegg (1989, 1999); Enriquez (1996, 1997); Fischer (1993); Foucault (2004); Fridman (2002); Guerreiro Ramos (1989); Habermas (1999, 2002); Hall (2001); Kumar (1997); Maturana e Varela (1980, 1995); Parker (1992); Reed (1999); Sennett (1999, 2001); Spink (2000); Wheattley (1992).
[50] Ver a sua proposta de criação do paradigma paraeconômico.
[51] Clegg e Hardy, 1998.

mo fundamental saber como são formadas, consolidadas e transformadas no interior e no exterior.

O segundo parâmetro dá ênfase à separação entre intenção e performance. Em síntese, não há preocupação com a relação entre custo e benefício, medida nas teorias funcionalistas e positivistas em função do desejo de que poucos *inputs* gerem grandes e lucrativos *outputs*. Tal parâmetro invoca os escritos críticos de Guerreiro Ramos (1989) sobre o caráter das organizações mercantis que valorizam os meios, em função dos fins calculados, para a geração de lucro e retorno econômico. Diferentemente dessa visão instrumental que coloca o conhecimento a serviço da eficiência, da eficácia e da lucratividade, os ECAs não se ocupam do desempenho econômico, mas ressaltam a importância do ser humano e a necessidade de promover a emancipação das pessoas nos sistemas de opressão organizacional.

O terceiro parâmetro volta-se para o estímulo à participação das pessoas nos processos decisórios da organização. Objetiva conscientizar os membros das corporações da importância da participação no incremento da autonomia e responsabilidade individual e coletiva. A autonomia permite a produção de juízos e a visão dos sistemas de opressão no interior das organizações. Dessa conscientização resultam os processos de mudança, onde os trabalhadores ganham emancipação e responsabilidade diariamente, em função da própria prática organizacional.

A abordagem dos ECAs aposta que é no cotidiano da organização que está a possibilidade de mudanças efetivas e de transformação dos modelos de opressão, dominação e exclusão que impedem o desenvolvimento individual e coletivo das pessoas. Tende a estimular a participação e a democratização, visando ao desenvolvimento da capacidade de reflexão e emancipação de indivíduos. Os ECAs, de modo geral, buscam introduzir nas organizações contemporâneas mecanismos que tornem as pessoas mais autônomas e menos vulneráveis aos processos de dominação e opressão pela subordinação.

Teoria da delimitação dos sistemas sociais

Como já vimos, ao longo do tempo o estoque de conhecimentos em administração tem favorecido o estudo de uma modalidade de empreendimento bastante coerente com a sociedade moderna: as organizações centradas no mercado. Para Guerreiro Ramos (1989), essa ênfase decorre do fato de que a epistemologia das ciências sociais, da qual deriva a teoria das organizações,[52]

---

[52] Para Guerreiro Ramos, a teoria das organizações é a teoria da vida humana associada.

POR UMA TEORIZAÇÃO DAS ORGANIZAÇÕES DE PRODUÇÃO ARTESANAL **209**

está fundamentada numa racionalidade instrumental[53] ou formal. Essa racionalidade é disseminada numa sociedade em que o padrão econômico determina a alocação da mão-de-obra e cujo foco central é a melhor utilização dos recursos para o alcance de fins calculados.

Como as unidades econômicas não esgotam todas as possibilidades de arranjo dos sistemas sociais, parece relevante a preocupação de Guerreiro Ramos com a identificação de paradigmas alternativos para a compreensão dos diversos tipos de organizações. Entre estas se destacam as que, apesar de produzirem bens ou serviços, não estão orientadas exclusivamente para atender às exigências da lucratividade e permitem a realização pessoal dos indivíduos nelas envolvidos. Além disso, tais organizações também podem ser consideradas uma alternativa para intervir nas "conseqüências do desenvolvimento da sociedade industrial avançada, neutralizando os resultados atuais da modernização: insegurança, degradação dos valores e das condições de vida, poluição, exaustão de recursos naturais do planeta etc.".[54]

Para Guerreiro Ramos, as organizações sociais são exemplos de entidades cuja finalidade transborda a dimensão de mercado. Orientam-se por um tipo de razão de natureza substantiva, ou de valor, que não tem correspondente na razão instrumental e utilitária das organizações que visam, acima de tudo, ao lucro econômico. A racionalidade substantiva, tal como ele a define, deriva dos conceitos iniciais de razão[55] e não caracteriza nenhuma ação humana determinada pela expectativa de sucesso mercantil.[56]

Reiterando que as organizações sociais sem foco exclusivo no mercado são movidas por interações simbólicas, laços afetivos e valores solidários, Guerreiro Ramos enunciou os pressupostos de um novo paradigma de análise organizacional, denominado paradigma paraeconômico.

Tal paradigma fundamenta-se no pressuposto de que o mercado, tal como hoje entendido, não é a principal categoria para a ordenação dos negócios pessoais e sociais, remetendo ao passado medieval, quando o mundo ainda não havia sido afetado pelo espírito capitalista, uma vez que, segundo

---

[53] A racionalidade instrumental é característica do sistema de mercado. O conceito de racionalidade empregado distorce o conceito-chave de vida individual e associada, e habilita o indivíduo a fazer o cálculo utilitário de conseqüências.

[54] Ramos, 1989:23.

[55] Entendida como a força ativa da psique humana que habilita o indivíduo a distinguir entre o bem e o mal, entre o conhecimento falso e o verdadeiro, assim ordenando sua vida pessoal e social.

[56] Segundo Ramos (1989:6), na sociedade capitalista, centrada no mercado, a racionalidade substantiva seria intrínseca ao ator humano, consistindo num "ato de pensamento que revela percepções inteligentes das inter-relações de acontecimentos, numa situação determinada, possibilitando uma vida pessoal orientada por julgamentos independentes, éticos e responsáveis".

Hirschman (2002), o prazer de ganhar dinheiro só foi manifestado pelos comerciantes a partir dos séculos XIV e XV. Abstendo-se dessa realidade, Guerreiro Ramos apresenta um modelo diferenciado e multidimensional para a compreensão dos sistemas sociais, onde o ser humano desenvolve atividades integrativas e substantivas. Sem referência às paixões e cumplicidades que fazem emergir os vínculos interativos entre os seres, configurando o que Bourdieu (2000) denominou poder simbólico, o modelo paraeconômico estrutura-se na crença de que:

▼ a sociedade é constituída de diversos enclaves, entre os quais se destaca o enclave de mercado;

▼ o sistema de governo é capaz de formular e implantar políticas distributivas, para favorecer as transações entre os diferentes enclaves sociais e de mercado.

O quadro a seguir apresenta uma proposta de abordagem para organizações de tipo ideal, e sua configuração não exclui a existência de sistemas mistos. Nessa perspectiva, acredita-se que Guerreiro Ramos faz uma tentativa de sistematizar aspectos relevantes das organizações sociais ao tratar como principais eixos de abordagem: o tipo de orientação dada ao sistema, se individual ou coletiva; e a existência de normas para sua regulação.

Modelo paraeconômico: orientação e normatização

Orientação	Normatização		
	Muitas normas	Poucas normas	Ausência de normas
Individual	Isolado	Fenonomia	Anomia
Coletiva	Economia	Isonomia	Motim

Fonte: Ramos, 1989.

Ao optar por um modelo analítico que enfatiza o tipo de orientação dos sistemas sociais, em função do grau de individualismo ou coletivismo, ou mesmo da escala de normas que orientam os comportamentos humanos, Guerreiro Ramos também desconsiderou todas as situações formativas da sociedade[57] e suas implicações contemporâneas. Em todo caso, por ser uma rara oferta teórica para o campo de estudos das organizações sociais, o paradigma paraeconômico pode iluminar, de alguma forma, a análise das organizações de produção artesanal.

---

[57] Arendt, 2003; Arrighi, 1996.

POR UMA TEORIZAÇÃO DAS ORGANIZAÇÕES DE PRODUÇÃO ARTESANAL   **211**

Orientação: individual ou coletiva

A orientação individual ou coletiva pressupõe que os sistemas sociais são multidimensionais e que a natureza humana encontra outras realizações que não apenas as oferecidas pelo sistema econômico formal. O modelo paraeconômico efetiva-se numa realidade social diversificada, que se alimenta de diferentes formas de relações interpessoais e laborais.

Como atores de enclaves mistos, os indivíduos também podem beneficiar-se dos valores utilitários e de mercado. Todavia, seu principal interesse está em organizar sua vida para obter maior satisfação pessoal. Apesar de exercerem atividades mercantis, as pessoas são movidas por outros valores, podendo assim criar e participar de diferentes ambientes sociais, não ficando restritas às prescrições e aos comportamentos predominantes no sistema puramente econômico. A ênfase está nas possibilidades de estabelecimento de relações multidimensionais, em contraposição ao fato de que o mercado estaria canalizando para o ambiente de trabalho a formação e estruturação dos relacionamentos pessoais e sociais.

O modelo paraeconômico pressupõe, ainda, que as sociedades dos países mais industrializados estão muito mais pressionadas pelas armadilhas do lucro e do consumo, disseminando valores e comportamentos através das práticas de produção competitiva e dos modelos gerenciais que limitam o modo de vida. O desenvolvimento da mídia e da comunicação, por exemplo, contribuiu para a homogeneização dos comportamentos e para reduzir as diferenças entre os tipos de sociedades[58] e de enclaves econômicos e sociais existentes. Essa padronização em grande escala diminui as possibilidades de liberdade de ação e de escolhas individuais ou coletivas.

Normatização: muitas ou poucas normas, ou ausência delas

Guerreiro Ramos, em concordância com os estudos de Karl Polanyi (1980), argumenta que nenhuma sociedade pode existir sem a estruturação de ordens para disciplinar a produção e a distribuição de bens e serviços. A seu ver, algumas prescrições e normas são importantes para orientar comportamentos, estabelecer procedimentos produtivos e regular as atividades humanas.

Todavia, quanto mais uma atividade humana é prescritiva e determina com rigor os comportamentos administrativos, menos ela contribui para a

---

[58] Fridman, 2000.

satisfação ou a realização pessoal. Ao longo do tempo, e em função da supremacia das modernas economias de mercado, tem predominado na teoria organizacional uma abordagem unidimensional e extremamente prescritiva que trata as empresas como se fossem dotadas de atributos que são peculiares apenas à natureza humana. Por outro lado, a intensidade da modelagem do comportamento administrativo e sua implementação no espaço organizacional empresarial têm levado os indivíduos a verem e sentirem o mundo com os olhos de uma organização. Mesmo sem perceber, os indivíduos passam a se comportar como seres organizacionais, cumprindo normas e prescrições.[59] Dessa forma, as referências familiares e os vínculos comunais se transferem ao ambiente de trabalho formal e nele se diluem, fragilizando as construções e os pactos sociais baseados nos sistemas de confiança recíproca, na amizade e na troca simbólica.[60]

Nas economias desenvolvidas, sobretudo as de alto nível de industrialização, a participação nos sistemas de emprego — ora em crise mundial — levou à intensificação do processo de padronização dos relacionamentos, contribuindo para a despersonalização dos trabalhadores.[61] A perda de identidade decorre da necessidade do indivíduo de desempenhar inúmeros papéis impessoais dentro do contexto organizacional,[62] buscando adequar-se a um determinado estilo de vida prescrito. Por outro lado, segundo Elias (2000), esse estilo, quando refletido nas relações familiares e nas ações comunitárias, tem provocado o isolamento, a anomia e o pouco comprometimento das pessoas com o ambiente social ampliado.

Nos sistemas sociais de relações primárias, sobretudo os que favorecem a realização pessoal, devem predominar as normas estabelecidas ou acordadas entre as partes interessadas — segundo Schopenhauer, sob a égide da moral. A flexibilidade dessas regras deve estimular o comprometimento de todos com os objetivos considerados comuns, na medida em que os acordos são importantes para viabilizar a sobrevivência de pessoas, grupos e organizações sociais. Com a minimização das referências comuns, o desafio é estabelecer canais de comunicação e relacionamentos que não levem à passividade dos seus membros, nem inviabilizem os sistemas sociais pela falta de compromisso e participação.[63] Nesse contexto, a implementação, o dimensionamento e a dosagem dos esquemas normativos podem se fazer através de elementos

---

[59] Katz e Kahn, 1973.
[60] Baudrillard, 2001 e 2002; Ortega, 2000.
[61] Sennet, 1999 e 2001.
[62] Baudrillard, 2001 e 2002.
[63] Elias, 1998; Habermas, 1999.

POR UMA TEORIZAÇÃO DAS ORGANIZAÇÕES DE PRODUÇÃO ARTESANAL **213**

que atuem como agentes. Estes, de acordo com Villasante (2002), devem ter prática comunicativa, ser escolhidos e aceitos pelo grupo, ter perfil negociador e atributos que facilitem a solução de conflitos e a tomada de decisões que afetem a coletividade.

Baseado nas questões aqui discutidas e para melhor explicar o paradigma paraeconômico, Guerreiro Ramos estabeleceu categorias multidimensionais de análise para a orientação dos sistemas sociais. De acordo com a orientação e a normatização, essas categorias podem corresponder a dois grupos de sistemas: isolado, fenonomia e anomia; e economia, isonomia e motim.

Isolado, fenonomia e anomia

Num sistema social, os indivíduos isolados desprezam as normas e prescrições, embora elas existam. Suas atitudes passam a ser resultado de esquemas individuais, típicos de pessoas não participantes e não engajadas no ambiente como um todo. Orientam-se por crenças e valores próprios, não explicitados ou compartilhados.

A fenonomia, diferentemente dos demais sistemas sociais, caracterizase por seu caráter esporádico. Sem muita estabilidade, seus membros convivem com um mínimo de subordinação operacional. Seu ambiente fomenta a criatividade de um pequeno grupo ou de uma pessoa isoladamente. Seus membros desenvolvem atividades que consideram relevantes para sua satisfação e estão comprometidos com os resultados do seu trabalho. As atividades desenvolvidas geralmente são automotivacionais, podendo confundir-se com *hobbies* bem-sucedidos, e, embora o foco não esteja orientado para o lucro, os produtos podem ter repercussões financeiras no mercado. Entre as organizações fenonômicas encontram-se as oficinas de artistas, escritores, inventores e artesãos que trabalham por conta própria.

A anomia é a total ausência de normas e regras, onde indivíduos à margem do sistema não conseguem estabelecer projetos pessoais, sendo incapazes de criar um ambiente social para si mesmos.[64] Os anômicos incluem marginais, excluídos, drogados, mendigos, indigentes, jovens errantes e indivíduos considerados portadores de doença mental. De modo geral, não conseguem atender às prescrições do convívio social e precisam ser protegidos e assistidos por instituições especiais. As instituições, quase sempre, não conseguem perceber que trabalham com um enclave social que tem sua própria lógica. Por isso, não raro o atendimento prestado agrava as condições dos

---

[64] Escorel, 1999.

anômicos. O crescimento da anomia, que tem raízes no sentimento de não-pertencimento, é um reflexo das conseqüências do desenvolvimento da sociedade contemporânea.[65]

Economia, isonomia e motim

As economias são altamente regidas por normas e prescrições. Produzem bens e serviços, e são avaliadas em função da eficiência demonstrada na relação custo/beneficio. Realizam operações complexas e diversificadas, e são movidas pela competição e busca de lucro financeiro. As estruturas das economias, atualmente, estão passando por grandes transformações, e já não é possível considerá-las pilares privilegiados da sociedade do emprego. Para Guerreiro Ramos, os indivíduos que participam das economias normalmente têm vínculos de emprego e são movidos pelos estímulos de eficiência, autoridade e competitividade, bastante compatíveis com os valores do mundo globalizado.[66]

As isonomias enfatizam os relacionamentos interpessoais. Produzem bens e serviços com valor de mercado e, talvez por não visarem prioritariamente o lucro, têm flexibilidade para a realização de atividades que Rosset (2000) classifica como autogratificantes e compensadoras. A eficácia organizacional, embora exista, decorre do nível de interação simbólica de seus membros, que constituem uma comunidade de iguais, pois as relações de produção são horizontais, sem hierarquia e exercidas por especialidades. As isonomias sintonizam com a gestão participante, na medida em que seus membros se associam voluntariamente e prestam serviços a clientes, do seu interesse, com grande autonomia no planejamento do trabalho. A recompensa é fruto da satisfação com o que fazem, e não da renda auferida.

Nas isonomias, as pessoas associam-se livremente e desenvolvem suas atividades como vocações ou habilidades, não havendo preocupação com a formalização de um emprego. Para Castells (1999), a globalização não apagou a presença de atores políticos, mas abriu espaços para o livre exercício da criatividade, da negociação e da capacidade de mobilização. Assim, pode-se pensar na utopia de que as isonomias espelham uma comunidade onde a autoridade é atribuída pela deliberação dos seus membros, e rotativa de acordo

---

[65] Anderson, 1999; Bauman, 1998; Elias, 2001.
[66] Bauman, 1999; Sennett, 2001.

POR UMA TEORIZAÇÃO DAS ORGANIZAÇÕES DE PRODUÇÃO ARTESANAL **215**

com os problemas a serem resolvidos e a necessidade de especialidades. As regras são mínimas e estabelecidas para orientação e equilíbrio do grupo.[67] O motim pode ocorrer devido à ausência de normas orientadoras para a ação da comunidade. A falta de senso coletivo, de ordem social, ou mesmo a perda de valores comuns que sustentem as relações entre seus membros, de acordo com Oliva (1999), contribuem para criar grupos descontentes e resistentes.

Em síntese, o paradigma paraeconômico de Guerreiro Ramos expressa, a partir de um modelo ideal, as tendências organizacionais da sociedade atual. Mesmo sendo uma das poucas contribuições teóricas para a análise das organizações de produção artesanal,[68] tal modelo não esgota todas as possibilidades de compreensão dos núcleos produtivos sem foco predominante no mercado.

De toda forma, diferentemente de Etzioni (1972), Guerreiro Ramos considerou que todos os entes administrativos são organizações sociais. Por isso definiu como requisitos comuns as seguintes dimensões analíticas: tecnologia; escala e sustentabilidade; cognição; espaço e relacionamentos; e tempo. A conceituação das dimensões dos sistemas sociais permite uma abordagem diferente daquelas adotadas na teoria organizacional tradicional e nos ECAs.

▼ *Tecnologia*: existe no conjunto de normas e instrumentos que permitem a operacionalização das ações. É fundamental observar a adequação da tecnologia utilizada na organização para o alcance dos objetivos e metas do sistema.

▼ *Escala e sustentabilidade*: o tamanho dos sistemas sociais é representado pela quantidade de pessoas participantes, sendo importante para garantir o estabelecimento de relações interpessoais e contatos primários, sobretudo quando a sobrevivência e a auto-organização dos sistemas dependem do contato pessoal para a obtenção de acordos, para evitar desperdícios e para identificar a capacidade de sobrevivência organizacional.

---

[67] Oliva, 1999.

[68] Pelos pressupostos do modelo paraeconômico, pode-se considerar que as organizações artesanais assumem identidades mistas de fenonomias e isonomias, definidas por Guerreiro Ramos como organizações pertencentes a um enclave não-mercantil. Tal como os empreendimentos artesanais, as fenonomias e isonomias são entidades de caráter esporádico, sem estabilidade; funcionam com um mínimo de subordinação operacional; seu ambiente fomenta a criatividade; seus membros estão comprometidos com resultados, exercem com flexibilidade atividades autogratificantes, trabalham em pequenos grupos e mantêm relacionamentos diretos e primários.

216 NOVAS IDÉIAS EM ADMINISTRAÇÃO 2

▼ *Cognição*: o conhecimento difere em função do tipo, da forma e da prioridade do sistema. Precisa ser adequado à natureza da organização, à necessidade de inter-relação com o meio, à capacidade de aprendizagem dos
participantes e ao interesse dominante.

▼ *Espaço e relacionamentos*: os espaços reservados ao desenvolvimento dos
sistemas sociais, no mundo contemporâneo, foram dominados pelo sistema de mercado, que passou a interferir na vida pessoal e coletiva de seus
membros, delimitando a arquitetura organizacional e o modo de vida das
pessoas, bem como os processos de deslocamento e de migração urbana,
para a inserção de contingentes populacionais no mundo do emprego. Os
indivíduos, ao perderem a relação com o seu ambiente natural, passaram a
vivenciar descontinuidades culturais, pela interrupção dos relacionamentos intergeracionais, primários e comunais. O processo migratório transformou o modo de vida das pessoas e contribuiu para o seu isolamento.

▼ *Tempo*: essa dimensão não deve ser tratada apenas como mercadoria, mas
como categoria do planejamento. Reflete o tipo de organização e a natureza de suas atividades. Nas organizações formais, o desenho das ocupações
apropria-se da temporalidade das pessoas, não restando tempo para o convívio e para a superação humana.

O artesanato sobreviveu ao processo de industrialização. Como modelo
produtivo, sustenta-se num tipo de conhecimento especializado, não massificado e auto-renovável, característico das organizações não tratadas pela teoria das organizações. Esse tipo de organização encontra atualmente alguma
referência nos modelos de desenvolvimento territorial local, onde o empresário clássico assume novo perfil, atuando como agente mobilizador de redes
sociais produtivas, integradas por elos de cooperação para a produção. O processo produtivo também sugere o aproveitamento dos recursos naturais e
tecnologias locais, dimensionados de forma a evitar o surgimento de externa-
lidades negativas para o meio ambiente e a sociedade.

Para o redesenho desses processos produtivos, Negri (2002) foi buscar
inspiração nos modelos de produção da Terceira Itália, fazendo um exercício
para reconceituar a função empresarial. Ele concorda que, na vertente da teoria clássica, com ênfase na economia e na sociologia, o empresário e o fabricante eram levados a atuar manipulando todos os fatores de produção. A superação desse modelo aponta para a promoção de um desenvolvimento que se
afasta da unidade empresarial e procura mobilizar os diversos ativos existentes no território. O empresário assume o papel de um ator que promove, de
maneira sinérgica, a reunião dos elementos políticos, materiais e imateriais
dispersos numa localidade. Como elemento de agregação, estímulo e coor-

POR UMA TEORIZAÇÃO DAS ORGANIZAÇÕES DE PRODUÇÃO ARTESANAL 217

denação de redes de cooperação, o empresário clássico abandona a função de capitão de indústria ou fabricante e passa a exercer um papel de empreendedor, disposto a articular a produção de bens e serviços latentes na sociedade. Atua como um facilitador para novos relacionamentos produtivos.

As organizações sociais, segundo Guerreiro Ramos, são multicêntricas, ou seja, têm uma variedade de interesses que se sobrepõem à centralidade do mercado. De certa forma, ele traça alguns cenários organizacionais que extrapolam a polaridade das abordagens teóricas mais tradicionais e a dos ECAs. No primeiro caso, ressalta a grande preocupação com a modelagem do trabalho, mediante o desenho de processos e tarefas; no segundo, a ênfase está no sofrimento humano no interior das organizações e nas percepções de agravamento do contexto social.

Embora não tenha concluído sua proposta de escrever uma nova teoria, denominada nova ciência das organizações, Guerreiro Ramos chegou a conceituar tipos organizacionais que atendem apenas indiretamente aos valores mercantis e funcionalistas. Entre esses tipos sobressaem as organizações isonômicas e as fenonomias, que apresentam conexões com os modelos atuais de micro e pequenos empreendimentos e de organizações artesanais.

Por uma teorização das organizações artesanais

Constata-se que a teoria administrativa em vigor, focada nos procedimentos e relacionamentos encontrados nas organizações formais, com ênfase no chão de fábrica, apresenta limitações para o entendimento das singularidades da produção artesanal. Com base nos postulados defendidos por Burrell (1998), pode-se dizer que as organizações artesanais contemporâneas apresentam-se, no campo da teoria, como *explanandum* em transformação. Seu entendimento, portanto, requer a revisão e a atualização de pressupostos da teoria social, notadamente da teoria das organizações, cujo enfoque, considerado na perspectiva histórica das abordagens prescritivas e explicativas ou mesmo dos estudos críticos, não é suficiente para a melhor compreensão do fenômeno. Nos dois primeiros casos, as preocupações estão direcionadas para a divisão do trabalho, a especialização e a integração harmônica do trabalhador na instituição, em busca de eficiência na produção; no terceiro caso, a temática analítica está centrada nos problemas e sofrimentos enfrentados pelos trabalhadores nas organizações formais, notadamente as industriais.

Como possibilidade de expansão do diálogo teórico, este trabalho aposta no resgate do pensamento de Guerreiro Ramos (1989), que procurou desenvolver os fundamentos de uma nova ciência das organizações. Tais estudos, embora não concluídos, baseiam-se no reconhecimento de que o universo organizacional supera as fronteiras do mundo empresarial e industrial, exigindo novos modelos analíticos.

Complementando a abordagem de Guerreiro Ramos para uma teoria da delimitação dos sistemas sociais, este trabalho procura incorporar a perspectiva analítica tratada por Maturana e Varela (2005) a partir do constructo da *autopoiesis*, que vê as organizações como sistemas vivos e auto-organizados.[69] Tais sistemas caracterizam-se pela manutenção e repetição de determinadas informações que permitem sua sobrevivência, estabilidade e renovação em ambientes de alta mutabilidade, como os enfrentados pelo artesanato na sociedade industrial e pós-industrial.

Orientadas por uma racionalidade substantiva, as organizações artesanais são formadas por indivíduos ou grupos que buscam novos modelos alocativos,[70] não passíveis, por sua condição de acesso ao mercado, de subordinação à armadilha do lucro econômico. Um modelo de análise adequado às organizações sem foco exclusivo no mercado, a exemplo das artesanais, precisa de referências conceituais que possibilitem a compreensão dos tópicos organizacionais subjetivos que dão suporte à produção intelectual e material e, sobretudo, à capacidade de promover a realização pessoal dos trabalhadores artífices, preocupados com a sustentabilidade do seu meio, o bem-estar coletivo e o desenvolvimento territorial.

A utilização do referencial sobre as teorias de organização aqui resgatadas muito pouco pode ajudar na teorização das organizações de produção artesanal. Mesmo que os fatores que delimitam os estudos das organizações formais e informais sejam tratados como compatíveis, só que dispostos em outra lógica, o acúmulo de conhecimento não atende à necessidade de um olhar diferenciado para o artesanato. Para superar tal lacuna teórica, as organizações artesanais serão aqui consideradas tipos imperfeitos de fenonomias e de isonomias, segundo os conceitos de Guerreiro Ramos.

As fenonomias são sistemas sociais de caráter temporário, sem muita estabilidade. Constituem-se de pequenos grupos, em torno de cinco pessoas, que desenvolvem atividades criativas e automotivadoras. Os membros são comprometidos com os resultados do trabalho, que é organizado por meio de regras mínimas, estabelecidas por consenso. Os participantes atuam em igualdade de condições e investem no relacionamento interpessoal visando à boa convivência e ao compartilhamento de experiências. Funcionam em espaços coletivos, muitas vezes utilizando-se da estrutura operacional doméstica de

---

[69] Morgan, 1996.
[70] Ramos, 1989.

POR UMA TEORIZAÇÃO DAS ORGANIZAÇÕES DE PRODUÇÃO ARTESANAL

um dos membros. A produção advinda das fenonomias pode ser comercializada, embora o mercado seja tratado em plano secundário. Caracterizam-se como fenonomias os ateliês de artistas e os ambientes que favoreçam a criatividade.

As isonomias admitem a alocação de empregados com vocação para as atividades manualizadas, os quais são tratados sem diferenciação ou hierarquia. Sendo um sistema comunitário, a autoridade é exercida por delegação, em função da natureza dos problemas e da necessidade de especializações para a organização da produção. Dada a predominância das relações interpessoais e primárias, a tomada de decisões e a definição de diretrizes nas organizações artesanais não atendem aos códigos do pensamento cartesiano,[71] mesmo quando o objetivo é satisfazer às exigências do mercado. Buscam a sustentabilidade financeira sem prejuízo da troca de experiências, da autogratificação e da generosidade entre os membros, cujos estilos de vida fogem aos padrões normativos da sociedade. Consideram-se isonomias os diferentes tipos de associações, empresas de propriedade coletiva, grupos religiosos e comunitários com preocupações sociais.

A tentativa de teorizar sobre as organizações artesanais será feita por analogia com as organizações sociais estabelecidas a partir das categorias de análise de Guerreiro Ramos. Portanto, os discursos analisados[72] foram interpretados com base em enunciados que aceitam as organizações artesanais como modelos imperfeitos de fenonomias e isonomias, recortadas e validadas por um valor econômico de mercado que, além das remunerações financeiras, promove a gratificação pessoal e o desenvolvimento territorial, pela oportunidade de inclusão produtiva.

Abordagem metodológica

Na realização do trabalho foram associados diferentes tipos de pesquisa:[73] exploratória, bibliográfica, pesquisa de campo e pesquisa-ação. O primeiro tipo foi de natureza exploratória por abordar um tema — as organizações artesanais — sobre o qual há pouco conhecimento sistematizado. Entre os meios de investigação utilizados, a pesquisa bibliográfica serviu para rastrear a escassa produção sobre o assunto e para acessar a legislação e os possíveis instrumentos de regulação do artesanato.

---

[71] Capra, 2002.
[72] Foucault, 2004.
[73] Vergara, 2005a.

A pesquisa de campo foi desenhada para uma população de 14 grupos de artesãos participantes de um programa de artesanato do Serviço Brasileiro de Apoio às Micro e Pequenas Empresas (Sebrae) do Rio de Janeiro, em 2004 e 2005. A coleta de dados foi realizada com a aplicação de questionário fechado em 99 sujeitos, selecionados em amostragem aleatória simples.[74] As variáveis de análise corresponderam às dimensões dos sistemas sociais definidas por Guerreiro Ramos, a saber: tecnologia, escala, cognição, espaço e tempo.

A metodologia de pesquisa-ação[75] consiste na participação direta de pessoas, instituições, pesquisadores, técnicos e consultores na tarefa de entender e agir sobre uma determinada realidade. Tal pesquisa foi aqui enfatizada por ser, também, um processo complexo e contraditório de relacionamento[76] entre indivíduos empenhados em identificar problemas e propor soluções. No caso da pesquisa-ação desenvolvida neste estudo, o problema era criar condições para a participação de artesãos fluminenses num evento de moda bastante sofisticado: o Fashion Rio.

Considerações finais

A revisão dos fatores que permitiram, ao longo do tempo, a manutenção de organizações sociais produtivas, de tecnologia primária, a exemplo das artesanais, resgata para o debate contemporâneo a importância, para a sobrevivência no mundo globalizado, dos conhecimentos, saberes e fazeres aprendidos nas relações intergeracionais. Também estabelece, embora tardiamente, uma conexão com as formas criativas de produção que permitiram algum tipo de realização dos emblemáticos princípios dos direitos humanos. Esses direitos,[77] no discurso organizacional, têm justificado a preocupação com a mobilização inclusiva e produtiva como meio de elevar os patamares de bemestar econômico e de vida coletiva socialmente responsável.

A constatação aqui expressa ratifica, por outro lado, que em pleno século XXI o código de acesso aos direitos humanos, bem como aos pressupostos da cidadania, tem como importante pilar o ideário da participação de todos nos benefícios do desenvolvimento econômico. Portanto, o sistema dominante, ao absorver os modelos alternativos de produção, revela a tendência do enclave de mercado para apropriar-se das formas de trabalho não mecanizadas, impondo seus requisitos competitivos para efetivamente transformar e

---

[74] Soriano, 2004; Babbie, 2003.
[75] Thiollent, 1988; Susman, 1983; Vergara, 2005b.
[76] Teixeira, 2000.
[77] Araújo, 2000; Bobbio, 1992.

POR UMA TEORIZAÇÃO DAS ORGANIZAÇÕES DE PRODUÇÃO ARTESANAL 221

enquadrar a sociedade — com todos os seus segmentos — em tipos de organizações referenciadas em atividades predominantemente lucrativas, colocando em segundo plano os aspectos relacionais espontâneos, cuja troca mercantil se equilibra em valores mais humanizados que os lucrativos. Para incrementar essa possibilidade, talvez os princípios de comércio justo e solidário,[78] que no momento estão em construção no mundo, promovam um tipo de mercado e de consumo mais adequados aos sistemas de produção artesanal.

Esse argumento ganha consistência quando se observa que algumas organizações artesanais contemporâneas, em função da sua natureza substantiva,[79] apresentam potencial para a renovação de valores de mercado e de formas de acoplamento ao processo econômico. Trazem, pelo menos no discurso, a preocupação em disseminar conhecimentos individuais e coletivos através da utilização de métodos de aprendizagem que revigoram a relação mestre-aprendiz, comuns nas corporações profissionais do final da Idade Média. Nesse sentido, os processos cognitivos possibilitados pelos contatos primários são favorecidos pela interação social herdada de uma pedagogia[80] de transferência de conhecimento lastreada na utilização de valores que estimulam a reciprocidade, a redistribuição e a solidariedade na troca de bens, serviços e informações nos territórios e comunidades.

Tais características são importantes para o estímulo à coesão social e podem marcar a diferença entre as formas tradicionais e as alternativas de adesão e inclusão no ambiente produtivo. Na esteira dessa reflexão, pode-se argumentar que as organizações artesanais que participam desse processo apresentam-se como esquemas cujas vantagens e oportunidades são movidas por ideais utópicos, e não vinculados, essencialmente, à expectativa de lucro financeiro. Também permitem especular que as modalidades singulares de produção, como as artesanais, possivelmente estejam alicerçadas numa visão de mundo mais preservada do que a predominante na sociedade moderna desde o advento da Revolução Industrial.

Assim sendo, algumas correntes da administração, vinculadas principalmente à escola de relações humanas e ao behaviorismo, propagam que, nas estruturas empresariais, o fortalecimento da coesão social pode dar-se pelo

---

[78] Guerra, 2002; Rozzen e Vander Hoff, 2002; Sebrae, 2005.

[79] Na visão de Guerreiro Ramos (1989), as organizações substantivas contribuem para o fortalecimento do tecido social, dispõem de estruturas adequadas para a satisfação pessoal e preocupam-se com a atualização e a plenitude humana.

[80] Para Rugiu (1998), grandes pensadores como Rousseau, Locke e Dewey tentaram, cada um à sua época, demonstrar que o aprendizado deve basear-se em valores que permitam a dignificação do ser humano como pessoa, e não como uma mercadoria.

estabelecimento de relações de trabalho mais afetivas, gregárias e colaborativas, movidas por valores e interesses pessoalmente compartilhados. Essa condição é contestada por autores, como Morgan (1996), que consideram inconciliáveis os interesses organizacionais e os pessoais.

Entretanto, compreende-se que as organizações pertencentes ao enclave de produção artesanal não podem ser analisadas com base nos paradigmas que têm norteado a discussão dos empreendimentos empresariais ao longo do tempo. A experiência de pesquisa-ação realizada com a participação de 14 grupos de artesanato no Fashion Rio demonstrou que os negócios organizados para a artesania tendem a contribuir para a implantação das premissas de sustentabilidade dos sistemas sociais, estando mais lastreados na integração das dimensões econômica, social, ambiental e cultural para a manutenção da dinâmica produtiva e social do que na visão do interesse predominantemente lucrativo.

Considerando que existem diferenças entre os esquemas de produção artesanal e pós-industrial, pode-se dizer que o primeiro guarda, através do tempo e da história, elementos dos esquecidos desejos utópicos de disseminação de valores gregários, de padrões de organização social responsável, de coletivismo e de preocupação com a preservação dos ambientes humanos e naturais. Tais diretrizes, mesmo esmaecidas, ainda são prevalentes na agenda política, institucional e social contemporânea.

No campo discursivo, o reconhecimento das utopias tem fomentado a crítica aos modelos de crescimento degradáveis e às suas conseqüências ao longo do tempo. Para além das incertezas acerca das variáveis que contextualizam esse processo, todavia, há um visível desgaste na utilização imprecisa de determinados conceitos, como os de desenvolvimento sustentável, cidadania e inclusão social, os quais, pela dinâmica da ação comunicativa distorcida,[81] são transformados em jargões hegemônicos, assumidos e reivindicados indistintamente por diversas correntes político-ideológicas.

Destarte, é no discurso massificado das premissas do desenvolvimento sustentável que se podem encontrar nexos com o pensamento utópico, historicamente estruturado na crença da existência de modelos de comunidades onde todos devem contribuir para usufruir, igualmente, dos resultados das atividades econômico-produtivas e socioculturais. Nesse contexto, a participação da produção artesanal na economia é marcada pela alocação das habilidades e conhecimentos individuais, familiares ou dos grupos vicinais, sem a conotação de exploração ou expropriação da força de trabalho. A resposta é

---

[81] Habermas, 2002.

POR UMA TEORIZAÇÃO DAS ORGANIZAÇÕES DE PRODUÇÃO ARTESANAL   **223**

uma atuação mais coletiva, direcionada para a sustentação econômica, a preservação ambiental e o progressivo fortalecimento dos elos culturais e afetivos da comunidade.

O revigoramento da produção artesanal, como revisão da utopia,[82] pode abrir canais para a participação econômica ampliada, mesmo que a produção não ocorra em grande escala. Como num caleidoscópio, esse movimento apresenta cenários difusos e reconfiguráveis. Num jogo de luzes, sombras, cores e movimentos, além de certa dose de ingenuidade, o desenvolvimento do artesanato induz à reformulação dos sistemas sociais atuais, propiciando o engajamento e a responsabilização de todos, via pesquisa-ação, na construção do seu destino e do bem-estar geral.

O ambiente favorável para a germinação de tal processo é indutivo e participativo, havendo diferentes maneiras pelas quais as habilidades e a criatividade são transformadas em oportunidade de negócios. A produção de base artesanal, por não exigir locais fixos para a sua realização, promove um estilo de desenvolvimento territorial lastreado na mobilidade de atores e equipamentos, contribuindo para que a sociedade seja a promotora do seu próprio desenvolvimento, com uma atuação sistêmica e direcionada para a conquista de progresso socioeconômico e para a preservação das condições ambientais.

A reafirmação e difusão desse discurso, todavia, podem levantar uma cortina de fumaça nas históricas razões que inviabilizaram a realização econômica ampliada. Em conseqüência, como alertam os estudiosos da teoria crítica,[83] difunde-se a premissa de que são as incapacidades individuais e coletivas, agravadas pela ausência de espírito empreendedor, que impedem a inserção de pessoas nos esquemas formais de emprego, sobretudo na vertente industrial.

Na perspectiva da criação de postos de trabalho e geração de renda, os setores público e privado, juntamente com o terceiro setor,[84] têm formulado políticas públicas de diferentes matizes para a indução do desenvolvimento territorial a partir do artesanato. No entanto, tais ações nem sempre são apropriadas para consolidar o relacionamento entre os agentes produtivos,

---

[82] *Utopia*, obra de Thomas Moore escrita em 1516, apresenta os seguintes princípios: (a) desenvolvimento da sociedade através do fortalecimento dos laços comunais, vicinais e familiares; (b) ...organizados de maneira a reforçar os valores de cooperação produtiva e coesão social; (c) valorização dos elementos naturais: ar, água e solo; (d) a virtude consiste em viver conforme a natureza, respeitando os sistemas de participação e organização; (e) a felicidade consiste em estabelecer a igualdade de todas as coisas.

[83] Bertero, 2005.

[84] Tenório, 2004.

pois estão desatreladas das demandas de mercado e da lógica de produção informal de grupos familiares, comunais e vicinais. Esse desencontro resulta no desenho de programas de capacitação[85] em larga escala que ferem a lógica criativa do artesanato e estimulam um tipo de produto sem demanda no mercado.

Tais iniciativas de indução das atividades artesanais, preocupadas que estão com a difusão em massa de habilidades e a formação indiscriminada de agentes produtivos nos territórios, em geral são pontuadas de descontinuidades e não atendem aos desejos dos consumidores, frustrando suas expectativas. Isso, entre outras razões, por ignorarem que a produção artesanal é singular e não obedece aos padrões industriais de tempo de produção e de replicação de peças; que, para ser considerado objeto de consumo, é importante que o artesanato seja um elemento de resgate de saberes e fazeres, de domínio de poucos; e que, para estar inserido no mercado globalizado, o artesanato deve constituir-se num elo da cadeia de habilidades produtivas que organizam a produção artesanal, customizando produtos para o consumo direcionado, notadamente através da participação em eventos temáticos, a exemplo do Fashion Rio.

As políticas de inclusão produtiva baseadas no artesanato devem preocupar-se também com a modelagem organizacional desse segmento. Não podem, portanto, alimentar a idéia de querer transformar toda a sociedade numa imensa economia de mercado, criando uma hiperorganização constituída de variados arranjos produtivos. Ao se tentar tecnologizar e dar escala de produção ao artesanato, corre-se o risco de restabelecer a primazia do conhecimento teórico e técnico especializado, em detrimento da tradição, impondo, em plena era pós-industrial ou pós-moderna, a principal característica desse período: a valorização da eficácia da tecnologia de produção,[86] e não da arte de produzir manualmente.

O conhecimento formal, como instrumento para o domínio e o controle produtivo, pode interferir no resgate de ofícios e habilidades pessoais fundamentais para o artesanato. Por outro lado, convém não ignorar que o sistema de produção artesanal, por estar condicionado a uma modelagem organizacional alternativa, não pode ser considerado isento ou protegido das implicações das relações de poder, autoridade e subordinação que são inerentes à manifestação da própria natureza humana.[87]

---

[85] São comuns os programas de capacitação em bordado, corte e costura, cabeleireiro, artes manuais, crochê, tricô etc. desvinculados da realidade sociocultural e das oportunidades de trabalho.
[86] Bell, 1973.
[87] Clegg, 1998; Elias,1993; Hirschman, 2002; Sennett 2001.

POR UMA TEORIZAÇÃO DAS ORGANIZAÇÕES DE PRODUÇÃO ARTESANAL   **225**

Deve-se ressaltar que, na atualidade, há uma tentativa de orientar toda a sociedade para a inserção no trabalho lucrativo. Cria-se, de maneira equivocada, uma similaridade entre as ocupações produtivas que favoreceram a sobrevivência dos enclaves de trabalho alternativos, artesanais ou paraeconômicos e as atividades que derivam dos trabalhos mecanizados e abastecidos por tecnologia de ponta. Essa superposição parece ignorar a importância da diversidade de formatos organizativos e de estruturas laborais, seja para as megaempresas, haja vista a crescente onda de fusões e incorporações, seja para as médias e pequenas células produtivas que se estabelecem, de maneira formal e informal, muitas vezes sem observar os requisitos da regulação governamental.

As células produtivas de perfil artesanal, ao contrário dos sistemas impessoais e formais das corporações contemporâneas, quase sempre atuam nos vácuos criados pela clássica economia de mercado. Com muito mais liberdade, os núcleos produtivos artesanais podem conectar-se em redes sociais ativadoras de pequenos e microempreendimentos. Essa dinâmica produtiva certamente tem mais condições de resgatar a participação econômica com um perfil diferenciado, mais solidário e menos subordinado aos imperativos do mercado, fomentando o exercício de uma cidadania ativa. Valoriza técnicas, artes e ofícios lastreados em habilidades manuais e tradições culturais praticadas, em pleno século XXI, com baixo índice de tecnologia e alto grau de capilaridade.

Dessa forma, no mundo global, percebe-se que a produção artesanal renasce espelhada em modelos de organização produtiva existentes no período anterior à Revolução Industrial. Na transferência das técnicas empregadas, entendidas como o conjunto de maneiras de executar determinada habilidade, valorizam-se os contatos primários e as afinidades pessoais. Os conhecimentos são transferidos em relações cognitivas diretas e disseminados em menor escala, resgatando vocações e métodos de ensino utilizados nas tradicionais relações entre mestre e aprendiz.[88] Essas metodologias de ensino-aprendizagem ampliam as possibilidades de difusão de informações sem vínculo com as grades curriculares formais e fortalecem os laços de confiança, respeito, afetividade e solidariedade, valores escassos na sociedade contemporânea. Também utilizam apenas de forma residual os instrumentos administrativos desenvolvidos para a eficiência da gestão empresarial.

Em síntese, o resgate das modalidades de relações de trabalho fundadas nas atividades artesanais se dá através de mecanismos produtivos que

---

[88] Rugiu, 1998.

revigoram processos laborais do passado. Dada essa singularidade, é indispensável atentar para o fato de que esses núcleos produtivos agora se inserem num mundo de mudanças velozes e radicais, onde as crenças e os valores são questionados, havendo infinitas possibilidades de ser e estar no mundo. Uma vez abaladas as categorias iluministas que sustentavam a sociedade moderna,[89] desfazem-se as bases de conhecimentos e certezas que impulsionavam suas conquistas.[90]

É notório, ainda, que essas entidades laborais, muitas vezes configuradas como redes de relacionamento pessoal,[91] são movidas por subjetividades.[92] Hoje instaladas num tecido social esgarçado e fragmentado, elas aparentemente ignoram essa realidade e tentam se afirmar numa sociedade permeada pelo fenômeno da indiferença, cuja escalada prejudica a recomposição da própria tessitura social.[93] A indiferença prolifera em conseqüência dos sistemas de proteção individual, do isolamento das pessoas, da discriminação e exclusão sociais e da alienação, refletindo assim o processo de ruptura dos vínculos sociais, comunais e afetivos da sociedade contemporânea.[94]

Por outro lado, a existência de unidades produtivas paralelas ao sistema formal de mercado oferece alternativas para a geração de emprego e renda, abalados pela crise enfrentada pela sociedade do trabalho a partir do final do século XX. Pode-se dizer que a diminuição do emprego formal está sendo contrabalançada pelos vários modelos de arranjos laborais introduzidos por grupos cujos interesses, não estando exclusivamente vinculados ao ganho lucrativo, promovem novos padrões para a constituição de alianças e afetividades.[95]

É igualmente importante destacar que as redes de trabalho artesanal, como células produtivas com habilidades específicas, participam do processo de globalização ao facilitar a customização de produtos e serviços, indispensável para que a sociedade pós-industrial mantenha acesa a chama do pertencimento — ser diferenciado e ao mesmo tempo fazer parte de determinado grupo social ou lugar.[96] Essas estruturas de produção também fomentam os saberes e fazeres locais, fortalecendo elos culturais, comunais e sociais.

---

[89] Godbout, 1999; Motta e Freitas, 2000; Searle, 2000.
[90] O ideal iluminista se assentava sobre os pilares da racionalidade, universalidade e individualismo, e visava à auto-emancipação.
[91] Castells, 1999.
[92] Ramos, 1989.
[93] Fridman, 2000.
[94] Kumar, 1997.
[95] Enriquez, 1996.
[96] Spink, 2000.

Adotando-se uma a perspectiva multicênica[97] — de um lado, representando um dos enclaves econômicos do mundo globalizado, de outro, estabelecendo diferentes padrões para a constituição de alianças produtivas nos territórios —, é possível entender melhor o papel das organizações artesanais e suas formas de institucionalização. Assim, novas questões se colocam para a pesquisa no campo da produção artesanal, tais como: qual o papel do artesanato no mundo da produção globalizada? Sua existência e longevidade estão ameaçadas pela visibilidade atual? Quais os impactos da estruturação de cadeias de habilidades produtivas, com a introdução de *design* e marketing, na natureza do produto artesanal? Qual o impacto do artesanato na inclusão produtiva? Que setores econômicos, além do turismo e da cultura, são apropriados para uma produção artesanal associada?

Tais questões abrem novos caminhos para a pesquisa, levando-se em conta a necessidade atual de recomposição dos vínculos sociais e, principalmente, as oportunidades para a inclusão produtiva de indivíduos à margem dos requisitos do mercado formal de trabalho.

Referências bibliográficas

ADAM, Leonhard. *Arte primitiva.* 2 ed. Buenos Aires: Lautaro, 1947.

ADORNO, W. Theodor; HORKHEIMER, Max. *Dialética do esclarecimento*: fragmentos filosóficos. Rio de Janeiro: Jorge Zahar, 1985.

ALVESSON, Mats; DEETZ, Stanley. Teoria crítica e abordagens pós-modernas para estudos organizacionais. In: *Handbook de estudos organizacionais* — modelos de análise e novas questões em estudos organizacionais. São Paulo: Atlas, 1998. v. 1. p. 227-265.

ANDERSON, Perry. *As origens da pós-modernidade.* Rio de Janeiro: Jorge Zahar, 1999.

ARAÚJO, Caetano Ernesto et al. (Org.). *Política e valores.* Brasília: UnB, 2000.

ARENDT, Hannah. *Entre o passado e o futuro.* 5 ed. São Paulo: Perspectiva, 2003.

ARRIGHI, Giovanni. *O longo século XX*: dinheiro, poder e as origens do nosso tempo. Rio de Janeiro: Contraponto, 1996.

BABBIE, Earl. *Métodos de pesquisas de* survey. 2 ed. Belo Horizonte: UFMG, 2003.

---

[97] Para Guerreiro Ramos (1989), o ser humano tem diferentes tipos de necessidades cuja satisfação ocorre em diferentes contextos sociais, ou multicênicos, e requer condições operacionais especiais.

BAUDRILLARD, Jean. *Senhas*. Rio de Janeiro: Difel, 2001.

_____. *A troca impossível*. Rio de Janeiro: Nova Fronteira, 2002.

BAUMAN, Zygmunt. *O mal-estar da pós-modernidade*. Rio de Janeiro: Jorge Zahar, 1998.

_____. *Globalização: as conseqüências humanas*. Rio de Janeiro: Jorge Zahar, 1999.

_____. *Em busca da política*. Rio de Janeiro: Jorge Zahar, 2000.

BELL, Daniel. *O advento da sociedade pós-industrial*. São Paulo: Cultrix, 1973.

BERTERO, Carlos Osmar; CALDAS, Miguel; WOOD Jr., Thomaz. *Produção científica em administração no Brasil*: o estado-da-arte. São Paulo: Atlas, 2005.

BIRMAN, Joel. *Entre cuidado e saber de si*: sobre Foucault e a psicanálise. 2 ed. Rio de Janeiro: Relume Dumará, 2000.

BOBBIO, Norberto. Direitos do homem e sociedade. In: *A era dos direitos*. Rio de Janeiro: Campus, 1992. p. 67-83.

BORDIEU, Pierre. *O poder simbólico*. 3 ed. Rio de Janeiro: Bertrand Brasil, 2000.

BRASIL. Decreto nº 1.508, de 31 de maio de 1995. Disponível em: <www.soleis.adv.br/artesanato.htm>. Acesso em: 2005.

BURRELL, Gibson. Ciência normal, paradigmas, metáforas, discursos e genealogia de análise. In: *Handbook de estudos organizacionais*. São Paulo: Atlas, 1998. v. 1. p. 439-462.

_____; MORGAN, Gareth. *Sociological paradigms and organisational analysis*. London: Heinemann, 1982.

CAPRA, Fritjof. *As conexões ocultas para uma vida sustentável*. São Paulo: Cultrix/Amana-Key, 2002.

CARDOSO, Ciro Flamarion. *O trabalho compulsório na Antiguidade*: ensaio introdutório e coletânea de fontes primárias. Rio de Janeiro: Graal, 2003.

CASTELLS, Manuel. *O poder da identidade*. São Paulo: Paz e Terra, 1999.

CHITI, Jorge Fernández. *Artesania, folklore y arte popular*. Buenos Aires: Condorhuasi, 2003.

CHOMSKY, Noam. *Segredos, mentiras e democracia*. Brasília: UnB, 1999.

CLEGG, Stewart R. *Frameworks of power*. 4 ed. London: Sage, 1998.

POR UMA TEORIZAÇÃO DAS ORGANIZAÇÕES DE PRODUÇÃO ARTESANAL **229**

_____; HARDY, Cynthia. Introdução: organização e estudos organizacionais. In: *Handbook de estudos organizacionais*. São Paulo: Atlas, 1998. v. 1. p. 27-57.

COLOMBRES, Adolfo. *Sobre la cultura y el arte popular*. Buenos Aires: Del Sol, 1997.

DAVEL, Eduardo; ALCADIPANI, Rafael. Estudos críticos em administração. *Revista de Administração de Empresas*, v. 43, n. 4, p. 72-85, out./dez., 2003.

DUPAS, Gilberto. *Economia global e exclusão social*. São Paulo: Paz e Terra, 1999.

ELIAS, Norbert. *O processo civilizador*. Rio de Janeiro: Jorge Zahar, 1993. v. 1.

_____. *Envolvimento e alienação*. Rio de Janeiro: Bertrand Brasil, 1998.

_____. *Os estabelecidos e os* outsiders: sociologia das relações de poder a partir de uma pequena comunidade. Rio de Janeiro: Jorge Zahar, 2000.

_____. *A solidão dos moribundos*. Rio de Janeiro: Jorge Zahar, 2001.

ENRIQUEZ, Eugéne. *Da horda ao Estado* — psicanálise do vínculo social. Rio de Janeiro: Jorge Zahar, 1996.

ESCOREL, Sarah. *Vidas ao léu*: trajetórias de exclusão social. Rio de Janeiro: Fiocruz, 1999.

ETZIONI, Amitai. *Organizações modernas*. 2 ed. São Paulo: Pioneira, 1972.

FERREIRA, May Guimarães. *Psicologia educacional*. São Paulo: Cortez/Autores Associados, 1986.

FOUCAULT, Michel. *Vigiar e punir*: nascimento da prisão. 21 ed. Petrópolis: Vozes, 1999.

_____. *A arqueologia do saber*. 7 ed. Rio de Janeiro: Forense Universitária, 2004.

FRIDMAN, Luís Carlos. *Vertigens pós-modernas*: configurações institucionais contemporâneas. Rio de Janeiro: Relume Dumará, 2000.

FROTA, Lélia Coelho. *Pequeno dicionário da arte popular do povo brasileiro: século XX*. Rio de Janeiro: Aeroplano, 2005.

FUKUYAMA, Francis. *A grande ruptura*: a natureza humana e a reconstituição da ordem social. Rio de Janeiro: Rocco, 2000.

GIDDENS, Anthony. *Para além da esquerda e da direita*. São Paulo: Unesp, 1996.

GODBOUT, Jaques T. *O espírito da dádiva*. Rio de Janeiro: FGV, 1999.

GUERRA, Pablo A. *Socioeconomia de la solidariedad*. Montevideo: Nordan-Comunidad, 2002.

HABERMAS, Jürgen. *Teoría de la acción comunicativa*: racionalidad de la acción y racionalización social. Madrid: Taurus Humanidades, 1999. v. 1.

_____. *Agir comunicativo e razão descentralizada*. Rio de Janeiro: Tempo Brasileiro, 2002.

HALL, Stuart. *A identidade cultural na pós-modernidade*. 5 ed. Rio de Janeiro: DP&A, 2001.

HIRSCHMAN, Albert O. *As paixões e os interesses*. Rio de Janeiro: Record, 2002.

JACOBY, Russell. *O fim da utopia* — política e cultura na era da apatia. Rio de Janeiro: Record, 2001.

KATZ, Daniel; KAHN, Robert. *Psicologia social das organizações*. 2 ed. São Paulo: Atlas, 1973.

KLEIN, Richard G. *O despertar da cultura*: a polêmica teoria sobre a origem da criatividade. Rio de Janeiro: Jorge Zahar, 2005.

KUHN, Thomas. *A estrutura das revoluções científicas*. 2 ed. São Paulo: Perspectiva, 1982.

KUMAR, Krishan. *Da sociedade pós-industrial à pós-moderna*: novas teorias sobre o mundo contemporâneo. Rio de Janeiro: Jorge Zahar, 1997.

LAGES, Vinicius et al. (Org.). *Territórios em movimento*: cultura e identidade como estratégia de inserção competitiva. Rio de Janeiro: Relume Dumará, 2004.

LYOTARD, Jean-François. *O pós-modernismo*. 2 ed. Rio de Janeiro: José Olympio, 1986.

MARSHALL, T. H. *Cidadania, classes sociais e status*. Rio de Janeiro: Zahar, 1987.

MATURANA, Humberto. *Cognição, ciência e vida*. Belo Horizonte: UFMG, 2001.

_____; VARELA, Francisco. *A árvore do conhecimento*: as bases biológicas da compreensão humana. 5 ed. São Paulo: Palas Athena, 2005.

MORGAN, Gareth. *Imagens da organização*. São Paulo: Atlas, 1996.

MOTTA, Fernando; FREITAS, Maria. (Orgs.). *Vida psíquica e organização*. Rio de Janeiro: FGV, 2000.

MOTTA, Fernando Prestes; VASCONCELOS, Isabella. *Teoria geral da administração*. São Paulo: Pioneira Thompson, 2002.

NEGRI, Antonio. O empresário político. In: URANI, André et. al. (Orgs.). *Empresários e empregos nos novos territórios produtivos*: o caso da Terceira Itália. 2 ed. Rio de Janeiro: DP&A, 2002. p. 59-75.

OLIVA, Alberto. *Conhecimento e liberdade*: individualismo *versus* coletivismo. 2 ed. Porto Alegre: Edipucrs, 1999.

ORTEGA, Francisco. *Para uma política da amizade*: Arendt, Derrida, Foucault. Rio de Janeiro: Relume Dumará, 2000.

PERALTA, Juan Ahumada. Desarrollo del sector artesanal. In: VERGARA, Patrício (Org.). *Desenvolvimento econômico territorial e emprego*. Fortaleza: Dete/Alc, 2005. p. 211-227.

POLANYI, Karl. *A grande transformação*: as origens da nossa época. 3 ed. Rio de Janeiro: Campus, 1980.

RAMOS, Alberto Guerreiro. *A nova ciência das organizações*: uma reconceituação da riqueza das nações. 2 ed. Rio de Janeiro: FGV, 1989.

REED, Michael. *Teorização organizacional*: um campo historicamente contestado. In: CALDAS, Miguel et. al. (Orgs.). *Handbook de estudos organizacionais*. São Paulo: Atlas, 1998. v. 1. p. 61-98.

ROSSET, Clément. *Alegria*: a força maior. Rio de Janeiro: Relume Dumará, 2000.

ROZZEN, Nico; VANDER HOFF, Frans. *La aventura del comercio justo*. México: El Atajo, 2002.

RUGIU, Antônio Santoni. *Nostalgia do mestre artesão*. Campinas: Autores Associados, 1998.

SACHS, Jeffrey. *O fim da pobreza*: como acabar com a miséria mundial nos próximos 20 anos. São Paulo: Companhia das Letras, 2005.

SEARLE, John R. *Mente, linguagem e sociedade*: filosofia no mundo real. Rio de Janeiro: Rocco, 2000.

SEBRAE. *Programa Sebrae de Artesanato*: termo de referência. Brasília: Sebrae, 2004.

_____. *Termo de referência*: comércio justo. Brasília: Sebrae, 2005.

SEN, Amartya. *Desenvolvimento como liberdade*. São Paulo: Companhia das Letras, 2000a.

_____. *Desenvolvimento como liberdade*. São Paulo: Companhia das Letras, 2000b.

SENNETT, Richard. *A corrosão do caráter*: conseqüências pessoais do trabalho do novo capitalismo. Rio de Janeiro: Record, 1999.

_____. *Autoridade*. Rio de Janeiro: Record, 2001.

SPINK, Peter. *O lugar do lugar na análise organizacional*. São Paulo: Eaesp/FGV, 2000. ms.

SORIANO, Raul Rojas. *Manual de pesquisa social*. Petrópolis, Vozes, 2004.

STOHR, Walter. Globalização e descentralização. In: ROJAS, Patrício V. (Org.). *Desenvolvimento endógeno*: um novo paradigma para a gestão local e regional. Fortaleza: IADH, 2004. p. 59-72.

SUSMAN, Gerald I. Action research: sociotechnical systems. In: MORGAN, Gareth. (Ed.). *Beyond method*. California: Sage, 1983. p. 95-113.

TEIXEIRA, Elenaldo Celso. *Sociedade civil e participação cidadã no poder local*. Salvador: UFBA, 2000.

TENÓRIO, Fernando Guilherme. *Um espectro ronda o terceiro setor*: o espectro do mercado. Ensaios de gestão social. Porto Alegre: Unijuí, 2004. p. 176.

THIOLLENT, Michel. *Metodologia da pesquisa-ação*. 4 ed. São Paulo: Cortez/Autores Associados, 1988.

VERGARA, Sylvia Constant. *Projetos e relatórios de pesquisa em administração*. 6 ed. São Paulo: Atlas, 2005a.

_____. *Métodos de pesquisa em administração*. São Paulo: Atlas, 2005b.

VILLASANTE, Tomas R. *Sujetos en movimiento*: redes y procesos creativos en la complejidad social. Montevideo: Nordan-Comunidad, 2002.

Sobre os autores

Marcelo Fernando López Parra

Doutor em administração e mestre em administração pública pela Ebape/FGV e administrador público pela Universidad Central del Ecuador. Professor de universidades no Brasil, Equador, Costa Rica, Nicarágua, Panamá e Guatemala. Consultor em programas do BID e da OEA em gestão pública. E-mail: fernando.lopez@fgv.br.

Alketa Peci

Doutora em administração e mestre em administração pública pela Ebape/FGV, *master in international business for young foreign import-export managers* pela STOA/ICE (Itália) e graduada em administração de empresas pela Universidade de Tirana. Professora e pesquisadora da Ebape/FGV. E-mail: alketa.peci@fgv.br.

Victor Cláudio Paradela Ferreira

Doutor em administração pela Ebape/FGV. Tem mais de 20 anos de experiência profissional, como empresário, diretor, gerente, analista e consultor em diversas organizações. Professor convidado do programa FGV Management e professor da Faculdade Estácio de Sá de Juiz de Fora. E-mail: victorclaudio@uol.com.br

Elvira Cruvinel Ferreira Ventura

Doutora em administração e mestre em administração pública pela Ebape/ FGV e bacharel em administração pública pela Eaesp/FGV. Gerente de projetos e editora do *Boletim Responsabilidade Social e Ambiental* do Sistema Financeiro no Banco Central do Brasil. Professora da FGV. E-mail: elvira.ventura@bcb.gov.br.

Paulo Vicente dos Santos Alves

Doutor em administração e mestre em administração pública pela Ebape/FGV e engenheiro pelo IME. Atualmente é subsecretário de Planejamento da Secretaria de Planejamento e Gestão do Governo do Estado do Rio de Janeiro. Sua experiência profissional inclui os setores de defesa, aeroespacial e energia, docência em cursos da ESPM, FGV, Ibmec, e IME, e consultoria para a BAT, Petrobras, Shell e o US Department of Commerce. E-mail: pvicente @pobox.com.

Heliana Marinho da Silva

Doutora em administração e mestre em administração pública pela Ebape/ FGV, especialista em metodologias de projetos de desenvolvimento pelo Ibam e arquiteta pela UFPA. Professora de cursos de Planejamento Estratégico, Gestão Publica, Gestão Social, Empreendedorismo e Desenvolvimento Local e Territorial. Gerente da área de economia criativa do Sebrae/RJ. Consultora empresarial e institucional. E-mail: Heliana@Sebraerj.com.br.

Esta obra foi Impressa pela
Armazém das Letras Gráfica e Editora Ltda.
Rua Prefeito Olímpio de Melo, 1599 – CEP 20930 -001
Rio de Janeiro – RJ –Tel. / Fax .: (21) 3860-1903
e.mail:aletras@veloxmail.com.br